Desenvolvimento interpessoal

Fela Moscovici

Desenvolvimento interpessoal

TREINAMENTO EM GRUPO

27ª edição

Revisada e ampliada

Rio de Janeiro, 2024

Reservam-se os direitos desta edição à
EDITORA JOSÉ OLYMPIO LTDA.
Rua Argentina, 171, 3º andar – São Cristóvão
20921-380 – Rio de Janeiro, RJ – República Federativa do Brasil
Tel.: (21) 2585-2000
Printed in Brazil / Impresso no Brasil

Atendimento e venda direta ao leitor:
sac@record.com.br

ISBN 978-85-03-00973-7

Capa: Luciana Mello e Monika Mayer

CIP-Brasil. Catalogação-na-fonte
Sindicato Nacional dos Editores de Livros, RJ.

M867d
27ª ed.

Moscovici, Fela
Desenvolvimento interpessoal: treinamento em grupo / Fela Moscovici. – 27ª ed. – Rio de Janeiro: José Olympio, 2024.

Apêndice
Inclui bibliografia.
ISBN 978-85-03-00973-7

1. Sensibilização (Relações humanas). 2. Relações humanas. I. Título.

13-0647

CDD — 158.2
CDU — 316.47

Aos participantes
dos grupos de desenvolvimento e de formação,
essenciais colaboradores espontâneos desta obra.

SUMÁRIO

SEGUNDA PARTE

EXERCÍCIOS

TERCEIRA PARTE

OBSERVAÇÃO E AVALIAÇÃO

DADOS BIOBLIOGRÁFICOS DA AUTORA

FELA MOSCOVICI é psicóloga, mestre em psicologia social pela Universidade de Chicago (EUA) e fez especialização em consultoria organizacional no NTL Institute of Applied Behavioral Science (EUA).

É fundadora e didata mestra da Sociedade Brasileira de Dinâmica de Grupo.

Foi professora de cursos de graduação e pós-graduação da Escola Brasileira de Administração Pública/Ebap e do Centro de Pós-graduação de Psicologia Aplicada/CPGPA da Fundação Getulio Vargas do Rio de Janeiro, é atualmente consultora de empresas e atua nas áreas de desenvolvimento interpessoal, de executivos, de equipes e organizacional.

Participa também como conferencista de encontros, simpósios e congressos nacionais e internacionais.

É autora de obras técnicas publicadas no Brasil e no exterior, entre as quais constam *Laboratório de sensibilidade* (1965), *Psicologia educacional e desenvolvimento humano* (1966), *Razão e emoção* (1997). E tem editados pela José Olympio: *Equipes dão certo* (1994), *Renascença organizacional* (a partir da 3. ed., 1993) e *A organização por trás do espelho* (2001).

NOTA DA AUTORA À 17ª EDIÇÃO

DECORRIDOS MAIS de trinta anos de existência, a obra mantém-se útil, não ultrapassada, e ainda fiel a seus objetivos iniciais: uma coletânea de textos de fundamentação conceitual e de sugestões de atividades de aplicação para treinamento e desenvolvimento em grupo. Continua sendo uma obra "multiuso", sem rigidez de seqüência obrigatória tanto para os textos quanto para os exercícios. Esta característica possibilita seu uso artesanal por parte do coordenador, que nela encontra uma fonte de inspiração para sua própria criatividade na elaboração de conteúdos específicos para situações e momentos diversificados do processo de aprendizagem vivencial em grupo.

A constatação da utilização proveitosa da obra tem sido motivo de grande satisfação psicológica e estímulo para aperfeiçoamento constante.

Nesse ínterim, contudo, aconteceram mudanças significativas em todas as áreas do saber humano, e que exigiram atualizações tecnológicas e pessoais correspondentes. Neste sentido, o livro carecia incluir algo relevante surgido e divulgado na década. Um novo capítulo foi, então, redigido sobre a chamada "Inteligência Emocional" e suas implicações na área de ensino-aprendizagem, treinamento-desenvolvimento.

Dado o grande interesse intelectual e profissional despertado pelo tema Inteligência Emocional, foi também incluída uma pesquisa exploratória sobre a interação emocional nos grupos e suas dificuldades e/ou facilidades nas respostas emocionais. Esta pesquisa foi realizada pela autora e seus colaboradores durante cinco anos em vários contextos de atividades grupais e em diversas cidades do Brasil. Os resultados da pesquisa, apresentados no novo capítulo, mostram alguns dados interessantes e sugerem necessidades e alternativas na capacitação e desenvolvimento de recursos humanos.

Por outro lado, alguns novos exercícios foram acrescentados para maior flexibilidade e inspiração na seleção de atividades adequadas a requisitos específicos de cada programa ou grupo de desenvolvimento.

Com imenso prazer e orgulho, tive o privilégio de incluir os exercícios elaborados por meus outrora aprendizes, agora colegas, coordenadores e didatas da Sociedade Brasileira de Dinâmica de Grupo (SBDG). Esta colaboração tem um significado muito especial para a "*grande Mãe arquetípica*", em termos pessoais e profissionais. O futuro da Dinâmica de Grupo e Desenvolvimento Interpessoal fica mais promissor com o trabalho, a competência, a dedicação, a criatividade e o desprendimento desses novos profissionais.

Assim como ao longo das edições anteriores, inúmeros depoimentos, *feedbacks*, críticas e sugestões dos leitores foram recebidos e processados para revisões periódicas, os desta edição também serão muito bem-vindos e valiosos para reflexão e sucessivo aprimoramento da obra. Então, nada de timidez, enviem suas opiniões! E que o livro lhes seja profícuo!

Rio de Janeiro, setembro de 2006

FELA MOSCOVICI

NOTA DA AUTORA À 4ª EDIÇÃO

O ACOMPANHAMENTO da notável trajetória desta obra ao longo de vinte anos de existência, resistência e sucesso tem sido motivo de grande satisfação. O tempo decorrido não prejudicou seu conteúdo básico, mantendo-se a obra útil e interessante por meio de pequenas revisões nos temas e na bibliografia.

Numerosos depoimentos e *feedbacks* recebidos confirmam sua atualidade para utilização segura por parte de treinandos e coordenadores, estudantes e professores, executivos, gerentes, técnicos e especialistas de recursos humanos, bem como de outros profissionais e leitores interessados em comportamento humano em grupo.

A constatação da duradoura validade da obra em sua concepção original — de coletânea de textos de fundamentação conceitual e de sugestões de atividades práticas de aplicação para treinamento em grupo — tem sido um estímulo intelectual e emocional ao seu aprimoramento contínuo, sem, contudo, modificar sua feição característica.

O livro continua dotado de flexibilidade operacional "multiuso", pois apresenta textos semi-independentes que permitem leitura específica de determinado assunto, sem que os outros textos sejam indispensáveis à compreensão inicial do mesmo. Os exercícios são variados e "abertos" e servem mais como inspiração e sugestão; possibilitam, assim, uso artesanal pelo coordenador que os adapta aos objetivos específicos, contexto e momento do treinamento. Não há, portanto, rigidez de seqüência obrigatória de leituras ou exercícios.

A presente edição manteve as características essenciais da obra ao proceder à revisão de textos e da bibliografia; dez novos exercícios foram elaborados para ampliar as opções de seleção de atividades de aprofundamento das vivências em grupo em estágios mais avançados de treinamento.

Em função da crescente relevância da dimensão ética em nossa sociedade tecnológica atual, foi redigido um Adendo dedicado a "Considerações éticas" sobre vários aspectos freqüentes nas atividades profissionais de desenvolvimento de seres humanos.

Rio de Janeiro, janeiro de 1995

FELA MOSCOVICI

PREFÁCIO DA 1ª EDIÇÃO

APRENDER A APRENDER é o verdadeiro cerne de qualquer processo educativo. Aprender a relacionar-se e comunicar-se é o fundamento existencial mais importante para alcançar um ajustamento real e um rendimento efetivo da própria ação.

A estes dois objetivos está voltado este livro.

Por sua natureza, insere-se, assim, nos instrumentos de uma educação permanente. Como manual para treinamento em grupo de dinâmica interpessoal, condensa os anos de experiência e a amplitude de conhecimentos de sua autora, a professora Fela Moscovici, que traz para aqui um duplo acervo de informações, teóricas e práticas, decorrentes do duplo filão de sua atividade: docente — especialmente em nível de pós-graduação — e profissional — particularmente voltada ao manejo de muitos grupos de laboratório de sensibilidade.

Indiscutivelmente, esta publicação virá preencher uma lacuna em nosso meio, quer para os especialistas da área, quer para os estudantes das últimas séries dos cursos de graduação, em que a disciplina "dinâmica de grupo" seja integrante do currículo ou dos cursos de pós-graduação que tenham que prestar tal disciplina.

Uma das mais importantes características desta obra, que aflora facilmente até para o leitor superficial, é o aspecto pragmático intrínseco que transcende o objetivo não somente teórico, mas até mesmo prático do livro. O leitor, à medida que progride, poderá gradativamente perceber a ativação de reflexões muito próximas dos processos de *feedback*, como se já estivesse realizando, ainda que virtualmente, certa participação em um laboratório de sensibilidade.

Carecíamos de uma obra deste tipo: um livro que viesse a reunir, por um lado, uma explanação acerca dos principais fundamentos teóricos subjacentes a estas técnicas e, por outro, uma apresentação clara e sistematizada dos procedimentos práticos, incluindo, neste particular, uma coleção bem selecionada de exercícios e instrumentos de avaliação.

Quanto ao significado deste campo de atuação técnico-científica, poderíamos de antemão estabelecer três problemáticas: uma a nível antropológico, outra a nível científico-metodológico e uma terceira em sentido estritamente psicológico.

A nível antropológico caberia observar que a existência humana deixou, em grande parte, de ser uma relação com um mundo físico. Ainda que semelhante comércio ocupasse consideravelmente os nossos ancestrais em época remota, hoje — e sempre mais — nossas atividades afastam-se, alienando-se, dessa realidade. Sempre mais recuamos num plano de mediações — o que J. Nuttin define como um "viver ao nível da imagem mais do que ao nível da ação executiva completa". O rumo da civilização nos leva cada vez mais a lidar com símbolos, entidades substitutivas, por vezes num encadeamento concêntrico e complexo. Cresce a vida em nível de *projeto*, em detrimento do plano manipulatório direto. Um dos retratos mais penetrantes desta realidade é o que E. Fromm nos ofereceu.

No entanto, não é apenas na vertente simbólica que recua nossa conduta. Se assim fosse, a perspectiva patológica de nossa cultura seria bem mais elevada e os perigos enfatizados pela obra de E. Fromm alcançariam valores críticos.

Talvez pudéssemos até fazer um reparo à "Psicanálise da Sociedade Contemporânea". Na medida em que a atividade e o trabalho humano — considerados em suas três categorias fundamentais: atuar sobre coisas, sobre símbolos ou idéias e sobre pessoas — vão diminuindo no âmbito das "coisas", não crescem exclusivamente no plano dos símbolos e das abstrações. Hoje — talvez mais do que nunca —, a maior carga efetiva de atividade e de trabalho é despendida com pessoas: para D. K. Berlo, 70% do tempo ativo do norte-americano comum são gastos comunicando-se verbalmente; e nas funções mais elevadas de qualquer campo de atividade, a comunicação passa a ser fator substantivo de trabalho. Assim, vemos hoje "o homem que chega ao topo da escada não pelo que é capaz de fazer com as coisas, mas pelo que pode fazer com as pessoas — por meio da comunicação".

As decorrências práticas desta situação são complexas. Mas em primeiro lugar torna-se urgente firmar um campo específico de aprendizagem, o que recentemente se vem impondo: é preciso ensinar as pessoas a lidarem com as pessoas; e, quanto mais alto for o nível da hierarquia e da responsabilidade de cada um, tanto mais imperioso será estabelecer e consolidar essa habilidade.

A segunda problemática relaciona-se com a posição científico-metodológica das técnicas aqui apresentadas. Poderíamos observar que constituem um campo promissor na medida em que oferecem um plano de interseção entre método clínico, tratamento da informação singular, idiográfica e análise sistematizada do comportamento observável em termos nomotéticos. As duas facetas do *paradoxo* rogeriano, liberdade e determinismo, adquirem aqui um sentido prático na dinâmica do trabalho. É o que torna possível inserir o fluxo do diagnóstico no processo de intervenção, estabelecendo uma contínua realimentação reguladora — tal como na psicoterapia — e ao mesmo tempo sistematizar a observação em termos comparativos e quantificados — tal como no trabalho experimentalmente planejado. Ainda que nestes dois últimos aspectos haja ainda consideráveis concessões quer frente à profundidade da psicoterapia quer face à precisão da maior parte do trabalho experimental, este campo de interseção da psicologia social aplicada e da microssociologia experimental é uma abertura epistemológica e metodológica para o progresso da psicologia científica. Em particular modo, é o campo que permite um tratamento controlado de significações determinantes da conduta: autêntica transição do plano metateórico S-O-R para um plano S-S. É neste sentido que a maiêutica, principal recurso técnico da dinâmica de grupo, torna-se hermenêutica da realidade circundante, em busca de uma pragmática apta a alcançar um mais alto equilíbrio da conduta.

Finalmente, em terceiro lugar, caberia destacar as decorrências especificamente psicológicas, cuja gama é ampla. Duas parecem fundamentais: a possibilidade de se reestruturar a conduta através da percepção social e da reformulação no uso de papéis, por um lado, e, por outro, a genuína *compreensão* do outro em termos propositivos — o que subjacentemente implica as recentes preocupações da psicologia social em torno da "atribuição de causalidade" de inspiração heideriana.

Para cumprir sua importante tarefa, este livro compõe-se de três partes:

1) Leituras para insumo cognitivo no treinamento, que visam proporcionar aos treinandos uma perspectiva introdutória dos processos e problemas interpessoais.
2) Exercícios a serem utilizados pelos treinandos, de acordo com a orientação do coordenador de treinamento.
3) Roteiros de observação e questionários de avaliação de atividades realizadas durante o treinamento.

Esta interpenetração da teoria e da técnica é o que fornece à obra presente sua peculiaridade e sua maior riqueza, oferecendo ao leitor os mais variados recursos quer para uma simples informação, quer para uma atualização, quer para escolha e decisão acerca do instrumental técnico desejado. Desta forma, destina-se tanto aos participantes de grupos de treinamento, aos especialistas que atuam nesta área, quanto aos professores e estudantes universitários.

Um passo importante está sendo dado, através da presente obra, no sentido de se oferecer um conjunto de informações novas e atualizadas em torno desta técnica autenticamente humana e dirigida fundamentalmente para uma percepção humanista da realidade e da vida.

Junho de 1975

FRANCO LO PRESTI SEMINÉRIO
Diretor do Instituto de Seleção e Orientação Profissional — Fundação Getulio Vargas.
Professor do Instituto de Psicologia da Universidade Federal do Rio de Janeiro.

INTRODUÇÃO

O PROCESSO DE MUDANÇA tem sido a característica mais estável ao longo dos tempos.

O homem tem modificado o ambiente em que vive e recebe o refluxo de sua ação como um problema de adaptação contínua às mudanças ambientais e de ajustamento às outras pessoas, grupos e sociedades em geral. O problema se agrava com o ritmo exponencial de descobertas e inovações tecnológicas sem respostas educacionais e sociais imediatas e adequadas.

A defasagem entre progresso tecnológico e progresso humano é amplamente reconhecida nos sentimentos de perplexidade, inadequação, alienação e despersonalização do homem contemporâneo.

Viver é hoje um desafio intelectual e emocional constante para todos, dentro da ambigüidade e incerteza das mudanças velozes e contínuas. Como acompanhar as mudanças aprendendo novos conhecimentos, incessantemente? Como estar preparado para mudanças inesperadas e súbitas? Como antecipar mudanças?

A chamada educação de laboratório é uma tentativa de resposta ao problema de ajustamento à mudança. Baseia-se no pressuposto de que é preciso aprender a aprender, não apenas copiar formas e modelos alheios, de fora, e sim, identificar, descobrir sua melhor maneira para utilizar seus recursos e potencialidades, confiando em suas habilidades, sabendo aproveitar suas forças e lidar com suas fraquezas. Ao mesmo tempo, desenvolver habilidades de utilizar recursos dos outros, sem excessiva dependência nem independência total até alcançar a sábia dosagem de autêntica interdependência.

O treinamento de sensibilidade social, de grupo T, de dinâmica interpessoal visa proporcionar ao indivíduo um autoconhecimento mais realístico e um conhecimento dos processos de grupo e da interação Eu-Outros para compreensão de seu significado e alternativas de decisões de mudança pessoal e interpessoal. Toda conscientização traz em si as possibilidades de mudança, através da nova percepção da realidade externa ou interna. Se a percepção se modifica, vários outros planos do processo psicológico também se modificam levando o indivíduo não apenas a ver diferente, mas a sentir e pensar de forma diferente e, conseqüentemente, a agir de outra maneira.

Em vez de dedicar tanto tempo e esforço ao conteúdo, como se tem feito, parece mais adequado dedicar mais atenção ao método de aprendizagem. Se o indivíduo aprende a pensar criticamente, a enfrentar situações novas sem pânico e também de forma mais livre ou criativa, a confiar em si e nos outros, a descobrir e desenvolver suas potencialidades, no sentido de tornar-se mais autêntico e produtivo, ele estará mais bem preparado para enfrentar mudanças.

O método socrático, da redescoberta, do esforço de chegar às suas próprias conclusões ainda é válido ou talvez até de maior valor agora. A maiêutica, no entanto, supõe uma orientação adequada do mestre para que o discípulo chegue a desenvolver suas potencialidades. Esta orientação é a palavra-chave. O método socrático não significa o aprendiz aprendendo sozinho simplesmente. O papel do mestre, do professor, do educador, enfim, é crucial para o sucesso do método.

Nos grupos de treinamento, o coordenador é um educador que orienta o grupo para a aprendizagem de um material de estudo muito especial: o próprio grupo, suas características de constituição e funcionamento. Através desse estudo, o indivíduo, como membro desse grupo, é levado a estudar também seu próprio papel, sua personalidade e atuação, e seu significado ou conseqüência para os demais membros e o grupo como um todo.

Educador também é o gerente de qualquer nível que lidera, e não apenas chefia, um grupo de pessoas. Um de seus papéis sociais é, sem dúvida, o de conduzir pessoas e esta é uma função educativa. O gerente que vê os outros como pessoas, e não apenas como instrumentos de produção, passa a exercer função educativa que permite o desenvolvimento dos subordinados como pessoas.

Em nossa cultura, industrializada e urbana, nota-se ainda uma tendência, no relacionamento social, a tratar a outra pessoa como objeto, o qual pode ser possuído e manipulado. Mesmo quando a intenção é de ajudar e não explorar, tratar o outro como objeto constitui manipulação e é indefensável do ponto de vista moral.

Esta tendência manipulativa refletia-se como prática generalizada, até recentemente, nas relações patrão-empregado, chefe-subordinado, professor-aluno, médico-paciente, pai-filho, marido-mulher.

A nova ética humanística, resultante de idéias de figuras tais como Martin Buber, Carl Rogers, Rollo May, Jean-Paul Sartre, Erich Fromm e outros, e de inovações sociais da educação de laboratório, da comunidade terapêutica, dos grupos de encontro, enfatiza que uma pessoa só despersonaliza outras pessoas à custa de seu próprio humanismo. O relacionamento humano é precioso demais em suas potencialidades para ser reduzido ao nível de funcionamento de uma máquina.

A dimensão interpessoal transcende os estreitos limites da avançada tecnologia e também pode e deve desenvolver-se com intuição e criatividade.

Os profissionais atuam em elevado e sofisticado nível técnico de competência nas várias áreas de atividades ocupacionais. Quando começarão a funcionar, ao mesmo nível de competência, como pessoas?

FELA MOSCOVICI

DESENVOLVIMENTO INTERPESSOAL

PRIMEIRA PARTE

LEITURAS

1
Educação de laboratório

EDUCAÇÃO DE LABORATÓRIO é um termo genérico, aplicado a um conjunto metodológico visando a mudanças pessoais a partir de aprendizagens baseadas em experiências diretas ou vivências.

As mudanças pessoais podem abranger diferentes níveis de aprendizagem: nível cognitivo (informações, conhecimentos, compreensão intelectual); nível emocional (emoções e sentimentos, gostos, preferências); nível atitudinal (percepções, conhecimentos, emoções e predisposição para ação integrados); nível comportamental (atuação e competência). Modalidades diversas de processos de influência social visam, preferencialmente, a níveis diferentes de aprendizagem. Assim, por exemplo, o alvo primordial da psicoterapia é o nível emocional; o do ensino tradicional, o cognitivo; o da educação de laboratório, o de atitudes, englobando funções e experiências cognitivas e efetivas.

Qualquer desses níveis promoverá alguma forma de mudança de comportamento (ou aprendizagem em termos formais), a qual poderá ser menor ou maior, parcial ou global, lenta ou rápida, superficial ou profunda, fugaz ou duradoura.

O processo de ENSINO-APRENDIZAGEM não pode ser encarado de forma simplista ou linear, como se apenas dependesse dos objetivos e das preferências de professor/educador, sem considerar suas principais variáveis componentes. Dentre estas, duas merecem destaque: a complexidade do conteúdo da aprendizagem e o nível de capacidade de aprendizagem do indivíduo. Essas variáveis distribuem-se de forma contínua desde um nível mínimo até um nível máximo e determinam três posições ou pontos de referência para tipos diferentes de modelos de ensino: mecânico/behaviorista, cognitivo/*gestalt* e humanístico/adulto.

A Figura 1.1 mostra esse posicionamento e esclarece a adequação de certos métodos e técnicas didáticas a serem utilizados de acordo com objetivos e condições diferenciadas de ensino-aprendizagem. Assim, para o treinamento de tarefas relativamente simples, uma técnica mecânica/behaviorista (por exemplo: "instrução programada") ou até uma técnica cognitiva de ensino seriam adequadas, enquanto para a educação de adultos, um modelo humanístico (tal como um projeto de pesquisa autodirigido) seria mais conveniente. Naturalmente, há superposição, permitindo certa flexibilidade metodológica, porquanto não há separações distintas e absolutas nos processos humanos de aprendizagem.

FIGURA 1.1
RELAÇÃO ENTRE VARIÁVEIS DA SITUAÇÃO DE APRENDIZAGEM E MODELOS DE ENSINO

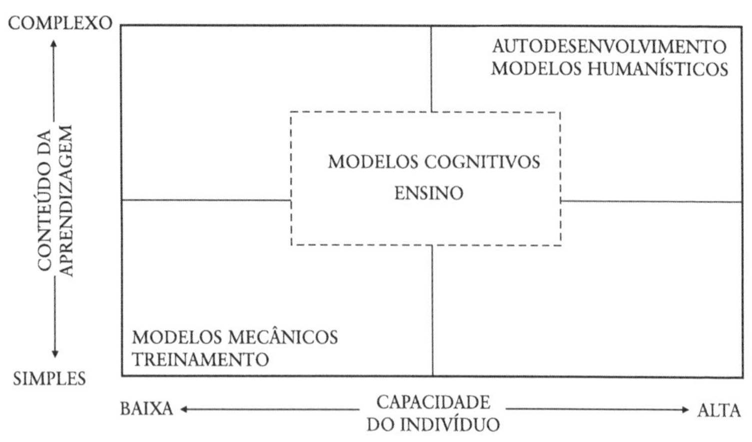

O LABORATÓRIO DE TREINAMENTO

O nome laboratório indica, fundamentalmente, o caráter experimental da situação de treinamento, no sentido de que os participantes são encorajados a experimentar comportamentos diferentes do seu padrão costumeiro de interação com outras pessoas em grupo, sem as conseqüências que adviriam de tal experimentação na vida *real* (trabalho, lar etc.).

Conquanto *sui generis* sob vários aspectos, o laboratório de treinamento não pode ser considerado inteiramente artificial, pois as pessoas que o compõem são reais e o que acontece nele é real, ainda que sob condições controladas, que diferem das condições da vida *real,* tal como ocorre no laboratório de pesquisas científicas.

O enfoque *aqui-e-agora* é a característica mais marcante do método de laboratório. A experiência presente é o ponto de partida para a aprendizagem, uma vez que é comum a todos os membros do grupo. A experiência presente é direta, pessoal, imediata, compartilhada pelos membros do grupo, podendo ser comparada, apreciada e validada, como base para conceitos e conclusões pessoais e grupais a serem elaborados.

O laboratório de desenvolvimento interpessoal toma diversos nomes, conforme seus objetivos específicos e a orientação de modelo teórico dada pelo coordenador. Suas características essenciais, entretanto, permanecem como base comum de trabalho, como premissas sobre as quais podem ser construídas variantes para atingir objetivos semelhantes, embora com ênfase e gradações diferentes, que determinam técnicas diferentes.

O laboratório de desenvolvimento interpessoal pode ser planejado para atender a objetivos individuais, grupais e organizacionais. O laboratório básico de DI, geralmente, é conduzido de forma intensiva durante um fim de semana com a duração de 20 a 24 horas, por dois a três dias. Se o esquema é extenso, sua duração pode variar de 30 a 60 horas, com sessões duas a três vezes por semana, de duas a três horas cada.

METAOBJETIVOS DA EDUCAÇÃO DE LABORATÓRIO

Aprender a aprender, aprender a dar ajuda e participação eficiente em grupo são os metaobjetivos essenciais da educação de laboratório. Esses metaobjetivos expressam valores de pressupostos filosóficos que consideram o homem como um ser que se desenvolve, continuamente, em busca de realização e felicidade. Todavia, esse ser faz parte de grupos, convive com outras pessoas e, portanto, suas potencialidades individuais somente serão plenamente atualizadas com a participação dos outros.

Aprender a aprender significa a aprendizagem "que fica" para a vida, independentemente do conteúdo. É um processo de buscar e conseguir informações e recursos para solucionar seus problemas, com e através da experiência de outras pessoas, conjugadas à sua própria.

Aprender a dar ajuda quer dizer estabelecer uma relação com o outro para crescimento psicossocial conjunto. Cada um tem recursos que servem ao outro e que precisam ser utilizados com propriedade. O processo de dar (e receber) *feedback* é fundamental para atingir esse objetivo, porquanto conduz a trocas autênticas e construção de confiança e respeito mútuos.

Finalmente, a participação eficiente em grupo completa o processo, permitindo implementar opções conscientes para mudanças de comportamentos inadequados, de modo a exercitar interdependência verídica com os demais membros do grupo, de forma natural e espontânea, sem recorrer a manobras manipulativas.

Quando esses objetivos são atingidos, desenvolve-se na pessoa uma disponibilidade psicológica para continuar aprendendo a aprender e para aperfeiçoar, constantemente, os processos de ajuda e participação em grupo.

Os metaobjetivos são apresentados na Figura 1.2.

FIGURA 1.2
METAOBJETIVOS DA EDUCAÇÃO DE LABORATÓRIO

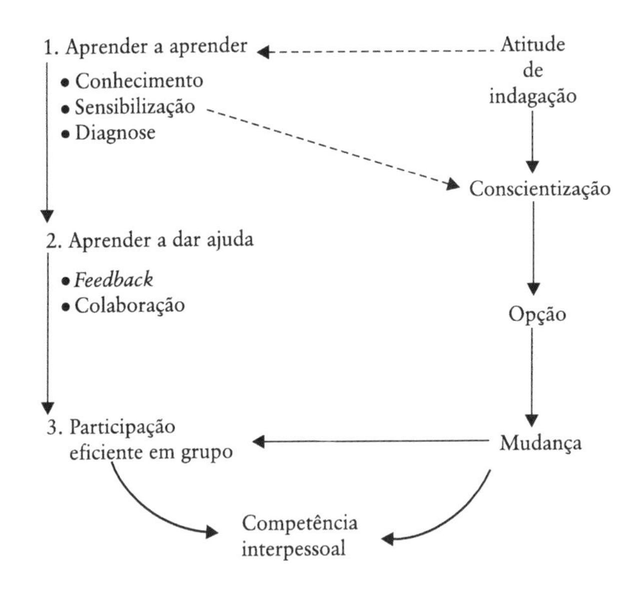

VIVÊNCIAS E MAPAS COGNITIVOS

O método indutivo é central na aprendizagem dentro da perspectiva *aqui-e-agora*. O marco inicial é a observação do evento para a indagação intelectual, a formulação de hipóteses e toda uma seqüência de raciocínio que leva a conclusões válidas.

Mas esse caminho não é percorrido apenas cognitivamente. A peculiaridade do método consiste em efetuar observações explorando as idéias e os sentimentos que acompanham os eventos. Em um grupo de estudo, ou de pesquisa científica, o interesse maior está voltado para o conteúdo do tema tratado. Em um grupo de treinamento em laboratório, o conteúdo não é a única nem a maior preocupação — o interesse predominante volta-se para o processo do fenômeno ou situação, ou seja, examinar *como* aconteceu e não somente o *que* aconteceu.

A educação de laboratório preconiza a aprendizagem pela vivência global: a exploração, o exame, a análise do evento em seu duplo aspecto, o objetivo e o subjetivo. O enfoque puramente lógico, ou objetivo, tem sido, ultimamente, contestado por artistas, filósofos e cientistas. As modernas teorias de educação e administração mostram a tendência de atribuição de importância crescente aos fatores emocionais e à criatividade na aprendizagem e na produtividade, na liderança e na participação em grupo.

A dicotomia cartesiana, introduzida por Descartes no pensamento ocidental, está sendo gradualmente substituída por uma atitude interdisciplinar, em que mente e corpo, intelecto e emoção são integrados para maior significado a cada momento, ou experiência de *per si* e à vida como um todo. Emoções e sentimentos são, hoje, considerados componentes essenciais tão válidos quanto idéias e conhecimentos em qualquer situação humana. Emoções e sentimentos também constituem fatos reais, ou variáveis da situação, e não elementos acessórios que possam ser menosprezados.

Na educação formal, nos cursos escolares e seminários de treinamento, a ênfase está na absorção e devolução do conteúdo, nas idéias e conhecimentos, enquanto no laboratório, o processo de interação, o *como* dos eventos pessoais e interpessoais, os sentimentos associados são também atentamente estudados.

Não conclua o leitor que os conhecimentos não fazem parte da aprendizagem em laboratório, que neste só se sente, só se vivencia, sem preocupação intelectual. Os conhecimentos, as informações, os conceitos teóricos são parte integrante do laboratório, pois as experiências vivenciadas, por mais importantes que sejam, não bastam para uma aprendizagem significativa. Refletir sobre as experiências, discuti-las, compará-las e organizá-las em conceitos que formem um quadro de referência intelectual constituem recursos indispensáveis para a fundamentação dos conhecimentos empíricos. Através dessa conceptualização, ou mapa cognitivo, a experiência vivida se torna compreensível e, conseqüentemente, aplicável ou transferível a outras situações.

A aquisição desses mapas cognitivos, porém, não se efetua através de aulas em que os temas são expostos pelo professor ou especialista no assunto. O trabalho intelectual é muito mais ativo por parte do treinando de laboratório, que toma as iniciativas para prover a si e ao grupo de fontes e recursos para aprender. As leituras individuais servem como inspiração de idéias novas a serem discutidas no grupo e comparadas com a ocorrência do fenômeno ao vivo, para enriquecimento maior da experiência pessoal e grupal. Cada membro, que lê e traz para o *aqui-e-agora* do grupo não o simples conteúdo da leitura, e sim suas reflexões e sua experiência anterior, estará contribuindo para o aprofundamento da experiência pessoal e grupal.

Este livro poderá ajudar o leitor a organizar sua experiência no laboratório, de modo a obter vivências e conhecimentos conjugados de forma funcional, para utilização em suas atividades profissionais e não-profissionais.

COMO FUNCIONA UM LABORATÓRIO DE TREINAMENTO

Um pequeno grupo de pessoas se reúne para estudar seu próprio funcionamento ao vivo, suas relações interpessoais e grupais, com a ajuda de um coordenador (*trainer*). Não há uma agenda prévia para cada sessão, nem um programa, no sentido usual do termo. O grupo conversa, debate temas, engaja-se em atividades variadas, determinando seus procedimentos. O coordenador não intervém nas decisões do grupo, nem assume o papel de líder formal ou professor. O grupo tem liberdade para decidir sobre os cursos de ação, os assuntos a serem abordados, o que fazer e como fazer.

O papel do coordenador é ajudar o grupo a explorar a situação e examinar os eventos, objetiva e subjetivamente, para que cada membro possa aprender com a experiência, isto é, para que passe a observar e compreender os eventos ocorridos no processo de grupo. Sua função exige habilidade especial, competência técnica e interpessoal, para criar, com o grupo, uma atmosfera socioemocional de confiança recíproca, em que os participantes se sintam à vontade para experimentar novas maneiras de reagir, exercitar novos comportamentos e ousar dar e receber *feedback* útil para opções de mudança pessoal, sem necessidade de recorrer a subterfúgios amenizadores, com medo de ferir os outros ou de receber agressões.

O processo de aprendizagem em laboratório pode ser representado de forma esquemática e muito simplificada conforme mostra a Figura 1.3.

A ausência do programa ou de professor tradicional não quer dizer que qualquer grupo de pessoas possa se reunir e formar um grupo de treinamento de laboratório. É imprescindível um profissional qualificado para conduzir os trabalhos, embora em técnica diferente das expectativas usuais do papel de líder, especialista, coordenador ou mestre que transmite conhecimentos e orienta diretivamente as atividades.

FIGURA 1.3
PROCESSO DE APRENDIZAGEM EM LABORATÓRIO

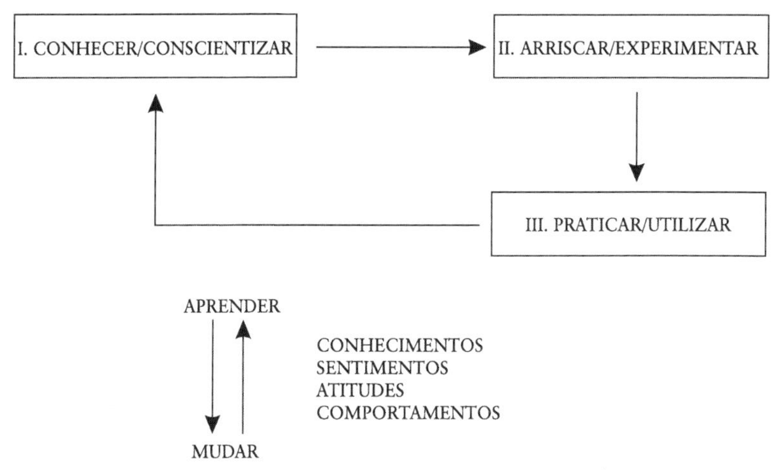

O PROCESSO VIVENCIAL DE APRENDIZAGEM

O laboratório de treinamento e desenvolvimento interpessoal utiliza uma abordagem vivencial em que a experiência de cada participante, dentro de uma experiência global compartilhada no espaço/tempo do grupo, *aqui-e-agora,* serve de ponto de partida para a aprendizagem de cada um e de todos.

A aprendizagem vivencial compreende um ciclo de quatro etapas seqüenciais e interdependentes: atividade, análise, conceituação e conexão.

A primeira etapa consiste na vivência de uma situação através de atividades em que o participante se empenha, tais como resolução de um problema, simulação comportamental, dramatização, jogo, processo decisório, comunicação, exercícios verbais e não-verbais.

A etapa de análise segue a da vivência. Consiste no exame e na discussão ampla das atividades realizadas, na análise crítica dos resultados e do processo de alcançá-los — o *como* passa a ser mais importante do que o resultado em si. É uma fase muito mobilizadora de energia emocional, pois cada participante deve expor seus sentimentos, suas idéias e opiniões livremente. Se na primeira etapa houve envolvimento e abertura, nesta, o participante poderá praticar maior auto-exposição, espontaneidade e autenticidade, troca de *feedback* com os companheiros do grupo, possibilitando a elaboração de um processo diagnóstico da situação vivenciada e da participação de cada um e de todos no desenrolar do processo de grupo.

Para que se possa aprender com a experiência, torna-se necessário organizar esta experiência e buscar-lhe o significado, com a ajuda de conceitos esclarecedores. Cabe, então, uma etapa de insumos cognitivos, informações e fundamentos teóricos que permitam sistematização e elaboração de "mapas cognitivos" individuais. Esse trabalho conjunto de coordenador e participantes, durante as reuniões do grupo, complementado por leituras individuais e debates, permite a conscientização de aspectos pessoais, interpessoais e grupais, levando a aprendizagens significativas baseadas na vivência de cada um. A conscientização de aspectos inadequados ou problemáticos facilita a decisão de mudanças e a reformulação de comportamentos disfuncionais, em nível pessoal e interpessoal, os quais se refletem no grupo.

A partir dessa fase conceitual, de aquisição e ampliação de conhecimentos e reflexões, passa-se à etapa de conexão, em que se fazem correlações com o real, comparando-se aspectos teóricos com situações práticas de trabalho e vida em geral. Cada participante elabora suas conclusões e generalizações para uso futuro, estima perspectivas pessoais e riscos de aplicação das novas aprendizagens e exercita sua criatividade ao planejar táticas de inovação de procedimentos. Nesta etapa, o participante busca a mudança, experimentando e testando outras formas de conduta, o que o leva novamente à etapa primeira de atividade/vivência, completando um e começando outro ciclo vivencial de aprendizagem.

O processo vivencial de aprendizagem pode, eventualmente, não conduzir aos resultados desejados, como acontece com qualquer outra modalidade de aprendizagem. A aprendizagem depende de fatores internos e externos, do aprendiz e da situação. Esses fatores poderão facilitar ou dificultar o processo e seus resultados. Entre os fatores internos figuram a maturidade, a motivação, as aptidões, a inteligência e a experiência anterior, incluindo conhecimentos e habilidades do aprendiz. Entre os fatores externos incluem-se os diversos elementos componentes da situação de aprendizagem, tais como conteúdos e metodologia, a personalidade e o desempenho do coordenador (professor ou facilitador de aprendizagem), as pessoas que formam o grupo, as relações interpessoais no grupo, o clima psicossocial de funcionamento do grupo, enfim, as variáveis dinâmicas físico-ambientais e psicossocioemocionais da situação-contexto em que ocorre a aprendizagem.

A primeira etapa, de atividade ou vivência, pode ser percebida e sentida pelo aprendiz de forma favorável ou desfavorável, em função do conjunto de fatores internos e externos atuantes na situação *aqui-e-agora*. Assim, um aprendiz pode sentir e considerar sua participação na atividade como uma oportunidade de crescimento pessoal, como um desafio à sua capacidade de enfrentar e superar obstáculos. Esta percepção positiva estimulará seu interesse, levando-o a envolver-se plenamente na atividade, vivenciando intensamente sua participação e interação com os demais membros do grupo.

Um outro participante, em função de um conjunto diferente de variáveis internas e externas, poderá sentir e considerar a situação de vivência como uma ameaça à sua pessoa, à sua competência, à sua imagem no grupo, ao seu conceito profissional. Esta percepção poderá levá-lo a reações defensivas, a um fechamento, não se envolvendo verdadeiramente na atividade, participando de forma superficial ou rígida ou recolhendo-se a uma postura de mero observador.

Se a primeira etapa do ciclo pode ocorrer de maneira tão diferente do esperado e desejado, evidentemente a segunda tenderá a sofrer os efeitos da modalidade de vivência experimentada, notando-se uma continuação de progresso e facilitação do ciclo ou de dificultação e obstáculo à aprendizagem. Nesta etapa, no sentido positivo, observam-se tendências de maior auto-exposição e troca de *feedback* na análise crítica da atividade, o que permite um processo diagnóstico mais acurado.

Se a primeira etapa for de fechamento e resistência do participante, provavelmente ele poderá experimentar alguma forma de dissonância cognitiva entre seus sentimentos, percepções e idéias e os de seus colegas de grupo a respeito da mesma atividade. O participante poderá também enfrentar dificuldades de comunicação, não aceitando o *feedback* que lhe é fornecido e adotando formas cada vez mais rígidas de posicionamento para defender seus pontos de vista, estabelecendo-se uma escalada de bloqueios de comunicação e relacionamento que conduzem a seu afastamento psicológico do grupo.

Esse estado de coisas, além de criar ressentimentos, poderá tender a diminuir a motivação do participante pelas atividades do grupo, a tal ponto que, na terceira etapa, os conceitos fornecidos, a sistematização de informações e a elaboração do mapa cognitivo poderão não despertar interesse, tornando-se uma atividade mecânica, cumprida, muitas vezes, por imposições formais. Por outro lado, a depender da intensidade da carga emocional das etapas anteriores, o participante poderá contestar as teorias e objetar contra quaisquer tentativas

FIGURA 1.4
PROCESSO VIVENCIAL DE APRENDIZAGEM

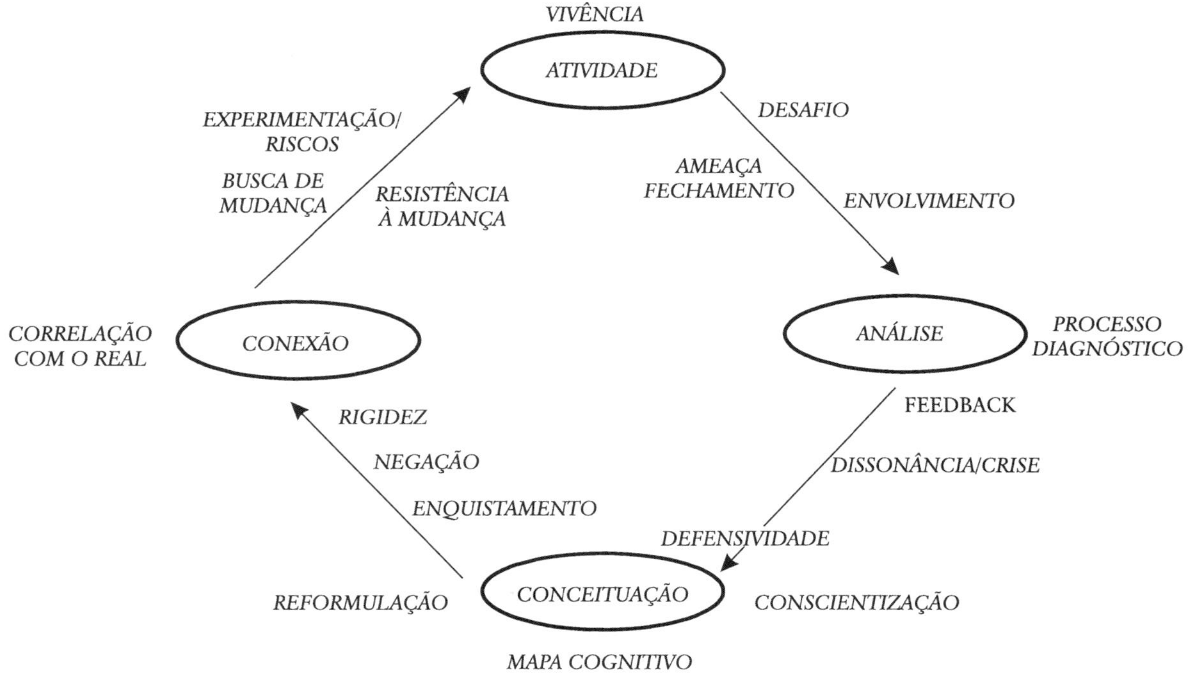

VIVÊNCIA

ATIVIDADE

DESAFIO

AMEAÇA
FECHAMENTO

ENVOLVIMENTO

ANÁLISE

PROCESSO
DIAGNÓSTICO

FEEDBACK

DISSONÂNCIA/CRISE

DEFENSIVIDADE

CONCEITUAÇÃO

CONSCIENTIZAÇÃO

MAPA COGNITIVO

REFORMULAÇÃO

ENQUISTAMENTO

NEGAÇÃO

RIGIDEZ

CONEXÃO

CORRELAÇÃO
COM O REAL

BUSCA DE
MUDANÇA

EXPERIMENTAÇÃO/
RISCOS

RESISTÊNCIA
À MUDANÇA

de argumentação lógica como uma forma de reconquistar seu lugar no grupo, seu reconhecimento como pessoa e seu prestígio como profissional. Com essa postura, o participante não se beneficia da etapa conceitual, deixando de organizar adequadamente sua experiência e de aprender com ela.

Conseqüentemente, a quarta etapa sofrerá limitações quanto a possibilidades de reflexões sobre as experiências, de comparações entre teoria e prática, de conscientização de suas forças e fraquezas, de reformulação realística de idéias, opiniões, conceito e de busca de mudança em atitudes e comportamentos.

Não obstante esse ciclo improdutivo de aprendizagem, esse mesmo participante, em outra ocasião, com outras condições de contexto externo e interno, poderá engajar-se positivamente no processo vivencial de aprendizagem, beneficiando-se do mesmo, apesar — ou, talvez, até por causa — da experiência anterior malsucedida.

Não se pode generalizar afirmando que o ciclo vivencial de aprendizagem é sempre melhor que outros procedimentos didáticos. Admite-se, contudo, que seu alcance seja mais profundo para abranger maiores possibilidades de mudança cognitiva e atitudinal/comportamental pela abordagem conjunta de idéias, sentimentos e atitudes, envolvendo a pessoa como um todo.

RESULTADOS DO LABORATÓRIO

Aprender *vivendo* os conceitos, e não apenas ouvindo ou lendo informações a respeito, pode significar mudança marcante nos processos cognitivos e emocionais do treinando. Desta vivência e desta compreensão podem resultar formas novas de resolução de problemas de liderança e habilidades de participação em grupo. Os próprios treinandos relatam mudanças subjetivas em termos de percepções, conhecimentos, sentimentos e *insight* alcançados. Mudanças objetivas são observadas pelos outros, evidenciadas por diferentes comportamentos, formas mais construtivas de abordar situações interpessoais, desempenho eficiente em grupo e comunicação mais fácil.

Essas mudanças comportamentais, percebidas pelos outros e sentidas pelos treinandos, permitem inferir mudanças de atitudes, num plano mais significativo e profundo. A inferência plausível é de que o participante desenvolveu maior capacidade de observação e reflexão, de sensibilidade aos outros (empatia), de sensibilidade aos processos de grupo, de tolerância à ambigüidade, a novas informações e a estresse, de controle emocional, de eficiência na comunicação, principalmente sabendo ouvir, dando e recebendo *feedback* de forma hábil.

Essas capacidades reforçam os sentimentos de segurança psicológica, a autoconfiança do treinando, possibilitando a autodescoberta e o exercício de sua autenticidade como pessoa, para atingir maior competência interpessoal.

SINGULARIDADE DO LABORATÓRIO

Não existe um modelo padronizado de laboratório de treinamento. Cada grupo de treinamento é singular no desenvolvimento dos processos interativos, na modalidade de sua *história*, nos seus incidentes e vocabulário típico. É singular pela sua composição, pois os seus componentes, como pessoas individualizadas, é que irão determinar o que vai acontecer e como vai acontecer — ao contrário de uma situação escolar que vai cumprir um programa previamente elaborado.

É singular pelo estilo do coordenador — sua personalidade e orientação teórica imprimirão uma feição própria ao laboratório.

A esta altura, o leitor poderá estar, talvez, um pouco perplexo, tentando captar das informações fornecidas elementos substanciais para a configuração de seu *mapa cognitivo* sobre o laboratório de treinamento. Um pouco de perplexidade é útil, pois mobiliza energias necessárias à aprendizagem. Para que não se torne excessiva, porém, e disfuncional, e como parece extremamente difícil e inócua a tentativa de descrever e explicar um laboratório de treinamento, cabe apenas uma sugestão: experimente, participe de um laboratório, com ingenuidade e mente aberta, pois a vivência direta é insubstituível.

Somente a participação num laboratório poderá oferecer dados relevantes sobre os quais meditar, passíveis de análise cognitiva e apreciação emocional, para que o leitor, após a experiência, possa chegar a suas conclusões quanto à validade e utilidade da metodologia para o seu desenvolvimento pessoal, interpessoal e profissional.

REFERÊNCIAS E LEITURA COMPLEMENTAR

ARGYRIS, C. "Reflecting on laboratory education from a theory of action perspective." *Journal of Applied Behavioral Science,* 15(3): 296-310, 1979.

BERBAUM, J. *Apprentissage et formation.* 3. ed. Paris, P.U.F., 1992.

BRADFORD, L.P. *et al.* (eds.). *T-group theory and laboratory method.* New York, Wiley, 1964.

EGAN, G. *Face to face — the small group experience and interpersonal growth.* Monterey, Cal., Brooks/Cole, 1973.

GIBB, J.R. *et al. Teoría y práctica del grupo T.* Buenos Aires, Paidós, 1975.

GOLEMBIEWSKI, R.T. & BLUMBERG, A. (eds.). *Sensitivity training and the laboratory approach.* 2. ed. Itasca, Ill., Peacock, 1973.

KOLB, D.A. *Experiential learning: Experience as the source of learning and development.* Englewood Cliffs, N.J., Prentice Hall, 1983.

LAKIN, M. *Interpersonal encounter: theory and practice in sensitivity training.* New York, McGraw-Hill, 1972.

MOSCOVICI, F. *Laboratório de sensibilidade — um estudo exploratório.* Rio de Janeiro, Fundação Getulio Vargas, 1965.

——. "Educação de laboratório: uma perspectiva inovadora." *Revista Brasileira de Estudos Pedagógicos,* 56 (124): 287-298, 1971.

NOT, L. *Enseigner et faire apprendre: éléments de psycho-didactique générale.* Toulouse, Privat, 1992.

SCHEIN, E. H. & BENNIS, W.G. (eds.). *Personal and organizational change through group methods: the laboratory approach.* New York, Wiley, 1965.

SENGE, P.M. *A quinta disciplina: arte, teoria e prática da organização de aprendizagem.* São Paulo, Best Seller, Círculo do Livro, 1992.

WALTER, G.A. & MARKS, S.E. *Experiential learning and change.* New York, Wiley, 1981.

2

Treinamento, terapia e desenvolvimento

TREINAMENTO OU TERAPIA?

A QUESTÃO TREINAMENTO *versus* terapia é tema recorrente durante o laboratório de sensibilidade e precisa ser esclarecida para permitir o desenvolvimento normal do processo de grupo; constitui uma preocupação legítima dos participantes e que se expressa de várias formas, direta ou indiretamente, sobretudo nas etapas iniciais do treinamento.

Ajudar alguém a crescer e modificar-se para melhor desempenho pessoal é terapia ou educação? Como classificar mães, amigos e sacerdotes — terapeutas ou educadores?

Não há linhas divisórias rígidas entre educação e terapia, há superposições e ênfases ao longo de uma dimensão complexa de influência social. Em um extremo, situa-se a educação formal, caracterizada, e no outro a terapia formal. Intermediariamente, situam-se aprendizagens informais, reeducação e treinamento em laboratório.

A educação tem componentes terapêuticos e a terapia tem componentes educacionais. O laboratório de sensibilidade tem sido considerado por alguns especialistas como *terapia para normais* (Weschler *et al.*, 1962).

A chamada medicina preventiva utiliza mais recursos educativos do que terapêuticos propriamente ditos. Educa-se a pessoa para evitar o paciente. O outro enfoque consiste em tratar, recuperar, modificar o paciente, para torná-lo novamente pessoa, em sua plenitude funcional orgânica, psicológica e social.

Os objetivos gerais são similares: ajudar o indivíduo a adquirir e desenvolver comportamentos mais funcionais que os utilizados até o momento, para sua maior competência e ajustamento psicossocial. As mudanças comportamentais resultam de diferentes condições situacionais de aprendizagem.

Os objetivos específicos são diferentes. Os grupos de treinamento visam tornar os membros mais sensíveis ao seu próprio funcionamento, às suas modalidades características de comportamento e aos processos importantes que se desenrolam dentro do grupo, para que alcancem *insights* sobre seus pontos cegos no relacionamento com os outros e desenvolvam sua eficiência como membros e líderes de outros grupos. Os grupos de terapia visam ajudar seus membros a alcançar *insight* sobre suas dificuldades, em situações interpessoais de todos os tipos, e respectivas causas e, por conseguinte, permitir o alívio de suas ansiedades neuróticas, como primeira etapa na resolução de sua problemática.

Esses objetivos específicos decorrem de percepções diferentes do participante — paciente ou treinando. Em terapia, o paciente é considerado portador de comportamentos disfuncionais, insatisfatórios, cujas causas desconhece, e é encorajado a lembrar e examinar eventos de sua infância e do presente, num esforço para descobrir as raízes de sua problemática. O participante de um laboratório de sensibilidade não é considerado *doente*, apenas desconhecedor de alguns aspectos de seu comportamento e de seus efeitos sobre os outros, de suas dificuldades e possibilidades de incrementar seu relacionamento interpessoal e sua eficiência como líder e membro de grupo.

Como o paciente sofre conflitos interiores graves, sua motivação está mais orientada para a defesa e a preservação de seu eu, tornando-se, assim, um sistema mais fechado ou rígido em termos de aprendizagem. É usual o paciente apresentar reações de evasão, distorção perceptiva e agressão ao ambiente (terapeuta, outros, grupo) como formas de defesa de seu penoso equilíbrio interno, aumentando a resistência à aprendizagem, à reeducação, ou a mudanças que signifiquem ajustamento. Por isso mesmo, a terapia demanda maior tempo de duração que o treinamento de sensibilidade.

Os treinandos, por não sofrerem de conflitos graves, apresentam-se como sistemas mais abertos à aprendizagem, às mudanças que significam melhor ajustamento e funcionamento pessoal. Sua motivação é orientada para o crescimento, e não simplesmente para a homeostasia e defesa de seu repertório reacional.

Essas duas orientações motivacionais — para a aquisição de competência interpessoal ou para a sobrevivência do eu — determinam diferenças qualitativas nas informações e no *feedback* produzidos durante o processo interativo em grupo.

Os treinandos veiculam informações diretamente verificáveis, portanto pouco distorcidas e também pouco avaliativas, isto é, com menos julgamento de valor. Os pacientes trocam informações interpretativas, baseadas em inferências, com maior dose de distorção e de julgamento de valor, justamente pelo intenso envolvimento emocional característico das etapas iniciais de tratamento. As mudanças na natureza das informações e do *feedback* são indicadores de progresso na terapia, mas exigem tempo e competência do psicoterapeuta.

Os treinandos exibem e desenvolvem confiança em si mesmos e nos outros membros do grupo como recursos para

ALGUMAS DIFERENÇAS ENTRE PSICOTERAPIA DE GRUPO E LABORATÓRIO DE SENSIBILIDADE

PSICOTERAPIA DE GRUPO	LABORATÓRIO DE SENSIBILIDADE
1. PARTICIPANTES	
Pacientes conflitados, que procuram tratamento psicológico para seus problemas e comportamentos disfuncionais.	Treinandos não conflitados seriamente, que procuram adquirir e aperfeiçoar habilidades como membros de grupo.
2. ORIENTAÇÃO PREDOMINANTE	
Sobrevivência/Cura.	Competência interpessoal/crescimento.
3. COORDENADOR	
Psicoterapeuta.	Educador.
4. CONTEÚDO PRINCIPAL	
Lá-e-então de eventos do passado e do presente individuais, fantasias e interpretações relacionadas.	*Aqui-e-agora* dos eventos no grupo, idéias e sentimentos examinados e confrontados conjuntamente.
5. PARTICIPANTES COMO SISTEMAS DE APRENDIZAGEM	
Mais fechados, motivação para preservação do eu, reações de defesa psicológica.	Mais abertos, motivação para crescimento, menor resistência às mudanças.
6. FONTES DE APRENDIZAGEM	
Confiança maior em um profissional (psicoterapeuta) para dialogar e aprender.	Confiança em si mesmo e nos outros membros do grupo como recursos de aprendizagem.
7. TIPOS DE *FEEDBACK* PREDOMINANTE	
Interpretativo, inferido, avaliativo, emocional.	Pouco distorcido, diretamente verificável, pouco avaliativo.
8. ACEITAÇÃO DE *FEEDBACK*	
Maior dependência nas interpretações fundamentadas do terapeuta.	Maior dependência no *feedback* pessoal de colegas de grupo.
9. AUTOCONHECIMENTO	
Insight mais profundo de sua motivação inconsciente nas situações de vida.	*Insight* mais superficial de seu desempenho em situações sociais e profissionais.
10. DURAÇÃO	
Tempo variável.	Tempo fixado previamente (entre 20 e 60 horas).

aprendizagem. Os pacientes mostram confiança em um profissional — o terapeuta —, considerando-o a fonte máxima para aprendizagem e cura.

Um sumário das diferenças entre terapia e treinamento é apresentado na página anterior, com o propósito de facilitar ao leitor uma visão global das mesmas, sem preocupação de rótulos formais ou conclusões definitivas.

PAPEL DO COORDENADOR DE LABORATÓRIO

Em desenvolvimento interpessoal, como em outros processos educacionais, uma peça crítica é o coordenador de laboratório, que não pode ser improvisado. A coordenação de laboratórios de DI exige formação especializada, em nível de pós-graduação, com sólido *background* e um esforçado tempo de estudos, experiências e amadurecimento. Requer, também, condições pessoais de aptidão para tal e valores ético-morais congruentes com a filosofia da Educação de Laboratório. Um coordenador incompetente ou indigno traz danos irreparáveis à metodologia e à própria aplicação de ciências comportamentais à área de desenvolvimento de recursos humanos.

O coordenador de laboratório é, acima de tudo, um educador. Sua tarefa prioritária é criar condições tais que os treinandos possam aprender e crescer como pessoas, confiando em si e nos outros como recursos valiosos para a aprendizagem. Isto é possível quando o educador expressa expectativas positivas de que cada treinando é capaz de aprender com os outros se fornecer informações e *feedback* útil, numa atmosfera apropriada de grupo, o que depende de todos e de cada um.

O educador manipula o ambiente, jamais as pessoas, em sua função de propiciar condições favoráveis para criar uma situação genuína de aprendizagem, na qual seja possível a ocorrência de sucesso psicológico e funcionamento eficaz do grupo: objetivos grupais congruentes com necessidades dos membros, atenção aos processos de grupo, normas de individualidade, preocupação com os outros, confiança recíproca e liderança compartilhada.

Todas essas condições se reforçam mutuamente, num processo circular. Se as pessoas decidirem participar nesse ambiente criado pelo educador, encontrarão oportunidades de definir seu próprio objetivo de aprendizagem, desenvolver seus caminhos para alcançá-lo, relacionar objetivo e caminhos à sua motivação central e experimentar o desafio que consiste em alcançar esse objetivo e ampliar sua competência como pessoa.

RESPONSABILIDADE ÉTICA E PROFISSIONAL

Cabe lembrar que psicoterapeuta e coordenador de laboratório competente não se improvisam. São ambos profissionais qualificados que tiveram formação especializada, segundo pressupostos teóricos básicos, com estudos aprofundados de comportamento humano e tecnologia de mudança psicossocial aliados à experiência com grupos e que buscam constante atualização teórico-prática.

Além de competência técnica, coordenador e terapeuta apresentam competência interpessoal, flexibilidade perceptiva, atitude experimental, capacidade de assumir riscos e, principalmente, padrões éticos de exercício profissional. A responsabilidade ética é inalienável quando se tomam decisões que irão afetar profundamente outras pessoas. Não há justificativa moral para a inexperiência, a ignorância ou a irresponsabilidade, mesmo inocentes ou não-intencionais, que não avaliam as conseqüências danosas e, muitas vezes, irreversíveis de atividades ou técnicas empregadas com seres humanos.

PEDAGOGIA E ANDRAGOGIA

Um dos equívocos freqüentemente encontrados na tecnologia atual de educação formal é a equiparação dos aprendizes, como se não houvesse diferenças sensíveis entre eles. A *pedagogia* baseia-se em certos pressupostos e utiliza certas práticas razoavelmente pertinentes ao aprendiz em foco: a criança ou o adolescente.

Esses mesmos pressupostos e práticas aplicados ao aprendiz "adulto" não podem trazer os mesmos resultados, pois o adulto é diferente da criança e do adolescente. A *andragogia* tem outras premissas e orientações que não podem ser ignoradas ao se pretender fazer educação ou ensino de adultos.

M. Knowles (1973) indica que, em situações de aprendizagem, os adultos diferenciam-se de crianças e jovens, principalmente em relação a autoconceito, experiência, prontidão, perspectiva temporal e orientação da aprendizagem.

- *Autoconceito:* os jovens percebem-se mais dependentes do professor e de seus ensinamentos, enquanto os adultos consideram-se mais independentes, com responsabilidade pelo próprio processo de aprendizagem e capazes de autodireção para buscar aquilo de que carecem.
- *Experiência:* os adultos trazem maior experiência acumulada em suas atividades de vida, cada um com seu repertório variado de conhecimentos, técnicas, sentimentos, habilidades. Em muitas situações, os adultos aprendem melhor que as crianças e os jovens, justamente pela experiência anterior, a qual pode ser utilizada como

fonte comum, tornando-se cada participante um recurso de aprendizagem para os outros, pelo intercâmbio de acertos e desacertos, de convicções e dúvidas.

- *Prontidão:* crianças e jovens precisam atingir certo nível de amadurecimento físico e psíquico para aprenderem determinados comportamentos/conhecimentos. Os adultos também desenvolvem maturidade em áreas diferenciadas, mais de cunho social, levando-os a desenvolver interesses específicos e aprender formas mais complexas de conduta em termos de papéis sociais. R. Havighurst (1964) denominou "tarefas de desenvolvimento" à seqüência de etapas de prontidão para aprendizagem de habilidades motoras, conhecimentos e condutas sociais, a qual definiria o ciclo de vida humana, desde o nascimento até a velhice. Esta concepção indicaria um "momento ideal", que seria o melhor para aprender algumas coisas. O "momento ideal" pode ser observado mais facilmente na aprendizagem de destrezas e habilidades motoras, como, por exemplo, escrever (e ler), tocar instrumentos musicais, balé, esportes em geral.
- *Perspectiva temporal:* crianças e jovens aprendem para o futuro, a aplicação de conhecimentos é algo que acontecerá algum dia, enquanto os adultos aprendem para aplicação imediata às atividades que executam, para resolver problemas, e não simplesmente para estocar conhecimentos de utilidade eventual futura.
- *Orientação da aprendizagem:* enquanto crianças e jovens aprendem assuntos/temas ligados a matérias ou disciplinas constantes de um currículo, que serve de base de conhecimentos para a vida profissional e social, os adultos procuram aprender aquilo que possa contribuir

para resolver os problemas que enfrentam no presente, aquilo de que carecem para melhorar seu desempenho e enfrentar os desafios que surgem no dia-a-dia.

O sumário comparativo entre pressupostos e práticas da Pedagogia e da Andragogia pode ser visto no Quadro 2.1.

PODEM OS ADULTOS APRENDER BEM EM QUALQUER IDADE?

Mitos e crenças errôneos a respeito da aprendizagem na idade madura são veiculados livremente e aceitos sem exame crítico, às vezes, até por responsáveis por programas de treinamento. Os ditos populares, como, por exemplo, "Burro velho não aprende coisas novas!", podem induzir à crença de que o adulto mais velho já não consegue aprender e, por isso, é desperdício investir em seu desenvolvimento.

A operacionalização da maioria dos programas de treinamento e desenvolvimento, na prática, tem oscilado entre os dois extremos: o mito da incapacidade dos mais velhos aprenderem e a crença ingênua de que o adulto, enquanto aprendiz (treinando), deve ser tratado e conduzido como uma criança. De um lado, os adultos mais velhos são marginalizados e, de outro, os programas e eventos utilizam largamente a abordagem pedagógica, caracterizada por relações verticais entre instrutor/professor e alunos/aprendizes.

Os adultos sofrem, com a idade, certo declínio nas funções orgânicas e intelectuais, o que ocasiona limitações fisiológicas, mas não significa impossibilidade de aprender coisas novas ou de efetuar mudanças em seus comportamentos.

O ritmo de aprendizagem torna-se mais lento e determina outras expectativas e outra metodologia de ensino-

Quadro 2.1
PEDAGOGIA E ANDRAGOGIA: PRESSUPOSTOS E PRATICAS

A. PRESSUPOSTOS

	Pedagogia	Andragogia
Autoconceito	Dependência	Autodireção crescente
Experiência	De pouco valor	Aprendizes como fonte de aprendizagem
Prontidão	Pressão social de desenvolvimento biológico	Tarefas de desenvolvimento de papéis sociais
Perspectiva temporal	Aplicação adiada	Aplicação imediata
Orientação da aprendizagem	Centrada na matéria	Centrada no(s) problema(s)

B. ELEMENTOS DA PRÁTICA

	Pedagogia	Andragogia
Clima	• Orientado para autoridade • Formal • Competitivo	• Mutualidade/respeito • Informal • Colaborativo
Planejamento	Pelo professor	Compartilhado
Diagnóstico de necessidades	Pelo professor	Autodiagnóstico mútuo
Formulação de objetivos	Pelo professor	Negociação mútua
Design	Lógica da matéria Unidades de conteúdo	Seqüência em termos da prontidão Unidades de problemas
Atividades	Técnicas de transmissão	Técnicas de experiência (vivência/indagação)
Avaliação	Pelo professor	Rediagnóstico conjunto de necessidades Mensuração conjunta do programa

Fonte: M. Knowles.

aprendizagem. Verifica-se, entretanto, que outros fatores, tais como motivação, *status* social, *background* educacional, nível profissional e inteligência, influem mais na aprendizagem que a idade de *per si*.

O fator isolado mais importante é a prática constante, isto é, o adulto que continua lendo, interessando-se pelas mudanças que ocorrem no mundo em que vive, mantendo-se intelectualmente ativo, em uma atitude de curiosidade sadia e de iniciativa para buscar informações, adquirir conhecimentos, questionar e argumentar, geralmente continuará aprendendo por toda a vida. O adulto até aprende melhor que o jovem quando a experiência e a maturidade de vida fazem diferença.

Pesquisas recentes indicam que o adulto mais velho em um programa de educação de adultos é, em geral, intelectualmente tão apto quanto os participantes adultos mais jovens, e seu desempenho equivale ao dos demais. Foi também observado que os adultos que continuam a participar em atividades educativas aprendem mais efetivamente que adultos comparáveis que não o fazem. Isto sugere que habilidades para aprender requerem prática para serem mantidas. Igualmente, os adultos aprendem mais efetivamente quando se permite que sigam seu próprio ritmo.

Da mesma forma que a atividade física constante assegura a saúde orgânica e prolonga a expectativa de vida, a atividade intelectual constante também mantém a pessoa em forma, apta a aprender por muito tempo, alerta, lúcida e produtiva.

Este fato é de significado fundamental para treinamento e desenvolvimento de recursos humanos, pois mostra que eventos esporádicos e muito distanciados não adiantam. Terminar um curso, seja universitário ou técnico, não basta para uma carreira profissional produtiva. A pessoa necessita atualizar-se freqüente ou permanentemente, porquanto as mudanças tecnológicas, econômicas e sociais são rápidas, exigindo adaptação contínua a novas condições de vida e de trabalho para sobrevivência, subsistência, crescimento e realização pessoal e profissional.

IMPLICAÇÕES PARA A EDUCAÇÃO DE ADULTOS

A partir dos pressupostos citados, a prática de andragogia deve orientar-se para capitalizar todos os aspectos relevantes e atender às necessidades e feições diferenciadas do adulto como aprendiz.

Em primeiro lugar, a situação de aprendizagem deve caracterizar-se por uma "atmosfera adulta", e não por uma réplica da sala de aula infanto-juvenil. Isto requer relações horizontais, paritárias, entre coordenador/facilitador e aprendizes como sócios, colaboradores de um empreendimento conjunto, em que os esforços de todos são somados em vez de relações verticais tipo "superior-inferior" entre professor e alunos no ambiente usual de ensino.

O clima psicossocial passa a ser de respeito mútuo, os colegas tornam-se recursos para a aprendizagem dos outros, pela experiência anterior de cada um, a qual é oferecida, analisada, discutida e somada à sua própria. Há menor dependência do professor/facilitador e dos livros e textos para a "palavra final" ou conclusão "correta".

A tecnologia andragógica utiliza a motivação e a experiência dos aprendizes adultos como molas principais. Os aprendizes participam plenamente no diagnóstico de necessidades individuais e do grupo para estabelecer e negociar objetivos da aprendizagem, no planejamento e na implementação da própria aprendizagem, juntamente com o coordenador/facilitador. As experiências de cada um podem servir de ilustrações e exemplos para facilitar a compreensão e aquisição de conceitos/conhecimentos novos e técnicas, pois são significativas, mais reais e concretas que qualquer exemplo ou "caso" de livro trazido pelo coordenador/facilitador.

O uso de técnicas de dinâmica de grupo e de laboratório, de aprendizagem vivencial, possibilita comunicação mais fluente entre os participantes no sentido de troca de experiências, comparação e discussão das mesmas, levando-os a descobrir como podem aprender com os outros, como ajudar e serem ajudados e como trabalhar com outros em várias modalidades de tarefas em grupo.

Especial atenção precisa ser dada às atividades introdutórias de um programa de educação de adultos. Recomenda-se um tempo inicial prolongado para estabelecer um clima propício de abertura e confiança entre os participantes e diminuição de resistências à mudança das expectativas e hábitos fixos de programas de treinamento, nos moldes pedagógicos usuais, de estrutura vertical instrutor-alunos, em que um transmite e os outros recebem as informações. Essa atividade preparatória socioemocional é absolutamente necessária para o sucesso do programa.

Se este início é bem realizado, os adultos confiarão no programa, poderão envolver-se nas atividades e delas obter benefícios. Caso contrário, mais um seminário superficial terá acontecido, com conseqüências variáveis para cada participante, em termos de conhecimentos, habilidades, crenças, motivação e valores que repercutirão nos eventos subseqüentes de trabalho ou de treinamento/desenvolvimento.

O papel do professor/instrutor também sofre modificações, passando de "transmissor de informações e conhecimentos", na orientação pedagógica, para o de "facilitador da aprendizagem", na orientação andragógica.

O coordenador/facilitador em educação de adultos é primordialmente uma pessoa-recurso de conteúdos e processos.

Sua função consiste em ajudar a abrir canais de comunicação entre os aprendizes, em conduzir treinamento de habilidades para utilizar a experiência de outras pessoas com recursos de aprendizagem, em envolver os aprendizes nos principais aspectos do processo de aprendizagem, tais como diagnóstico de carências/interesses, planejamento de atividades, participação no processo e avaliação de resultados.

Vale lembrar que a aprendizagem é um processo complexo que envolve a pessoa toda, não só seu intelecto. Toda aprendizagem é, finalmente, auto-aprendizagem, para a qual o facilitador contribui através de estimulação (insumos), recursos e estruturação ambiental (*setting*).

A prática andragógica orienta-se pelos pressupostos sobre a capacidade dos adultos e suas necessidades específicas e por uma filosofia de ação social em que valores humanistas de respeito à pessoa e de participação plena no processo decisório e na implementação de ações são considerados os mais elevados.

"O homem deve ser o sujeito de sua própria educação. Não pode ser o objeto dela." (Paulo Freire, *Educação e mudança.)* Como sujeito do processo educativo, o homem busca ativamente respostas para seus problemas, de forma consciente, crítica e criativa, rejeitando a mera repetição do que está escrito ou do que foi dito por outros.

"Estudar é assumir uma atitude séria e curiosa diante de um problema." (Paulo Freire, "O ato de estudar".)

O conhecido conselho da sabedoria oriental — de *ensinar* a pescar em vez de *dar* um peixe para matar a fome do momento — expressa uma filosofia de ação para o desenvolvimento de recursos e potencialidades do indivíduo, de crescimento pessoal, contrapondo-se a uma filosofia paternalista de dar informações apenas para melhor desempenho da tarefa em pauta (*o peixe diário*), sem levar em consideração o

Sistema Pessoa, como um todo dinâmico e em interação com outros sistemas semelhantes e com supra-sistemas ambientais.

REFERÊNCIAS E LEITURA COMPLEMENTAR

ARGYRIS, C. "Conditions for competence acquisition and therapy." *Journal of Applied Behavioral Science,* 4 (2): 147-177, 1968.

——. "Educating administrators and professionals." *In:* ARGYRIS, C. & CYERT, R.M. (eds.). *Leadership in the eighties: Essays on higher education.* Cambridge, Mass., Institute for Educational Management, Harvard University, 1980.

BARRA, R. *Trabalho em grupo: guia prático para formar equipes eficazes.* Rio de Janeiro, Qualitymark, 1993.

BEAUCHAMP, A. *et al. Como animar um grupo.* 4. ed. São Paulo, Loyola, 1991.

COLLINS, M. *Adult educational as vocation: a critical role for the adult educator.* London, New York, New Routledge, 1991.

DIES, R.R. "Pragmatics of leadership in psychotherapy and encounter group research." *Small Group Behavior,* 8: 229-248, 1977.

FEUILLETTE, I. *RH: o novo perfil do treinador — como preparar, conduzir e avaliar um processo de treinamento.* São Paulo, Nobel, 1991.

FRANK, J.D. (1964). "Human relations training groups and therapy groups." *In:* BRADFORD, L.P. *et al.* (eds.), *op. cit.*

FREIRE, P. "O ato de estudar." *In:* LEITE, L.C.M., "Encontro com Paulo Freire." *Educação e Sociedade.* São Paulo, 1 (3): 45-75, 1979.

——. *Educação e mudança.* 7. ed. Rio de Janeiro, Paz e Terra, 1983.

GARFIELD, S.L. & BERGIN, A.E. (eds.). *Handbook of psychotherapy and behavior change: an empirical analysis.* 2. ed. New York, Wiley, 1978.

GRABOWSKI, S.M. & Associates. *Preparing educators of adults.* London, Jossey Bass, 1982.

HAVIGHURST, R.J. & NEUGARTEN, B.L. *Society and education.* 2. ed. Boston, Allyn & Bacon. 1964.

HORWITZ, L. "Transference in training groups and therapy groups." *Int. Journal of Group Psychotherapy,* 14: 202-213, 1964.

KEATING. K. *A terapia do abraço.* 2. ed. São Paulo, Círculo do Livro, 1994.

KNOWLES, M. *The adult learner: a neglected species.* Houston, Texas, Gulf Publishing, 1973.

LAKIN, M. "Some ethical issues in sensitivity traming." *Amer. Psychologist,* 24: 923-928, Oct., 1969.

MALATESTA, C.Z. & IZARD, C.E. (eds.). *Emotion in adult development.* London, Sage. 1984.

PETERSON, D.A. *Facilitating education for older learners.* San Francisco, Jossey Bass, 1983.

PICHON-RIVIERE, E. *Teoria do vínculo.* São Paulo, Martins Fontes, 1991.

WESCHLER I., MASSARIK, F. & TANNENBAUM, R. "The self in process: a sensitivity training emphasis." *In:* WESCHLER, I. & SCHEIN, E. (eds.). *Issues in human relations training.* Washington, D.C., NTL Selected Redings Series, n. 5, 1962.

3
Competência interpessoal

EU E OS OUTROS

"COMO TRABALHAR bem com os outros? Como entender os outros e fazer-se entender? Por que os outros não conseguem ver o que eu vejo, como eu vejo, por que não percebem a clareza de minhas intenções e ações? Por que os outros interpretam erroneamente meus atos e palavras e complicam tudo? Por que não podemos ser objetivos no trabalho e deixar problemas pessoais de fora? Vamos ser práticos e deixar as emoções e sentimentos de lado..."

Quem já não pensou assim, alguma vez, em algum momento ou situação?

Desde sempre, a convivência humana é difícil e desafiante. Escritores e poetas, ao longo dos tempos, têm abordado a problemática do relacionamento humano. Sartre, em sua admirável peça teatral *Huis Clos*, faz a famosa afirmação: "O inferno são os outros..."

Estaremos realmente condenados a sofrer com os outros? Ou podemos ter esperanças de alcançar uma convivência razoavelmente satisfatória e produtiva?

Pessoas convivem e trabalham com pessoas e portam-se como pessoas, isto é, reagem às outras pessoas com as quais entram em contato: comunicam-se, simpatizam e sentem atrações, antipatizam e sentem aversões, aproximam-se, afastam-se, entram em conflito, competem, colaboram, desenvolvem afeto.

Essas interferências ou reações, voluntárias ou involuntárias, intencionais ou não-intencionais, constituem o processo de interação humana, em que cada pessoa na presença de outra não fica indiferente a essa situação de presença estimuladora. O processo de interação humana é complexo e ocorre permanentemente entre pessoas, sob forma de comportamentos manifestos e não-manifestos, verbais e não-verbais, pensamentos, sentimentos, reações mentais e/ou físico-corporais.

Assim, um olhar, um sorriso, um gesto, uma postura corporal, um deslocamento físico de aproximação ou afastamento constituem formas não-verbais de interação. Mesmo quando alguém vira as costas ou fica em silêncio, isto também é interação — e tem um significado, pois comunica algo aos outros. O fato de "sentir" a presença dos outros já é interação.

A forma de interação humana mais freqüente e usual, contudo, é representada pelo processo amplo de comunicação, seja verbal ou não-verbal.

A PRIMEIRA IMPRESSÃO

O contato inicial gera a chamada "primeira impressão", o impacto que cada um causa ao outro. Essa primeira impressão está condicionada a um conjunto de fatores psicológicos da experiência anterior de cada pessoa, suas expectativas e motivação no momento e a própria situação do encontro. Primeiras impressões poderão ser muito diferentes se certos preconceitos prevalecerem ou não, se as predisposições do momento forem favoráveis ou não à aceitação de diferenças no outro e se o contexto for formal ou informal, de trabalho neutro ou de ansiedade e poder assimétrico, tal como, por exemplo, uma entrevista para solicitar emprego, promoção ou outras vantagens.

Quando a primeira impressão é positiva de ambos os lados, haverá uma tendência a estabelecer relações de simpatia e aproximação que facilitarão o relacionamento interpessoal e as atividades em comum. No caso de assimetria de percepções iniciais, isto é, impacto positivo de um lado, mas sem reciprocidade, o relacionamento tende a ser difícil, tenso, exigindo esforço de ambas as partes para um conhecimento maior que possa modificar aquela primeira impressão.

Quantas vezes geramos e recebemos primeiras impressões errôneas que nos trazem dificuldades e aborrecimentos desnecessários, porque não nos dispomos a rever e, portanto, confirmar ou modificar aquelas impressões. Quando isto acontece, naturalmente, ao longo de uma convivência forçada, como na situação de trabalho, por exemplo, percebemos, então, quanto tempo precioso e quanta energia perdemos por não tomarmos a iniciativa de procurar conhecer melhor o outro e examinarmos as próprias atitudes e preconceitos, com o fito de desfazer impressões negativas não-realísticas.

É muito cômodo jogar a culpa no outro pela situação equívoca, mas a realidade mostra a nossa parcela de responsabilidade nos eventos interpessoais. Não há processos unilaterais na interação humana: tudo que acontece no relacionamento interpessoal decorre de duas fontes: eu e outro(s).

RELAÇÕES INTERPESSOAIS

As relações interpessoais desenvolvem-se em decorrência do processo de interação.

Em situações de trabalho, compartilhadas por duas ou mais pessoas, há atividades predeterminadas a serem executadas, bem como interações e sentimentos recomendados, tais como: comunicação, cooperação, respeito e amizade. À medida que as atividades e interações prosseguem, os sentimentos despertados podem ser diferentes dos indicados inicialmente, e então — inevitavelmente — os sentimentos influenciarão as interações e as próprias atividades. Assim, sentimentos positivos de simpatia e atração provocarão aumento de interação e cooperação, repercutindo favoravelmente nas atividades e ensejando maior produtividade. Por outro lado, sentimentos negativos de antipatia e rejeição tenderão à diminuição das interações, ao afastamento, à menor comunicação, repercutindo desfavoravelmente nas atividades, com provável queda de produtividade.

Esse ciclo "atividades-interações-sentimentos" não se relaciona diretamente à competência técnica de cada pessoa. Profissionais competentes individualmente podem render muito abaixo de sua capacidade por influência do grupo e da situação de trabalho.

Quando uma pessoa começa a participar de um grupo, há uma base interna de diferenças que englobam conhecimentos, informações, opiniões, preconceitos, atitudes, experiência anterior, gostos, crenças, valores e estilo comportamental, o que traz inevitáveis diferenças de percepções, opiniões e sentimentos em relação a cada situação compartilhada. Essas diferenças passam a constituir um repertório novo: o daquela pessoa naquele grupo. A maneira como essas diferenças são encaradas e tratadas determina a modalidade de relacionamento entre membros do grupo, colegas de trabalho, superiores e subordinados. Por exemplo: se no grupo há respeito pela opinião do outro, se a idéia de cada um é ouvida e discutida, estabelece-se uma modalidade de relacionamento diferente daquela em que não há respeito pela opinião do outro, quando idéias e sentimentos não são ouvidos, ou são ignorados, quando não há troca de informações. A maneira de lidar com diferenças individuais cria certo clima entre as pessoas e tem forte influência sobre toda a vida em grupo, principalmente nos processos de comunicação, no relacionamento interpessoal, no comportamento organizacional e na produtividade.

Se as diferenças são aceitas e tratadas em aberto, a comunicação flui fácil, em dupla direção, as pessoas ouvem as outras, falam o que pensam e sentem, e têm possibilidades de dar e receber *feedback*. Se as diferenças são negadas e suprimidas, a comunicação torna-se falha, incompleta, insuficiente, com bloqueios e barreiras, distorções e "fofocas". As pessoas não falam o que gostariam de falar nem ouvem as outras, só captam o que reforça sua imagem das outras e da situação.

O relacionamento interpessoal pode tornar-se e manter-se harmonioso e prazeroso, permitindo trabalho cooperativo, em equipe, com integração de esforços, conjugando energias, conhecimentos e experiências para um produto maior que a soma das partes, ou seja, a tão buscada sinergia, ou então tender a tornar-se muito tenso, conflitivo, levando à desintegração de esforços, à divisão de energias e à crescente deterioração do desempenho grupal para um estado de entropia do sistema e final dissolução do grupo.

Relações interpessoais e clima de grupo influenciam-se recíproca e circularmente, caracterizando um ambiente agradável e estimulante, ou desagradável e averso, ou neutro e monótono. Cada modalidade traz satisfações ou insatisfações pessoais e grupais.

A liderança e a participação eficaz em grupo dependem essencialmente da competência interpessoal do líder e dos membros. O trabalho em equipe só terá expressão real e verdadeira se e quando os membros do grupo desenvolverem sua competência interpessoal, o que lhes permitirá alcançar a tão desejada e propalada sinergia, em seus esforços colaborativos, para obter muito mais que a simples soma das competências técnicas individuais como resultado conjunto do grupo.

AQUISIÇÃO DE COMPETÊNCIA INTERPESSOAL

A competência técnica para cada profissional não é posta em dúvida, claramente todos reconhecem que o profissional precisa ser competente em sua área específica de atividade. A competência interpessoal, porém, só é reconhecida para algumas categorias profissionais notórias, tais como assistência social, psicoterapia, magistério, vendas, serviços de atendimento ao público, em geral.

Na verdade, em cada profissão os dois tipos de competência são necessários, embora em proporções diferentes. O problema consiste em discernir e aprender qual a proporção adequada para prover serviços de alta qualidade, ou seja, para um desempenho superior.

Cada tipo ou dimensão de competência é interdependente de outro. Assim, a maneira pela qual um gerente, advogado, médico faz as perguntas (tendo ou não estabelecido um "clima" psicológico favorável e uma relação de confiança) pode influenciar as informações que recebe. Neste exemplo, a competência interpessoal (processo) é tão importante quanto a competência técnica de formular as perguntas adequadas (conteúdo das perguntas).

Se a competência técnica pode ser adquirida através de cursos, seminários, leituras e experiência ou prática, a competência interpessoal necessita de treinamento especial de laboratório.

Desenvolver a competência interpessoal é a meta primordial do treinando de laboratório de sensibilidade. Em que consiste esta competência?

Competência interpessoal é a habilidade de lidar eficazmente com relações interpessoais, de lidar com outras pessoas de forma adequada às necessidades de cada uma e às exigências da situação.

Segundo C. Argyris (1968), é a habilidade de lidar eficazmente com relações interpessoais de acordo com três critérios:

1) Percepção acurada da situação interpessoal, de suas variáveis relevantes e respectiva inter-relação.
2) Habilidade de resolver realmente os problemas interpessoais, de tal modo que não haja regressões.
3) Solução alcançada de tal forma que as pessoas envolvidas continuem trabalhando juntas tão eficientemente, pelo menos, como quando começaram a resolver seus problemas.

Dois componentes da competência interpessoal assumem importância capital: a percepção e a habilidade propriamente dita. O processo da percepção precisa ser treinado para uma visão acurada da situação interpessoal. Isto significa um longo processo de crescimento pessoal, abrangendo autopercepção, autoconscientização e auto-aceitação como pré-requisitos de possibilidades de percepção mais realística dos outros e da situação interpessoal. Esse treinamento perceptivo não se realiza espontânea nem facilmente, mas requer treinamento especial, demorado, e muitas vezes sofrido, exigindo coragem e disponibilidade psicológica do treinando para o exercício de receber *feedback*. O autoconhecimento só pode ser obtido com a ajuda dos outros, por meio de *feedback*, o qual precisa ser elaborado para auto-aceitação de componentes do *eu cego*. Se o indivíduo tem percepção mais acurada de si, então pode, também, ter percepção acurada da situação interpessoal, primeiro passo para poder agir de forma adequada e realística.

A habilidade de lidar com situações interpessoais engloba várias habilidades, entre as quais: flexibilidade perceptiva e comportamental, que significa procurar ver vários ângulos ou aspectos da mesma situação e atuar de forma diferenciada, não-rotineira, experimentando novas condutas percebidas como alternativas de ação. Desenvolve-se, concomitantemente, a capacidade criativa para soluções ou propostas menos convencionais, com resultados duplamente compensadores: da resolução dos problemas e da auto-realização pelo próprio ato de criação, altamente gratificante para as necessidades do ego (estima), na hierarquia de Maslow. Outra habilidade consiste em dar e receber *feedback*, sem o que não se constrói um relacionamento humano autêntico, conducente ao encontro *eu-tu*, de pessoa a pessoa, em vez da relação *eu-isto*, de sujeito a objeto, na concepção de Martin Buber (1970). Assim, ampliam-se a capacidade perceptiva e o repertório comportamental do indivíduo, saindo dos limites estreitos da conduta estereotipada do dia-a-dia.

Um terceiro componente da competência interpessoal refere-se ao relacionamento em si e compreende predominantemente a dimensão emocional-afetiva. Vários autores preocupam-se com esse aspecto, entre os quais W. Bennis (1972), que o expõe por meio de sua matriz de conteúdo/motivação, na qual indica a combinação ideal: verdade/amor. Num relacionamento a médio prazo, é preciso considerar o conteúdo cognitivo e a relação afetiva em qualquer situação de conflito interpessoal. Muitas vezes, a solução é viável para o conteúdo cognitivo, mas afeta a relação afetiva. O equilíbrio desses dois componentes é que fará com que o relacionamento não sofra danos (às vezes, irreversíveis), e até que se torne mais forte e verdadeiro.

Competência interpessoal, portanto, é resultante de percepção acurada realística das situações interpessoais e de habilidades específicas comportamentais que conduzem a conseqüências significativas no relacionamento duradouro e autêntico, satisfatório para as pessoas envolvidas.

UMA PESQUISA DE COMPETÊNCIA INTERPESSOAL

Em 18 grupos de treinamento conduzidos pela autora e sua equipe, totalizando 297 gerentes de várias organizações brasileiras, foi, inicialmente, aplicado um questionário de auto-avaliação composto de 20 itens relativos a dimensões interpessoais.[1]

As respostas mostraram as percepções dos treinandos quanto a sua competência interpessoal da seguinte forma:

Pontos mais fortes	Pontos mais fracos
1. Competição	1. Reação a *feedback*
2. Independência	2. Espontaneidade
3. Flexibilidade	3. Lidar com conflito
4. Autoconfiança	4. Resistência a estresse

Os pontos fortes indicados sugerem uma percepção social de valores culturais de nossa sociedade relacionados à imagem de chefia, comando, afirmação de sucesso profissional e de atributos pessoais positivos masculinos. Os itens *competição*, *independência* e *autoconfiança* fazem parte dessa constelação cultural. A competição é claramente imagem de luta, agressividade, iniciativa, possivelmente ligada ao *n achievement* de McClelland, característica do homem que busca desafios e supera obstáculos para realizar-se. A independência é também um

[1]Questionário "Dimensões Interpessoais", p. 300-303.

símbolo masculino de afirmação social, diferenciando-se da dependência, submissão feminina ou de subordinados... A autoconfiança, como imagem de segurança interior que os outros invejam e procuram, também é socialmente valorizada como figura paterna, forte, superior, sem as fraquezas, dúvidas, insegurança dos subordinados/inferiores.

O item *flexibilidade* pode, igualmente, fazer parte da imagem social do gerente/executivo que se atualiza, não é rígido, não fica estagnado, aberto a inovações, que é suficientemente apto a adaptar-se, a ajustar-se às mudanças. Em suma, a imagem mais valorizada hoje em dia: o jovem.

Quanto aos pontos fracos, parece que não houve tanta influência de imagem social, pois as carências mostram justamente o outro lado, que é menos exposto publicamente ou até escondido e negado. Entretanto, a concentração dos pontos fracos sugere aspectos comuns que perturbam o relacionamento humano e preocupam os indivíduos que os apontaram, bem como o nível de conscientização das deficiências de cada um.

O item mais fraco, *reação a feedback,* indica o aspecto mais negligenciado da comunicação humana, a dificuldade não superada de receber *feedback,* mesmo em gerentes de alto nível, aparentemente competentes em suas funções. O outro item a ele diretamente relacionado, *expressão de feedback,* aparece como quinto item fraco, o que pode sugerir que a carência da habilidade de dar *feedback* não é percebida ou sentida tão intensamente como receber *feedback,* em que o impacto maior é sobre o próprio indivíduo e não sobre o outro. Contudo, a inferência que se pode fazer é que ambos os processos, tanto o de dar quanto o de receber *feedback,* constituem carências importantes a serem trabalhadas em desenvolvimento interpessoal, sem o que ficarão como aspectos ineficientes do desempenho dos gerentes. *Reação a feedback* talvez seja o item crítico da competência interpessoal, uma das mais difíceis conquistas pessoais. Os dois processos conjugados, dar e receber *feedback* de modo inábil, provocando reações defensivas, formam a maior fonte de bloqueio de comunicação efetiva e de desgaste de relacionamento.

O segundo item mais fraco, *espontaneidade,* sugere um processo de condicionamento cultural contrário à expressão franca de idéias e sentimentos, principalmente no "selvagem" mundo dos negócios, em que a revelação pode ser prejudicial na competição por sucesso, lucro, fama... Não há um provérbio que diz: "O segredo é alma do negócio"? Então é preciso não se revelar, não mostrar suas fraquezas ou planos, para não fornecer armas ao inimigo (competidor), tornando a vida organizacional um jogo de vantagens: ganha mais quem sabe mais do outro e menos revela de si... Esse processo circular deteriora o clima organizacional, levando a tensões, desconfianças, conflitos e crises mais ou menos sérias e duradouras, objeto de grandes preocupações da alta administração e bom mercado de trabalho para os consultores organizacionais...

O item *lidar com conflitos* mostra outra carência acentuada entre gerentes, cada um procurando resolver a seu modo os problemas interpessoais, sem ter tido treinamento adequado para isto. Alguns têm maior habilidade intuitivamente, outros, menor habilidade, sem se aperceberem das conseqüências a curto e médio prazos para as pessoas envolvidas e para a organização. Lidar com conflitos de forma segura exige treinamento especial de laboratório de DI, e não apenas leituras e conferências sobre o assunto.

O quarto ponto mais fraco, *resistência a estresse,* revela a situação real do dia-a-dia do gerente, sujeito a pressões de cima e de baixo, e lateralmente, também, além de pressões extra-organizacionais e familiares. Essa carência retrata um aspecto pouco reconhecido ou tratado em programas de desenvolvimento gerencial e até nos planos de carreira gerencial, em que deveria figurar como um dos itens de avaliação de desempenho superior do gerente.

A ordenação geral das dimensões interpessoais na amostra estudada é apresentada na Figura 3.1.

FIGURA 3.1
ORDENAÇÃO GERAL (*RANKING*)
DAS DIMENSÕES INTERPESSOAIS

DIMENSÕES INTERPESSOAIS

← PONTOS → *RANK*

FRACOS FORTES

A. COMUNICAÇÃO	*RANK*
1. Comunicação efetiva	12
3. Saber ouvir	7
7. Reação a *feedback*	20
11. Expressão de *feedback*	16
17. Persuasão	14

B. LIDERANÇA	*RANK*
4. Liderança efetiva	10
6. Autoconfiança	4
8. Iniciativa	9
10. Independência	2
13. Resistência a estresse	17
16. Apoio catalisador	5
19. Competição	1

C. PARTICIPAÇÃO	*RANK*
2. Impacto	15
5. Espontaneidade	19
9. Sensibilidade	6
12. Lidar com conflito	18
14. Experimentação	13
15. Relacionamento próximo	11
18. Abertura	8
20. Flexibilidade	3

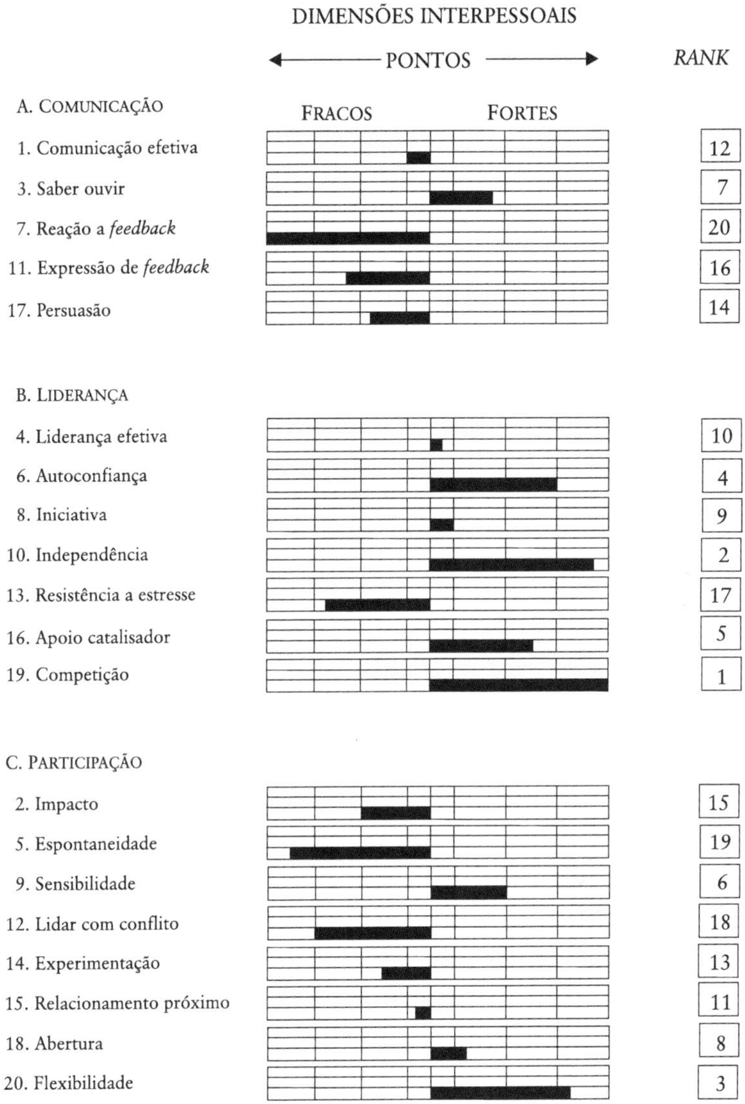

Em treinamento de laboratório, consegue-se obter compreensão, *insight* e comportamento funcional durante o processo de aprendizagem. Todavia, o verdadeiro teste de competência interpessoal está na transferência de aprendizagem da situação de laboratório para a vida real, o que *é* bastante difícil na dinâmica interpessoal. E difícil porque exige do participante *insight* e compreensão dolorosa de que algumas de suas formas usuais de reação não são as mais adequadas, de que é preciso mudar, experimentar novas formas e praticá-las, criativamente, e assumir riscos. É difícil porque não depende apenas da pessoa treinada, não é uma habilidade individual, e sim uma habilidade situacional ou interpessoal.

As probabilidades de aprender e transferir a aprendizagem, em termos de competência interpessoal, aumentam quando o indivíduo consegue desenvolver autoconscientização e autoaceitação para produzir informações com um mínimo de distorção, quando passa a aceitar e confiar mais nos outros, dando e recebendo *feedback* útil.

Competência interpessoal não é, pois, um dom ou talento inato da personalidade, e sim uma capacidade que se pode desenvolver por meio de treinamento próprio.

REFERÊNCIAS E LEITURA COMPLEMENTAR

ARGYRIS, C. (1968), *op. cit.*

——. *Reasoning, learning and action — Individual and organizational.* San Francisco, Jossey Bass, 1982.

BUBER, M. *I and thou.* New York, Scribner, 1970.

DUCK, S. *Friends, for life: the psychology of personal relationship.* 2. ed. New York, Harvester Wheatsheaf, 1991.

HONEY, P. *Face to face: a practical guide to interactive skill.* London, Institute of Personnel Management, 1976.

LIPMACK, J. & STAMPS, J. *Redes de conexão: pessoas conectando-se com pessoas*. São Paulo, Aquariana, 1992.

MOSCOVICI, F. "Competência interpessoal: uma necessidade negligenciada em Administração." *Informe FESP.* Rio de Janeiro, 26, 1980.

——. "Competência interpessoal no desenvolvimento de gerentes." *Rev. de Administração de Empresas*. São Paulo, FGV, 21(2): 17-25, 1981.

OSBORNE, C.G. *A arte de relacionar-se com as pessoas*. 3. ed. Rio de Janeiro, JUERP, 1990.

SHAVER, P. (ed.). *Review of Personality and Social Psychology*. Vol. 5: Emotions, Relationships, and Health. London, Sage, 1984.

SPITZBERG, B.H. & CUPACH, W. R. *Interpersonal communication competence*. London, Sage, 1984.

WIEMANN, J.M. & HARRISON, R.P. (eds.). *Nonverbal interaction*. London, Sage, 1983.

4
A Janela Johari

CONCEITUAÇÃO

É DIFÍCIL ENTENDER a complexidade da personalidade humana, especialmente em suas relações com os outros. Os quatro retângulos da Figura 4.1 poderão ajudar-nos a conceituar o processo da percepção de um indivíduo em relação a si mesmo e aos outros. Essa representação de áreas da personalidade é chamada Janela Johari, idealizada por Joseph Luft e Harry Ingham (1961), a fim de ilustrar as relações interpessoais e os processos de aprendizagem em grupo.

FIGURA 4.1
A JANELA JOHARI

	Conhecido pelo EU	Não conhecido pelo EU
Conhecido pelos outros	I "EU ABERTO"	II "EU CEGO"
Não conhecido pelos outros	III "EU SECRETO"	IV "EU DESCONHECIDO"

A área I (o *eu aberto*) constitui o nosso comportamento em muitas atividades, conhecido por nós e por qualquer um que nos observe. Esse comportamento varia grandemente conforme nossa estimativa do que é correto em um ambiente específico e com diferentes grupos de pessoas. Essa área limita-se àquilo de que nossos parentes e amigos estão cônscios e àquilo que nós consideramos óbvio, tais como nossas características, nossa maneira de falar, nossa atitude geral, algumas de nossas habilidades etc.

A área II (o *eu cego*) representa nossas características de comportamento facilmente percebidas pelos outros mas das quais, geralmente, não estamos cientes. Por exemplo, alguma manifestação nervosa, nosso comportamento sob tensão, nossas reações agressivas em relação a subordinados, nosso desprezo por aqueles que discordam de nós etc. Podemos especular por que esses padrões de comportamento permanecem desconhecidos para nós e, no entanto, são óbvios para os outros. Há evidências de que é nessa área que, freqüentemente, somos mais críticos com o comportamento dos outros sem percebermos que estamos nos comportando da mesma forma.

A área III (o *eu secreto*) representa as coisas sobre nós mesmos que conhecemos mas que escondemos dos outros. Estas podem variar desde assuntos inconseqüentes até os de grande importância. Em uma situação fechada, ou relativamente autoritária, é provável que haja muito mais desse aspecto do que numa situação aberta. A pessoa que conta tudo sobre si mesma a alguém totalmente estranho, ou a um vizinho, pode estar agindo assim por incapacidade de comunicação satisfatória com pessoas que significam, afetivamente, muito para ela.

É nesta área e na área II que algumas modificações podem ser conseguidas entre indivíduos que trabalham juntos, experimentalmente, com espírito de cooperação e compreensão.

A área IV (o *eu desconhecido*) inclui coisas das quais não estamos cônscios e das quais nem os outros estão. Constitui-se de memórias de infância, potencialidades latentes e aspectos desconhecidos da dinâmica intrapessoal. Algumas coisas estão muito escondidas e talvez nunca se tornem conscientes; outras são mais superficiais e com o aumento de abertura e *feedback* poderão tornar-se conscientes.

MUDANÇAS NOS QUADRANTES

Num grupo novo, a área I, do *eu aberto*, é muito pequena, há pouca interação livre e espontânea. Com o desenvolvimento dos processos de grupo, ela cresce, pois os membros se sentem mais livres para agir de forma autêntica. A área III decresce proporcionalmente ao crescimento da área I, uma vez que, num clima de crescente confiança recíproca, há menos necessidade de esconder ou negar pensamentos e sentimentos.

Uma área maior de atividade livre nos membros do grupo provavelmente diminuirá receios e tensões e propiciará possibilidades de orientar os recursos do grupo para a tarefa propriamente dita. Isto significa maior receptividade a informações, opiniões e idéias novas, em si mesmo ou em referência aos processos específicos de grupo.

O fato de esconder ou negar comportamentos, idéias e sentimentos durante o processo interativo exige certo dispêndio constante de energia, e, por isso, a redução da área III (o *eu secreto*) implica menor mobilização de energia para a defesa deste território. Assim, um número maior de necessidades do indivíduo pode encontrar expressão e maiores serão as probabilidades de este indivíduo ficar satisfeito com seu trabalho e de participar plenamente nas atividades do grupo.

A área II (o *eu cego*) leva mais tempo a reduzir-se porque, usualmente, há fortes razões de ordem psicológica para a recusa em ver o que se faz ou se sente.

É importante frisar que uma mudança em um dos quadrantes provoca modificações em todos os demais. A insegurança tende a diminuir a lucidez, e a confiança recíproca, a aumentá-la.

A COMUNICAÇÃO INTERPESSOAL — DAR E RECEBER *FEEDBACK*

O modelo gráfico Janela Johari permite apreciar o fluxo de informações decorrentes de duas fontes — *eu* e *outros* — bem como as tendências individuais que facilitam ou dificultam a direção e a extensão desse fluxo.

Os processos principais que regulam o fluxo interpessoal *eu-outros*, determinando o tamanho e o formato de cada área da Janela, são os seguintes:

a) Busca de *feedback:* consiste em solicitar e receber reações dos outros, em termos verbais ou não-verbais, para saber como o seu comportamento está afetando os outros, isto é, *ver-se com os olhos dos outros.*
b) Auto-exposição: consiste em dar *feedback* aos outros, revelando seus próprios pensamentos, percepções e sentimentos de como o comportamento dos outros o está afetando.

A utilização desses dois processos de forma equilibrada e ampla propicia desenvolvimento individual e de competência interpessoal. Conquanto teoricamente os dois processos possam ser usados igualmente, isto não ocorre nas situações reais, em que um deles é preferido em detrimento do outro, gerando, assim, um estado de desequilíbrio que se manifesta por tensões, hostilidades e ressentimentos, prejudiciais ao relacionamento e à produtividade.

No exame do traçado da Janela Johari, o tamanho e a forma das áreas merecem atenção, especialmente em se tratando de pessoas que lidam profissionalmente com grupos e desempenham o papel de líderes. As implicações desses aspectos são altamente relevantes pelo significado do tipo de relacionamento que mantém com os outros e suas conseqüências diretas e indiretas, em termos de satisfação pessoal e produtividade no trabalho.

Uma área livre muito reduzida pode significar inibição e restrição de comunicação no relacionamento, resultantes, geralmente, de uma de duas fontes de motivação opostas: de um lado, insegurança, e de outro, desejo de controlar os demais. Quanto maior a área livre, provavelmente maior será também a produtividade, apoiada em relacionamento satisfatório.

Quando esta área é pequena, indica participação mínima da pessoa numa relação de trabalho e passa a influenciar os sentimentos das outras pessoas e seu grau de investimento emocional e energético nas atividades a serem executadas em comum.

O desequilíbrio nas áreas da Janela pode apresentar-se no sentido vertical ou no sentido horizontal, revelando sempre uma superutilização de um dos processos e subutilização do outro, com suas conseqüências prováveis em termos de reações emocionais negativas e disfuncionalidade da dinâmica interpessoal.

Os processos de solicitar *feedback* e de auto-exposição podem revelar preferências consistentes em sua utilização no comportamento interpessoal. Essas tendências, representadas graficamente na Janela Johari, mostram aspectos importantes do relacionamento *eu-outros* sob a forma de estilos interpessoais de comunicação.

ESTILOS INTERPESSOAIS

ESTILO INTERPESSOAL I

A Janela Johari, pelo formato e pelas proporções de suas áreas, evidencia o predomínio da área desconhecida com seu potencial inexplorado, sua criatividade reprimida e psicodinâmica pessoal preponderante.

Os dois processos são usados em grau reduzido, trazendo um relacionamento praticamente impessoal. A pessoa parece ter uma carapaça em torno de si, exibindo comportamentos rígidos e aversão a assumir riscos, ficando retraída e observando mais do que participando.

Esse estilo parece estar relacionado a sentimentos de ansiedade interpessoal e à busca de segurança, canalizando sua energia para manter-se quase como sistema fechado, em vez de utilizá-la para autodescoberta e crescimento pessoal.

O estilo tende a gerar hostilidade nos outros, pois a falta de relacionamento é geralmente interpretada em função das necessidades das outras pessoas, e essa lacuna afeta sua satisfação. É encontrado, com freqüência, em organizações burocráticas, onde, muitas vezes, é até conveniente evitar abertura e envolvimento.

FIGURA 4.2
ESTILO INTERPESSOAL I

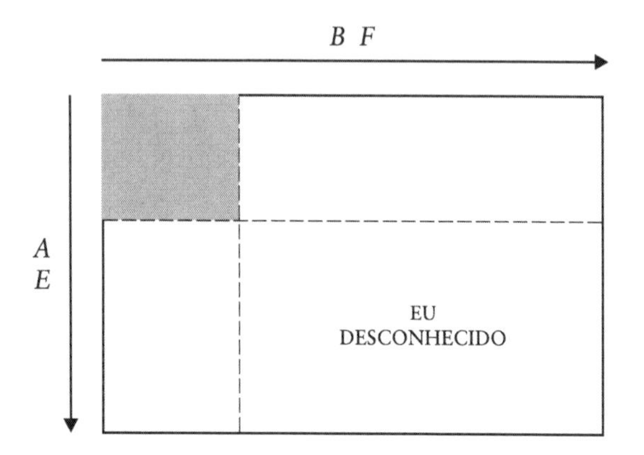

ESTILO INTERPESSOAL II

Caracteriza-se pela tendência a perguntar muito sobre si mesmo, como os outros o percebem, o que acham de suas idéias e atos, utilizando preferentemente o processo de solicitar *feedback*. Ao mesmo tempo, indica pouco desejo de se expor, ou pouca abertura, o que pode ser interpretado como sinal de desconfiança dos outros.

Diferencia-se do estilo I pela vontade expressa de manter relações com nível razoável de participação no grupo, através de pedidos freqüentes de *feedback*, solicitando informações quanto a idéias, opiniões e sentimentos dos outros. Procura, geralmente, saber a posição dos outros antes de comprometer-se, o que, a longo prazo, acaba levando as outras pessoas a se irritarem ou se retraírem, gerando sentimentos de desconfiança, reserva, ansiedade, desgosto e hostilidade.

Quanto mais utilizado o processo de solicitar *feedback* e menos o de auto-exposição, mais aumenta e se consolida o eu secreto, porquanto o tamanho de sua área é inversamente proporcional à quantidade de informação que flui do indivíduo. Neste estilo, a pessoa pode ser vista como superficial e distante.

Há, certamente, inúmeras razões para a pessoa não se expor e usar menos o processo de dar informações sobre si mesma. Uma delas pode ser o medo de ser rejeitada ou agredida, outra é não receber aprovação ou apoio se os outros conhecerem seus verdadeiros pensamentos e sentimentos. O fator subjacente, em ambas as razões, é a concepção de julgamento negativo de sua pessoa, o que poderia estar relacionado com auto-imagem depreciada e sentimentos de insegurança e, no outro extremo, com motivação de auto-afirmação e desejo de manipular ou controlar as outras pessoas através da retenção proposital de informações esclarecedoras. Os outros podem interpretar as motivações da pessoa dos dois modos. Consideram a falta de abertura como sinal de insegurança, passando a desprezar ou menosprezar a pessoa, ou como falta de confiança e tentativa de controle dos outros pelo fato de deixá-los sem pontos de referência quanto à sua posição e suas reações.

Nas situações de trabalho, pode-se criar um clima de permissividade indevida ou excessiva, em que todos opinam e dão *feedback* ao superior, sem que este complemente o processo com auto-exposição, o que tende a ser disfuncional na comunicação, gerando tensões e sentimentos negativos.

FIGURA 4.3
ESTILO INTERPESSOAL II

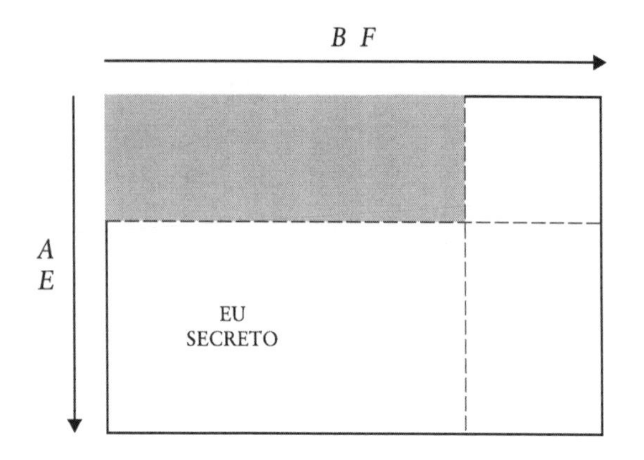

ESTILO INTERPESSOAL III

O indivíduo utiliza intensamente o processo de auto-exposição e muito pouco o de solicitar *feedback*. Sua participação no grupo é atuante, dando informações, mas solicitando pouco. Diz às pessoas o que pensa delas, como se sente com relação a elas, sua posição no grupo, podendo criticar freqüentemente a todos, na convicção de que está sendo franco, honesto e construtivo.

Os outros podem percebê-lo como egocêntrico, com exagerada confiança nas próprias opiniões e valorizando sua autoridade, além de insensível ao *feedback* que lhe fornecem. Conseqüentemente, os outros tendem a sentir-se lesados em seus direitos, sem receber a devida consideração e podem desenvolver sentimentos de insegurança, hostilidade, ressentimento e defensividade com relação à pessoa.

Este estilo tende a conservar e ampliar o *eu cego*, pois os outros passam a sonegar informações importantes ou dar *feedback* seletivo e, assim, concorrer para perpetuar comportamentos ineficazes, uma vez que o indivíduo não consegue beneficiar-se da função corretiva do *feedback* dos outros.

FIGURA 4.4
ESTILO INTERPESSOAL III

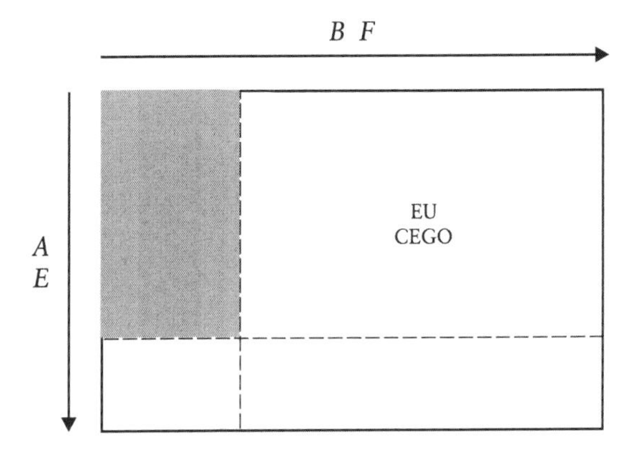

A menor solicitação e recebimento de *feedback* também tem razões psicologicamente válidas, correspondendo a reações intrapessoais a tensões variadas, tais como receio de conhecer sua imagem pelos outros, necessidade de não perder poder, autoritarismo etc. Mesmo exercendo função protetora, o estilo provoca reações disfuncionais na comunicação interpessoal e prejudica a produtividade devido a ressentimentos, hostilidades e, finalmente, apatia decorrente do processo, afastando a confiança mútua e a criatividade das situações de trabalho.

O usuário do estilo, entretanto, não se apercebe de seu papel como fator principal desse estado de coisas, pois a tendência é fortalecer e aumentar sua área cega.

Estilo interpessoal IV

Caracteriza-se pela utilização ampla e equilibrada de busca de *feedback* e de auto-exposição, permitindo franqueza e empatia pelas necessidades dos outros. O comportamento da pessoa, em sua maior parte, é claro e aberto para o grupo, provocando menos erros de interpretação por parte dos outros.

A área maior é a do *eu aberto*, ou de livre atividade, gerando expectativas de maior produtividade, através da redução de conjecturas sobre o que a pessoa está tentando fazer ou comunicar.

Figura 4.5
ESTILO INTERPESSOAL IV

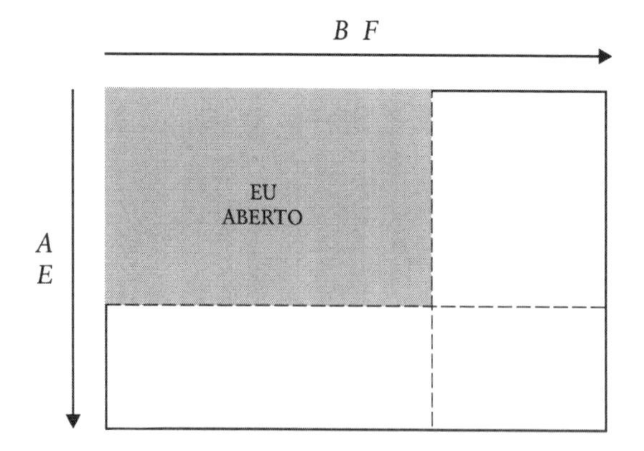

Inicialmente, este estilo pode conduzir à defensividade nos outros, por não estarem habituados a relações interpessoais autênticas, o que pode ser ameaçador ou inadequado até em algumas situações ou contextos. A médio e longo prazos, entretanto, a tendência é para estabelecer normas de franqueza recíproca, de tal modo que confiança mútua e criatividade possam ser desenvolvidas para um relacionamento significativo e eficaz.

O objetivo principal dos processos de busca de *feedback* e auto-exposição consiste em movimentar informações das áreas cega e secreta para a área livre, onde serão úteis a todos. Nesses processos, algumas informações podem mover-se da área desconhecida para a área livre. Uma pessoa, por exemplo, pode alcançar um *insight* quando percebe, subitamente, uma relação entre um evento *aqui-e-agora* no grupo e um acontecimento passado, resultante de *feedback* e reflexão que conduz à abertura, freqüentemente observado em treinamento de sensibilidade e laboratórios de dinâmica interpessoal.

REFERÊNCIAS E LEITURA COMPLEMENTAR

BABAD, E.Y., BIRNBAUM, M. & BENNE, K.D. *The social self. Group influences on personal identity.* London, Sage, 1983.

BUBER, M. (1970), *op. cit.*

CULBERT, S.A. *The interpersonal process of self-disclosure: it takes two to see one.* Washington, D.C., NTL Institute, 1968.

GOFFMAN, E. *A representação do eu na vida cotidiana.* Petrópolis, Vozes, 1975.

HAMACHEK, D.E. *Encontro com o self.* Rio de Janeiro, Interamericana, 1979.

HANSON, P.C. "The Johari window." *In:* PFEIFFER, J.W. & JONES, J.E. *The 1973 Annual Handbook for Groups Facilitators.* Iowa, University Associates, 1973.

JOURARD, S.M. *The transparent self.* Princeton, N.J., Van Nostren, 1964.

LUFT, J. *Group processes — an introduction to group dynamics.* Palo Alto, Cal., National Press, 1963.

—— & INGHAM, H. *The Johari window — a graphic model for interpersonal relations.* Washington, D.C., Human Relations Training News, N.E.A., 1961.

MARGERISON, C.J. *Conversando a gente se entende: técnicas de conversação para executivos.* 2. ed. São Paulo, Saraiva, 1993.

OTTA, E. *O sorriso e seus significados.* Petrópolis, Vozes, 1994.

5
Importância do *feedback* nas relações interpessoais

SIGNIFICADOS DE *FEEDBACK*

FEEDBACK É UM TERMO da eletrônica que significa retroalimentação: "Qualquer procedimento no qual parte do sinal de saída de um circuito é injetado no sinal de entrada para ampliá-lo, diminuí-lo, modificá-lo ou controlá-lo."

A expressão *feedback* é usada pelos engenheiros em dois sentidos diferentes. No sentido mais amplo, pode denotar que uma parte da energia de saída de um aparato ou máquina retorna como entrada: por exemplo, um amplificador elétrico com *feedback*. O *feedback*, neste caso, é positivo: a fração de saída que reentra no objeto tem o mesmo sinal que o sinal original de entrada. *Feedback* positivo aumenta os sinais de entrada, não os corrige.

O termo *feedback* é também empregado em um sentido mais restrito para significar que o comportamento de um objeto é controlado pela margem de erro à qual o objeto está sujeito, em um dado momento, com referência a um objetivo específico. O *feedback* é, então, negativo, isto é, os sinais do objetivo são usados para restringir saídas que, sem correção, ultrapassariam o objetivo.

O segundo significado do termo *feedback* é de grande importância no comportamento humano e nas relações interpessoais. Pode-se considerar que todo comportamento dirigido para um fim requer *feedback* negativo. Para alcançar um objetivo, alguns sinais do objetivo são absolutamente necessários, em algum momento, para orientar o comportamento.

Segundo Rosenblueth, Wiener e Bigelow (1943), o comportamento dirigido para um fim pode ser dividido em dois tipos ou classes: "de *feedback*" (ou "teleológico") e "de não-*feedback*" (ou "não-teleológico").

Para Wiener (1954), o mecanismo-chave explicativo para comunicação e controle é o *feedback loop* que carrega um fluxo contínuo de informações entre o sistema, suas partes e o ambiente. Este é tipicamente um exemplo de comportamento teleológico ou "de *feedback*".

O outro tipo de comportamento, "de não-*feedback*", ocorre quando não existem sinais do objetivo que modifiquem a atividade do objeto no curso do comportamento. Assim, por exemplo, uma máquina pode ser regulada para acertar um objeto luminoso apesar dela ser insensível à luz.

O comportamento dirigido "de *feedback*" pode também ser subdividido em extrapolativo (previsível) ou não-extrapolativo (não-previsível).

No processo de desenvolvimento da competência interpessoal, *feedback* é um processo de ajuda para mudanças de comportamento; é comunicação a uma pessoa, ou grupo, no sentido de fornecer-lhe informações sobre como sua atuação está afetando outras pessoas. *Feedback* eficaz ajuda o indivíduo (ou grupo) a melhorar seu desempenho e, assim, alcançar seus objetivos.

Para tornar-se realmente um processo útil, o *feedback* precisa ser, tanto quanto possível:

- *Descritivo em vez de avaliativo:* quando não há julgamento, apenas o relato de um evento, reduz-se a necessidade de reagir defensivamente e, assim, o indivíduo pode ouvir e sentir-se à vontade para utilizar aquele dado como julgar conveniente.
- *Específico em vez de geral:* quando se diz a alguém que ele é "dominador", isto tem menos significado do que indicar seu comportamento em uma determinada ocasião: "Nesta reunião você fez o que costuma fazer outras vezes, não ouviu a opinião dos demais e fomos forçados a aceitar sua decisão para não receber suas críticas exaltadas."
- *Compatível com as necessidades (motivações) de ambos, comunicador e receptor:* pode ser altamente destrutivo quando satisfaz somente às necessidades do comunicador sem levar em conta as necessidades do receptor.
- *Dirigido:* para comportamentos que o receptor possa modificar, pois, em caso contrário, a frustração será apenas incrementada, se o receptor reconhecer falhas naquilo que não está sob seu controle mudar.
- *Solicitado em vez de imposto:* será mais útil quando o receptor tiver formulado perguntas às quais os que o observam possam responder.
- *Oportuno:* em geral, o *feedback* é mais útil quanto mais próximo possível após o comportamento em questão, dependendo, naturalmente, da prontidão da pessoa para ouvi-lo, do apoio dos outros, do clima emocional etc.
- *Esclarecido para assegurar comunicação precisa:* um modo de proceder é fazer com que o receptor repita o *feedback* recebido para ver se corresponde ao que o comunicador quis dizer. Quando o *feedback* ocorre

num grupo de treinamento, ambos têm oportunidade de verificar com os outros membros a extensão do *feedback:* é uma impressão individual ou compartilhada por outros.

Os freqüentes insucessos na comunicação interpessoal têm indicado, entretanto, que esses requisitos, embora compreendidos e aceitos intelectualmente, não são fáceis de serem seguidos, tanto no processo de dar quanto no de receber *feedback*.

POR QUE É DIFÍCIL RECEBER *FEEDBACK*?

É difícil aceitar nossas ineficiências e ainda mais difícil admiti-las para os outros, publicamente.

A questão de confiança na outra pessoa é crítica, especialmente em situações de trabalho ou outras que podem afetar nosso *status* ou imagem. Podemos também recear o que a outra pessoa pensa a nosso respeito. Podemos sentir que nossa independência esteja sendo violada ou que o apoio que esperávamos nos esteja sendo negado.

Quando percebemos que estamos contribuindo para manter o problema e que precisaremos mudar para resolvê-lo, podemos reagir defensivamente: paramos de ouvir (*desligamos*), negamos a validade do *feedback*, agredimos o comunicador apontando-lhe também seus erros etc. Às vezes, a resolução de um problema pode significar descobrir e reconhecer algumas facetas de nossa personalidade que temos evitado ou desejado evitar até de pensar.

POR QUE É DIFÍCIL DAR *FEEDBACK*?

Gostamos de dar conselhos, e com isso sentimo-nos competentes e importantes. Daí o perigo de pensar no *feedback* como forma de demonstrar nossa inteligência e habilidade, em vez de pensar na sua utilidade para o receptor e seus objetivos. Podemos reagir somente a um aspecto do que vemos no comportamento do outro, dependendo de nossas próprias motivações, e com isso tornamo-nos parciais e avaliativos, servindo o processo de *feedback* como desabafo nosso (alívio de tensão) ou agressão, velada ou manifesta.

Podemos temer as reações do outro — sua mágoa, sua agressão —, isto é, que o *feedback* seja mal interpretado, pois, em nossa cultura, ainda é percebido como crítica e tem implicações emocionais (afetivas) e sociais muito fortes, em termos de amizade (ou sua negação), *status*, competência e reconhecimento social. Se o receptor se torna defensivo, podemos tentar argumentar mais para convencê-lo ou pressioná-lo. Assim, reagimos à resistência com mais pressão e, com isso, aumentamos a resistência (defensividade), o que acontece tipicamente em polêmicas que se radicalizam.

Muitas vezes, a pessoa não está preparada, psicologicamente, para receber *feedback* ou não deseja nem sente necessidade dele. É preciso atentar para esses aspectos de prontidão perceptiva nula ou fraca que constituem verdadeiros bloqueios à comunicação interpessoal. Se insistirmos no *feedback*, a pessoa poderá duvidar dos nossos motivos para tal, negar a validade dos dados, racionalizar procurando justificar-se etc.

COMO SUPERAR AS DIFICULDADES

1) Estabelecendo uma relação de confiança recíproca para diminuir as barreiras entre comunicador e receptor.
2) Reconhecendo que o *feedback* é um processo de exame conjunto.
3) Aprendendo a ouvir, a receber *feedback* sem reações emocionais (defensivas) intensas.
4) Aprendendo a dar *feedback* de forma habilidosa, sem conotações emocionais intensas.

Todos nós precisamos de *feedback* — tanto do positivo quanto do negativo. Necessitamos saber o que estamos fazendo de forma inadequada, como também o que conseguimos fazer com adequação, de modo a podermos corrigir as deficiências e mantermos os acertos.

Os dados subjetivos referentes a sentimentos e emoções também são importantes no processo de *feedback*. Por exemplo: "Quando você fez aquilo, senti-me em uma situação muito desagradável." Isto não tem por objetivo invalidar os motivos da outra pessoa, apenas indicar como a ação repercutiu em nós. Não sabemos *por que* agiu assim, sabemos, porém, como o seu comportamento nos fez sentir.

Quando recebemos *feedback* de uma pessoa, precisamos confrontá-lo com reações de outras pessoas para verificar se devemos mudar nosso comportamento de maneira geral ou somente em relação àquela pessoa.

O grupo também tem necessidade de receber informações sobre o seu desempenho. Ele pode precisar saber se a atmosfera é defensiva, se há muita rigidez nos procedimentos, se está havendo subutilização de pessoas e de recursos, qual o grau de confiança no líder e outras informações sobre seu nível de maturidade como grupo.

Os mesmos problemas envolvidos no *feedback* individual estão presentes no de grupo, em maior ou menor grau. Assim, o grupo pode receber *feedback* de:

a) Membros atuando como participantes-observadores.
b) Membros selecionados para desempenhar uma função específica de observador para o grupo.
c) Consultores externos ou especialistas que vêm para fazer observações, valendo-se de perspectivas mais objetivas.
d) Formulários, questionários, folhas de reação, entrevistas.

À medida que os membros amadurecem e desenvolvem suas habilidades em dar e receber *feedback* individual, tornamse, também, hábeis em dar *feedback* ao grupo como um todo, sempre que necessário e oportuno.

Um exemplo da modalidade *d* anterior (*feedback* a partir de questionários) consiste na avaliação de 20 dimensões interpessoais de determinada pessoa (membro de um grupo organizacional de treinamento), feita por seu superior imediato e por três subordinados seus (não-participantes do grupo) através de um questionário (DI[2]) como instrumento de heteropercepção. As respostas são tabuladas e apresentadas ao grupo de treinamento como

[2]Questionário "Dimensões Interpessoais", p. 300-303.

feedback grupal — ou seja, como o grupo é percebido, naquelas 20 dimensões, por outras pessoas com as quais o grupo tem relações de trabalho. Este *feedback* grupal (heteropercepção) é, então, comparado com a autopercepção do grupo, também apresentada em quadro, levando os membros a reflexões e *insights* sobre semelhanças e discrepâncias entre autopercepção e heteropercepção e suas implicações no desempenho profissional e no relacionamento interpessoal.

Os resultados individuais também servem de *feedback* individual: cada membro recebe um quadro com autopercepção e heteropercepção de seu superior imediato e de três subordinados seus.

A sessão de *feedback* é uma das mais ricas do laboratório de treinamento, tanto em nível individual quanto em nível grupal, permitindo aos membros processar as informações individuais e grupais, sem defensividade, num clima aberto, de apoio mútuo e com abordagem de resolução de problemas.

Numa organização brasileira, em quatro grupos de treinamento formados por 63 gerentes de alto nível, a autora conduziu esse tipo de sessão com resultados positivos, pelas oportunidades de auto-exame, debates abertos e diagnóstico grupal mais realístico. Nesses grupos, as coincidências mais freqüentes entre autopercepção (*AP*) e heteropercepção (*HP*) foram as seguintes:

PONTOS FORTES	PONTOS FRACOS
Itens	*Itens*
(10) "Independência"	(7) "Reação a *feedback*"
(19) "Competição"	(12) "Lidar com conflito"
(6) "Autoconfiança"	(11) "Expressão de *feedback*"

Isso significa que os itens avaliados como mais fortes e mais fracos pelos gerentes participantes do treinamento são confirmados pela opinião de seus superiores imediatos e subordinados.

Em outros itens, porém, foram encontradas discrepâncias que suscitam indagações e hipóteses para pesquisas futuras.

O item (5), "Espontaneidade", mostrou *AP* ponto forte e *HP* de superiores fraca em dois grupos, e o contrário nos outros dois grupos. Os subordinados o percebem como ponto forte. O item (9), "Sensibilidade", mostrou que os gerentes se vêem como "sensíveis", o que foi confirmado pelos superiores, mas os subordinados julgam o contrário. Quanto ao item (1), "Comunicação efetiva", os gerentes consideram que sentem dificuldades de comunicação, o que é confirmado pelos superiores e desmentido pelos subordinados, os quais percebem a comunicação de seus gerentes como efetiva. O item (15), "Relacionamento próximo", mostrou diferenças entre a percepção dos superiores e a dos subordinados, aqueles vendo um ponto forte e estes como um ponto fraco, enquanto os próprios gerentes o consideram seu ponto fraco. O item (4), "Liderança efetiva", é percebido como ponto forte pelo gerente e como ponto fraco por seu superior e seus subordinados. Da mesma forma foi percebido o item (13), "Resistência a estresse". Os itens (18), "Abertura", e (20), "Flexibilidade", foram indicados como pontos fortes pelos gerentes e pontos fracos pelos subordinados. O item (14), "Experimentação", foi considerado ponto fraco pelos gerentes e ponto forte pelos superiores.

As maiores discrepâncias entre *AP* (autopercepção) do gerente e *HP* (heteropercepção) dos subordinados podem ser resumidas como segue:

AP PONTO FORTE X HP PONTO FRACO	AP PONTO FRACO X HP PONTO FORTE
Itens	*Itens*
(4) "Liderança efetiva" (9) "Sensibilidade" (13) "Resistência a estresse" (16) "Apoio catalisador" (18) "Abertura" (20) "Flexibilidade"	(1) "Comunicação efetiva" (2) "Impacto" (5) "Espontaneidade"

Comparando-se apenas o número de itens das duas colunas, pode-se inferir a extensão da área do *eu cego,* em termos da Janela Johari, que se acentua em relação às forças que a pessoa acredita ter, mas que os outros percebem como fraquezas. Quantas dificuldades de comunicação, de relacionamento e de integração profissional poderão ter pessoas que trabalham juntas, mas que nunca se detiveram para examinar as diferenças de suas percepções a fim de diagnosticar alguns fatores determinantes dessas dificuldades que desgastam suas energias físicas e emocionais?

Dar e receber *feedback* constitui, portanto, uma das habilidades interpessoais imprescindíveis ao funcionamento produtivo de um grupo humano em qualquer contexto.

HABILIDADES DE COMUNICAÇÃO A SEREM DESENVOLVIDAS

O desenvolvimento de competência interpessoal exige a aquisição e o aperfeiçoamento de certas habilidades de comunicação para facilidade de compreensão mútua. Estas habilidades precisam ser treinadas e praticadas constantemente para maior eficiência de resultados.

Entre as principais habilidades de comunicação interpessoal podem ser indicadas a paráfrase, a descrição de comportamento, a verificação de percepção e a descrição de sentimentos, as quais constituem recursos valiosos para o processo de *feedback* útil.

Paráfrase

Consiste em dizer, com suas próprias palavras, aquilo que o outro disse. Você enuncia a idéia do outro com seu vocabulário usual, dá um exemplo indicando o que você pensa a respeito ou, por qualquer outra forma, mostra ao outro o significado do que você apreendeu do que ele disse. Uma boa paráfrase é, usualmente, mais específica do que a afirmação original.

A habilidade de paráfrase envolve atenção, escuta ativa e empatia. Uma paráfrase neutra constitui um autêntico *feedback* para o emissor da mensagem. Por exemplo: “Será isto (afirmação) a correta expressão de sua idéia?” Ou então: “Seria isto (fato específico) um exemplo do que você disse?”

Da paráfrase decorrem dois benefícios principais:

1) Aumento de precisão da comunicação e, conseqüentemente, de compreensão mútua ou compartilhada.
2) O ato de paráfrase em si transmite um sentimento; seu interesse no outro, sua preocupação em ver como ele vê as coisas.

Um exemplo típico:

Carlos diz: “Mário não serve para ser gerente.”

Paráfrase *A:* "Você acha que ele não está se saindo bem no cargo?"

(Muito geral, vago. Se Carlos concordar, você não saberá o que ele quis dizer com "não serve" e ficará com a ilusão de ter compreendido.)

Paráfrase *B:* "Você quer dizer que Mário é desonesto?"

(Específico. Carlos pode responder: "Não, Mário é honesto, mas não planeja as coisas e esquece detalhes." Esta paráfrase leva a um esclarecimento do significado da expressão *não serve.*)

Pode-se também obter esclarecimento perguntando diretamente: "Que você quer dizer com isto?" ou "Não entendi bem o que você disse". Entretanto, quando você usa paráfrase, está mostrando sua compreensão do momento e, assim, possibilita ao interlocutor esclarecer especificamente a mensagem em relação à compreensão que você revelou.

Antes de concordar com uma afirmação ou discordar dela, você deve assegurar-se de que está respondendo à mensagem que o outro enviou. A paráfrase é uma das maneiras de testar a compreensão da mensagem antes de reagir a ela.

Na próxima vez que alguém estiver irritado com você ou criticando suas idéias, experimente usar a paráfrase até conseguir mostrar-lhe que você entende o que ele está querendo transmitir. Que efeitos resultarão nos seus sentimentos e nos dele?

Descrição de comportamento

Consiste em relatar as ações específicas, observáveis, dos outros, sem fazer julgamentos ou generalizar seus motivos, ou traços de personalidade.

É possível informar aos outros a que comportamento você está reagindo através de descrição bastante clara e específica. É importante descrever evidências visíveis, ou seja, comportamentos acessíveis à observação de qualquer pessoa presente. Exemplo: "Esta é a terceira vez que você disse concordar comigo e acrescentar 'mas' e em seguida expressar exatamente o ponto de vista oposto." "Luís e Alfredo falaram quase o tempo todo e nós ficamos praticamente sem oportunidade de falar."

A habilidade de descrever comportamento exige o relato de ações observáveis sem:

a) colocar-lhes um julgamento de valor como certo ou errado, bom ou mau, devido ou indevido;
b) fazer acusações ou generalizações sobre os motivos, atitudes ou traços de personalidade da outra pessoa.

Significa, enfim, evitar descrever características pessoais e intenções, ou interpretar o comportamento da outra pessoa, restringindo-se a relatar o comportamento observável da outra pessoa. Alguns exemplos comparativos:

1) "João, você está se opondo a tudo que Henrique está sugerindo hoje" — em vez de — "João, você está negativista e contrariando Henrique o tempo todo". Isto não é uma descrição, e sim uma acusação de motivos negativos.
2) "Mauro, você falou mais do que todos sobre esse assunto. Cortou várias vezes a palavra dos outros antes que acabassem de falar", em vez de "Mauro, você é muito rude", o que generaliza um traço de personalidade sem dar evidências, ou então, "Mauro, você quer

sempre ser o centro de atenção", que implica intenções ou motivos negativos.

3) "Paulo, eu ainda não tinha acabado de falar quando você me cortou a palavra", em vez de "Paulo, você deliberadamente não me deixou acabar de falar", o que implica uma intenção negativa consciente de Paulo, não observável por outras pessoas.

Para desenvolver a habilidade de descrever comportamento, você terá de aprimorar sua capacidade de observação do que realmente ocorre. À medida que isto for acontecendo, você também poderá descobrir que muitas de suas afirmações e conclusões são menos baseadas em evidências observáveis do que em seus próprios sentimentos de irritação, afeto, insegurança, ciúme, medo ou alegria.

É muito importante desenvolver essa habilidade se você desejar dar *feedback* útil. Ao mesmo tempo, constitui uma valiosa aprendizagem para compreender como você responde a mensagens que o outro não enviou, como você mesmo distorce os sinais, como você comunica mensagens sem perceber e como os outros vêem você diferentemente de sua auto-imagem. O processo, como um todo, é extremamente necessário para a efetiva comunicação e o desenvolvimento de competência interpessoal.

Verificação de percepção

Consiste em verbalizar sua percepção sobre o que o outro está sentindo, a fim de verificar se você está compreendendo também seus sentimentos, além do conteúdo das palavras. Exemplos: "Tenho a impressão de que você se magoou com o meu comentário. É verdade?" "Sinto que você gostaria de mudar de assunto. É correta esta sensação?" "Você parece estar mais à vontade agora ou é apenas impressão minha?"

Através da habilidade de observar e relatar percepções de sentimentos, pode-se chegar a compreender melhor as outras pessoas, pois a comunicação se realiza por intermédio de vários canais concomitantes cujos sinais precisam ser captados para que as mensagens tenham significado total.

Além disso, a comunicação passa a ser realmente compartilhada, com a preocupação de entender as idéias, informações e sugestões e, ao mesmo tempo, como o emissor está se sentindo ao enviar as mensagens e ao perceber como estão sendo recebidas.

Muitas vezes, o emissor não está consciente dos sinais não-verbais que emite e que transmitem mensagens emocionais que podem facilitar, perturbar ou contradizer a mensagem verbal principal. O processo de verificar percepções passa a ser uma das formas mais úteis de *feedback* e aprendizagem para o emissor.

Esta habilidade constitui um dos melhores exercícios para desenvolver a capacidade de empatia, em que observação acurada, comparação com sentimentos já experimentados e autocolocação no lugar do outro se conjugam, levando a compreensão mútua e a maior competência interpessoal para a vida em comum.

Descrição de sentimentos

Consiste em identificar ou especificar sentimentos verbalmente, seja por meio do nome do sentimento, de figuras de linguagem ou de impulso de ação.

Alguns exemplos:

a) "Eu me sinto constrangido." "Eu gosto muito de você." (Identificação de sentimentos pelo seu nome.)

b) "Sinto vontade de abraçar todo mundo."
(Impulso de ação.)
c) "Sinto-me um pássaro aprisionado."
(Figura de linguagem.)
d) "Derreto-me ao olhar seus olhos."
(Figura de linguagem.)

Na verdade, esta habilidade constitui um dos processos interpessoais examinados através do modelo Janela Johari e corresponde ao processo de abertura ou auto-exposição, em que você permite aos outros compartilhar de seus pensamentos e sentimentos revelando-os espontaneamente e assim diminuindo sua área secreta.

Estas duas últimas habilidades de comunicação ajudam os outros a compreendê-lo como pessoa, pois você lhes transmite aquilo que fazem que afeta a você, pessoalmente ou como membro de um grupo e, principalmente, revela aos outros de forma clara e espontânea aquilo que você sente.

REFERÊNCIAS E LEITURA COMPLEMENTAR

ADELSON, J.P. "Feedback and group development." *Smal Group Behavior*, 6: 389-401, 1975.

AMADO, G. & GUITTET, A. *A dinâmica da comunicação nos grupos*. 2. ed. Rio de Janeiro, Zahar, 1982.

FERREIRA, Aurélio Buarque de Holanda. *Novo Dicionário da Língua Portuguesa*. Rio de Janeiro, Nova Fronteira, 5. imp.

"Feedback and the Helping Relationship." *Laboratories in Human Relations Training*. Reading Book. NTL Institute, 1972.

JACOBS, A. "The use of feedback in groups." *In:* JACOBS, A. & SPRADLIN, W. (eds.). *The group as agent of change*. New York, Behavioral Publications, 1974.

LUNDGREN, D.C. & SCHAEFFER, C. "Feedback processes in sensitibity training group." *Human Relations*, 29: 763-782, 1976.

MEAD, W.R. "Feedback: a *how to* primer for T-group participants." *In*. GOLEMBIEWSKI, R.T. & BLUMBERG, A. (eds.), *op. cit.*, p. 106-110.

MONTEOLIVA, J.M. *O diálogo: para a construção do novo homem numa sociedade democrática*. 2. ed. São Paulo, Loyola, 1991.

NAIFEH, S.W. & SMITH, G.W. *Por que os homens não se abrem?* Rio de Janeiro, Record, 1993

RASMUSSEN, R.V. "Interpersonal, feedback: problems and reconceptualization." *1984 Annual for group facilitators*. San Diego, Ca., University Associates, 1984.

ROSENBLUETH, A. WIENER, N. & BIGELOW, J. "Behavior, purpose and teleology." *Philosophy of Science*, 10: 18-24, 1943.

WALLEN, J.L. "Basic communication skills for improving interpersonal relationships." *Communication skills workshop*. Tacoma, Washington, Model Cities Council, 1971. (mimeo.)

WATZLAWICK, P. *et al. Pragmática da comunicação humana*. São Paulo, Cultrix, 1981.

WIENER, N. *The human use of human beings: cybernetics and society*. New York, Doubleday/Anchor, 1954.

6
Estilos pessoais de atuação

TIPOS DE PERSONALIDADE DE EXECUTIVOS

TODOS SOMOS diferentes e, ao mesmo tempo, semelhantes em estilos comportamentais predominantes, em gradações diversas, de acordo com a estrutura e a dinâmica de nossa personalidade.

Richard W. Wallen (1963) identificou três tipos de personalidade de executivos existentes em quase todas as organizações, baseando-se na maneira de cada um lidar com dois conjuntos essenciais de impulsos e emoções. O primeiro conjunto refere-se à expressão de afeto, simpatia e consideração pelos outros. O segundo, à expressão de agressividade, ao nível de atividade e à luta contra os obstáculos. Os dois conjuntos existem em todas as personalidades, mas um deles torna-se preponderante como característica geral de estilo de comportamento.

Os tipos de personalidade de executivos assim classificados são:

- o batalhador "durão";
- o auxiliador amistoso;
- o crítico lógico.

As características dos três tipos quanto a emoções, metas, padrões de julgamento, influência e utilidade na organização podem ser comparadas no Quadro 6.1.

Podem esses tipos de executivos conviver e trabalhar em harmonia na mesma organização?

QUADRO 6.1

TIPOS DE PERSONALIDADE DE EXECUTIVOS

CARACTERÍSTICAS	BATALHADOR	AUXILIADOR	CRÍTICO
Emoções	Aceita agressão Rejeita afeto	Aceita afeto Rejeita agressão	Rejeita afeto e agressão
Meta	Poder	Aceitação	Precisão
Julga outros por	Poder	"Calor" humano	Aptidão cognitiva
Influencia outros por	Intimidação Controle de recompensa	Compreensão Favor, amizade	Dados factuais Argumentos lógicos
Valor na organização	Inicia, exige, disciplina	Apóia, harmoniza, alivia tensão	Define, esclarece, critica, testa
Uso exagerado de	Agressão	Bondade	Análise lógica
Pode tornar-se	Belicoso	Sentimental piegas	Pedante
Receia	Dependência	Rejeição, conflito	Emoções, atos irracionais
Necessita	Afeto, objetividade, humildade	Firmeza, integridade, auto-afirmação	Conscientização de sentimentos, amar e lutar

FONTE: NTL Reading Book.

Quando as diferenças não são extremas e as coisas vão bem, os três tipos podem trabalhar em equipe de forma altamente satisfatória. Quando, porém, os estilos pessoais são mais pronunciados, as frustrações e necessidades individuais insatisfeitas transformam as qualidades em defeitos. Em termos da Janela Johari, podem ser notadas as relações entre emoções e percepções — e conseqüentemente comportamento — ao examinar como cada tipo vê outro em situações emocionalmente diferentes: a imagem de cada um variará em função das lentes cor-de-rosa de satisfação ou das lentes cinza de tensão e insatisfação, conforme mostra o Quadro 6.2.

QUADRO 6.2

AS LENTES COR-DE-ROSA

Percebedor	Como ele vê		
	Batalhador	Auxiliador	Crítico
Batalhador		Amistoso Apoiador	Informado, analítico
Auxiliador	Destemido Ativo		Fiel a ideais, controlado
Crítico	Realizador, planejador, ousado	Intuitivo, compreensivo	

AS LENTES CINZA

Percebedor	Como ele vê		
	Batalhador	Auxiliador	Crítico
Batalhador		Fraco, sentimental	Minucioso, não-prático
Auxiliador	Dominador, impiedoso		Frio, obstinado
Crítico	Impulsivo, desorganizado	Subjetivo, exigente	

FONTE: R. W. Wallen.

Cada tipo pode ser exagerado e distorcido. O batalhador "durão" seria melhor executivo, pai, colega e pessoa mais satisfeita se pudesse adquirir alguma sensibilidade, aceitar sua inevitável dependência dos outros e desenvolver consideração pelos demais. Seria, em geral, mais bem-sucedido se reconhecesse que nem todas as situações exigem beligerância. O auxiliador amistoso seria melhor executivo, pai, colega e pessoa mais satisfeita se soubesse lutar por seus próprios interesses e pelo que acha certo, mesmo contra os apelos dos outros. Necessita firmeza e coragem para não evitar nem contemporizar conflitos e, ao mesmo tempo, encarar os fatos mais realisticamente. O crítico lógico seria melhor executivo, pai, colega e pessoa mais satisfeita se pudesse conscientizar-se de seus próprios sentimentos e reconhecer os sentimentos dos outros. Necessita aprender que há ocasiões nas quais é correto lutar e outras nas quais é desejável amar.

Evidentemente, os três tipos puros constituem somente abstração. A maioria dos executivos apresenta características tendentes ao equilíbrio, permitindo flexibilidade comportamental e adaptação a situações complexas e mutáveis.

Os tipos de personalidade aqui descritos são também encontrados em outras classes profissionais, pois suas características estão mais relacionadas à dinâmica da personalidade do que ao papel profissional específico. Assim, um professor, um engenheiro, um economista, um médico, um advogado podem ser predominantemente *batalhadores, auxiliadores* ou *críticos* e sua eficiência em trabalho de equipe dependerá do grau em que esses seus estilos se manifestam e dos estilos dos outros componentes da equipe.

FORÇAS E FRAQUEZAS: OS ESTILOS LIFO

Uma vez identificadas as principais características de personalidade, é interessante saber como estão sendo usadas, pois qualidades e defeitos não têm um significado estático, e sim dinâmico, pela maneira como são utilizados. Uma qualidade pode tornar-se defeito conforme o uso que dela fizermos, e vice-versa.

Os psicólogos Atkins e Katcher (1967) elaboraram um teste chamado LIFO (Life Orientations), que permite avaliar o uso que fazemos de nossos atributos positivos (forças) e negativos (fraquezas), baseando-se em idéias de Erich Fromm (1960) sobre orientação produtiva e improdutiva no relacionamento *eu-outros*.

Os quatro estilos LIFO são:

1. AP/CS — Apoio/Concessão;
2. LD/DM — Liderança/Dominação;
3. CV/AG — Conservação/Apego;
4. AD/NG — Adaptação/Negociação.

Quando as coisas vão bem e seus recursos ou forças positivas são utilizados de modo produtivo, os estilos LIFO podem ser assim descritos:

+ AP/CS — APOIO/CONCESSÃO

Você gosta de dar conselhos, ajudar os outros e admirar seus trabalhos e realizações. Você tem profundo sentimento de lealdade e dedicação pelos colegas de seu grupo de trabalho. Você também comunica uma grande dose de confiança aos outros. Você age e pensa assim: "Se eu trabalhar muito e der ajuda, os outros, em troca, me darão as recompensas que mereço."

+ LD/DM — Liderança/Dominação

Você se sente mais produtivo quando assume o comando e toma as iniciativas, principalmente no plano das idéias. Reage bem a situações em que pode traçar seus planos e fazer com que os outros os cumpram. Desafios e idéias novas o intrigam e você gosta de reagir prontamente. Você se interessa mais por tudo aquilo que é novo. Sua crença é: "Se as coisas irão acontecer comigo e no trabalho, eu tenho de fazê-las acontecer."

+ CV/AG — Conservação/Apego

Você tem um estilo muito analítico e prático. Sua abordagem é baseada em fatos e lógica. Você se aproxima das pessoas com especial cuidado e precaução e olha todos os ângulos de um problema. Para você aceitar uma idéia nova, ela tem de fazer sentido e você tem de ver o resultado prático que lhe trará. Você gosta de extrair o máximo de idéias e procedimentos existentes antes de passar para algo novo. Você tenta tomar as decisões mais práticas sendo engenhoso e analítico.

+ AD/NG — Adaptação/Negociação

Você usa seu charme pessoal e habilidades sociais para influenciar os outros e conseguir aquilo que você quer. Você, freqüentemente, se adapta, prontamente, aos pontos de vista dos outros. Seu estilo é de *negociador.* Ser apreciado pelos outros é altamente importante para você. Você se adapta sendo charmoso, ativo, espirituoso e obtém reconhecimento dos outros por seus feitos, sua popularidade e habilidade de se dar bem com todos.

Quando, porém, as coisas não vão bem, você enfrenta conflitos e alguns insucessos, os estilos passam a apresentar-se assim:

— AP/CS — Apoio/Concessão

Você tende a ser excessivamente útil, acreditando nos outros e confiando e concedendo demais. Você aceita o ponto de vista alheio muito facilmente a fim de ser considerado um *bom sujeito*. Você tende a perguntar demais a opinião dos outros, não colocando as suas com firmeza e perguntando o que fazer. Você tende a assumir rapidamente a culpa pelo conflito, acreditando que você seja a causa dele e procurando uma maneira de conciliar. Você pode parecer um *fraco* aos olhos dos demais.

— LD/DM — Liderança/Dominação

Você tende a usar muito o estilo "ou vai ou racha". Você se torna vigoroso demais *lutando por seus direitos* e usando o *rolo compressor*, decidido a não deixar ninguém *passá-lo para trás*. Você pode tentar medir forças intelectuais com seu adversário e entrar numa polêmica radical (*ganha-perde*), mesmo que seja para vencer a batalha e perder a guerra. Os outros podem achar você superagressivo.

— CV/AG — Conservação/Apego

Você tende a se prender muito a fatos e inundar os outros com dados para vencer uma discussão, depois se retira, mantém sua posição e espera para ver uma reação, ou até que a competição chegue a você. Você tende a superanalisar um problema e, portanto, a colecionar dados desnecessários. Você se atém, possivelmente, àquilo que tem, protege-se e fica atento a seus próprios interesses, mesmo que possa fazer os outros pensarem que você é teimoso, frio ou indiferente. Você tende a se apegar demais ao velho em vez de aceitar o novo.

— AD/NG — ADAPTAÇÃO/NEGOCIAÇÃO

Você tende a transigir demais, adaptando-se e seguindo muito facilmente as opiniões dos outros. Você tenta evitar o conflito, manter a paz e a harmonia a todo custo. Você, freqüentemente, tende a apaziguar os *criadores de casos* procurando pilheriar sobre o problema, levando na brincadeira e negando a real preocupação. Você tende a suavizar as coisas com seu charme, a esconder seus sentimentos reais e a transigir para manter todos contentes, mesmo que você pareça ansioso demais por obter a aprovação dos demais.

Comparando-se o mesmo estilo nas duas situações, verifica-se que o conceito básico é de que a utilização excessiva das forças (ou qualidades) acaba tornando-as fraquezas, ou seja, a utilização de forças pode e deve ser desenvolvida até sua plenitude, mas não ultrapassada. O excesso tende a transformar um estilo produtivo em improdutivo pelas dificuldades que acarreta em termos de tensão e problemas interpessoais.

O conhecimento dos estilos LIFO é extremamente útil para autoconhecimento e para diagnóstico de dificuldades interpessoais, complementando outros instrumentos aplicados durante o treinamento de sensibilidade ou dinâmica interpessoal.

A aplicação do teste LIFO em grupos de treinamento propicia aos treinandos conhecimento de seu estilo característico de abordagem de problemas de vida. Sabendo seu estilo principal de atuação e também o estilo que evitam, os treinandos podem analisar, objetivamente, como e onde devem participar mais, onde podem esperar conflitos de estilos, onde são mais eficientes etc.

A premissa de que fraquezas (ou defeitos) são forças em excesso é um pouco simplista, mas satisfatória psicologicamente. Induz à confiança em tentativas concretas de automodificação, pois reduzir excessos para liberar forças parece bem mais alcançável do que remover comportamentos negativos.

Além disso, pelo fato de nenhum dos estilos ser considerado patológico ou disfuncional, o indivíduo pode aceitar seus estilos característicos, produtivos e improdutivos, sem necessidade de recorrer a defesas psicológicas. Daí a possibilidade de perceber como pode contribuir melhor no grupo, de saber onde precisa de ajuda e de conscientizar-se das disfunções que seu estilo pode provocar.

Quando o teste é adequadamente utilizado na sessão de treinamento, alguns *insights* são alcançados a respeito da utilidade de todos os estilos na atividade eficiente e eficaz do grupo, e da compatibilidade de estilos pela compreensão de que conflitos de estilos são problemas solucionáveis.

Quando os membros de um grupo organizacional identificam seus estilos LIFO, eles conscientizam-se de aspectos importantes no seu relacionamento com os outros e passam a examinar como podem melhor utilizar suas forças e fraquezas e compatibilizar seus estilos para um trabalho conjunto mais produtivo e psicologicamente mais satisfatório.

O Quadro 6.3 apresenta os usos produtivo e excessivo de traços de personalidade em cada estilo.

Quadro 6.3
ESTILOS LIFO

Uso produtivo	Uso excessivo
Apoio	Concessão
Idealista	Não-prático
Modesto	Autodepreciativo
Receptivo	Influenciável
Cooperador	Subserviente
Liderança	Dominação
Autoconfiante	Arrogante
Assume riscos	Impulsivo
Controlador	Dominador
Ativo	Impaciente
Conservação	Apego
Reservado	Inamistoso
Tenaz	Teimoso, obstinado
Metódico	Complicado
Factual	Preso aos dados
Adaptação	Negociação
Flexível, adaptável	Inconsistente
Entusiasta	Infantil
Inspirador	Melodramático
Experimental	Manipulativo

ESTILOS LIFO DE GERENTES BRASILEIROS

Em grupos de treinamento conduzidos pela autora e sua equipe, em que foram aplicados testes LIFO, os resultados mostraram a distribuição de estilos constantes no Quadro 6.4.

QUADRO 6.4
DISTRIBUIÇÃO DE ESTILOS LIFO DE GERENTES BRASILEIROS

	ESTILOS LIFO				
Situação	AP/CS	LD/AM	CV/AG	AD/NG	Total
+	83	86	44	31	244
–	61	96	59	19	235

Esses resultados referem-se a participantes de grupos naturais de treinamento em programas de desenvolvimento gerencial, não podendo, por conseguinte, ser generalizados para caracterizar a população de treinamento gerencial e muito menos "os gerentes brasileiros". Sugerem, contudo, algumas reflexões e hipóteses para pesquisa futura.

O quadro indica que, nas situações usuais de trabalho, quando as coisas correm normalmente, os estilos LIFO mais freqüentes são os de "Liderança/Dominação" e "Apoio/Concessão", em seus aspectos produtivos. Quando, porém, surgem dificuldades maiores, tensão e conflitos, o estilo emergente mais freqüente é o de "Liderança/Dominação" em seus aspectos negativos e improdutivos, seguido dos estilos "Apoio/Concessão" e "Conservação/Apego" também em seus pólos negativos. Pode-se formular a hipótese de que os gerentes brasileiros tendem a apresentar estilos de liderança "forte" e "paternalista" nas situações comuns de trabalho do dia-a-dia, uma vez que os gerentes participantes dos grupos de treinamento, em sua maioria, utilizam produtivamente suas forças em *"Liderança"* e *"Apoio"* nas situações normais de trabalho.

Sob tensão, porém, suas fraquezas acentuam notadamente o estilo de *"Dominação"*, como tentativa (improdutiva) de enfrentar situações desagradáveis e estressantes. Pode-se também formular a hipótese de que os gerentes brasileiros, ao enfrentarem situações muito difíceis, problemas e conflitos, tendem a recorrer a estilos mais autoritários de força/coerção.

As duas hipóteses mencionadas exigem pesquisas mais amplas para sua comprovação ou negação. Por ora, o leitor motivado poderá fazer sua minipesquisa empírica e informal no ambiente de trabalho, observando, cuidadosamente, os estilos LIFO manifestados por seus colegas e superiores em situações rotineiras e normais e também em situações difíceis, de tensão e conflito. Compare suas observações com os resultados obtidos pela autora e verifique se confirmam as hipóteses enunciadas em termos de *tendências* características dos gerentes brasileiros.

REFERÊNCIAS E LEITURA COMPLEMENTAR

ATKINS, S. & KATCHER, A. *LIFO: A survey of life orientations.* Los Angeles, California, Atkins, Katcher Associates, 1971.

BERGAMINI, C.W. "Que tipo de executivo você é?" *Exame*, nº 86, nov., 1974, p. 87-91.

——. *Desenvolvimento de Recursos Humanos — uma estratégia de desenvolvimento organizacional.* São Paulo, Atlas, 1980. (Cap. 3, "Estilos comportamentais: uma experiência brasileira", p. 71-100.)

BENNIS, W.G. *The chief*. New York, William Morris, 1984.
BLOCK, P. *Gerentes poderosos*. São Paulo, McGraw-Hill, 1990.
FROMM, E. *A análise do homem*. Rio de Janeiro, Zahar, 1960.
SRIVASTVA, S. & Associates. *The executive mind — new insights on managerial thought and action*. San Francisco, Jossey Bass, 1983.
WALLEN, R.W. "The three types of executive personality." *In:* EDDY, W.B. *et al.* (eds.). *Behavioral science and the manager's role*. Washington, D.C., NTL Institute for Applied Behavioral Science, 1971.

7

Novas perspectivas de motivação

AMPLAMENTE DIVULGADA e conhecida, a teoria da hierarquia das necessidades básicas de A. Maslow (1954) tem sido aceita como estrutura conceitual no estudo da motivação humana, nas situações variadas de vida no lar, no trabalho e na sociedade.

Estudos empíricos feitos por F. Herzberg (1968) e outros, no contexto industrial, têm sido relacionados ao modelo de Maslow, num esforço de integração de descobertas e conhecimentos para compreensão da motivação humana no trabalho.

O modelo de Maslow, entretanto, precisa ser colocado em suas devidas proporções conforme a concepção do autor. Este caracterizou as necessidades básicas como um dos aspectos de sua teoria de motivação humana. Se esta feição de modelo parcial não for claramente indicada e compreendida, a validade da pirâmide motivacional poderá ser seriamente questionada.

Maslow (1967) estabelece distinções nítidas entre motivação de deficiência e motivação de crescimento. As necessidades básicas, tão conhecidas, correspondem a motivos de deficiência, em contraste com a outra espécie de motivos que representam as necessidades de crescimento.

A MOTIVAÇÃO DE DEFICIÊNCIA

As necessidades de deficiência constituem carências no indivíduo que precisam ser supridas de fora e por outros indivíduos para conservar a saúde, evitar ou curar doenças.

A motivação humana é constante, infinita, flutuante e complexa. O indivíduo é um todo organizado e integrado. O indivíduo se motiva como um todo — e não apenas parte dele, e a satisfação, conseqüentemente, atinge o indivíduo inteiro.

O homem pode ser considerado um animal que deseja e que raramente alcança um estado de completa satisfação, a não ser por curtos períodos de tempo. Logo que satisfaz um desejo surge outro, sucessivamente. Por conseguinte, desejar algo, em si, já implica a satisfação de outros desejos. Um mesmo desejo pode apresentar-se objetivamente de diferentes formas e, por outro lado, é difícil que um desejo consciente, ou um ato, possua uma só motivação determinante.

Maslow concebe as necessidades básicas organizadas por categorias em uma hierarquia de predomínio relativo, das quais as necessidades fisiológicas são as primordiais. Quando o organismo humano está dominado por determinada necessidade fisiológica, tende a mudar até sua filosofia do futuro. Por exemplo: um homem faminto relega tudo o mais em favor do alimento. A satisfação é tão importante quanto a privação, pois libera o organismo do domínio das necessidades fisiológicas, permitindo o aparecimento de outros impulsos ou motivos.

Quando as necessidades fisiológicas são razoavelmente satisfeitas, aparece uma nova categoria: as necessidades de segurança.

FIGURA 7.1
HIERARQUIA DAS NECESSIDADES BÁSICAS (A. MASLOW)

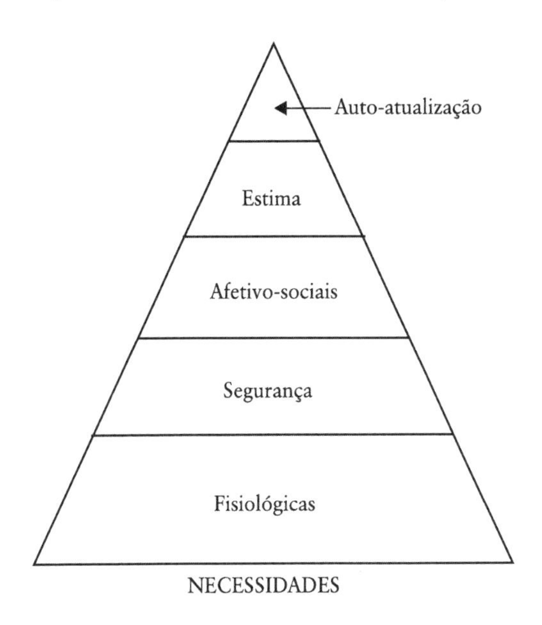

Estas necessidades podem ser bem observadas em crianças, pois o adulto normal e sadio satisfaz suas necessidades de segurança com relativa facilidade em nossa cultura e, por isso, não as apresenta tão claramente como motivadoras de seu comportamento. Entre outros indicadores de necessidades de segurança no adulto normal podem ser citados os seguintes: preferência por um trabalho estável; preferência por coisas familiares; seguros (de vida, saúde etc.); desejo de poupança e *reservas* para o futuro (conta bancária, casa própria, bens, investimentos etc.); procura de religião ou filosofia explicativa do mundo e da vida humana, em termos coerentes e significativos. Só em momentos de urgência, ou carência aguda, as necessidades de segurança mostram-se como mobilizadoras ativas e predominantes dos recursos do indivíduo.

Quando as necessidades fisiológicas e as de segurança estão razoavelmente satisfeitas, aparecem as necessidades de afeto e amor. A pessoa sentirá imperiosa necessidade de amigos, parentes e integração nos grupos a que pertence. Em nossa sociedade, a frustração ou insatisfação das necessidades de afeto constitui uma das causas mais comuns de desajustamentos e psicopatologias graves.

Uma vez satisfeitas, pelo menos parcialmente, as necessidades de amor, a pessoa sente também necessidade de avaliação estável e elevada de sua personalidade, ou seja, de auto-estima e estima dos outros. Estas necessidades podem ser assim grupadas:

1) Desejo de força, realização, suficiência, domínio e competência, confiança ante o mundo, independência e liberdade.
2) Desejo de reputação e prestígio, dominação, reconhecimento, atenção, importância ou apreço dos demais.

A satisfação das necessidades de estima ou *status* leva ao desenvolvimento de sentimentos de autoconfiança, capacidade de ser útil e necessário para os outros. Sua frustração produz sentimentos de inferioridade e impotência, levando, freqüentemente, a reações de desalento, de compensação defensiva ou outras manifestações neuróticas.

Finalmente, quando o homem satisfaz às suas necessidades fisiológicas, de segurança, de amor e de estima regularmente, surge uma necessidade mais elevada: a tendência a atualizar suas potencialidades, com um sentido de plenitude do ser. Um indivíduo tem de ser o que pode ser. Este é o significado da necessidade superior de auto-atualização.

As necessidades básicas não seguem uma hierarquia rígida, podendo variar sua posição e preponderância em indivíduos diferentes, e até reverter a hierarquia por excesso de satisfação de uma necessidade. É conhecida a subestimação dos efeitos da fome por indivíduos que nunca a experimentaram; há pessoas para as quais a auto-estima é mais importante que o amor; outras, em que o nível de aspiração geral se torna mais baixo por efeito de privação prolongada (econômica, por exemplo).

As pessoas de nossa sociedade estão, ao mesmo tempo, satisfeitas e insatisfeitas em suas necessidades básicas. Como ilustração, o homem médio da sociedade industrial norte-americana apresenta-se 85% satisfeito em suas necessidades fisiológicas, 70% em suas necessidades de segurança, 50% em suas necessidades de amor, 40% em suas necessidades de estima e apenas 10% em suas necessidades de auto-realização.

O surgimento de uma nova necessidade não se dá de repente, de modo espontâneo; trata-se de um processo gradativo, à medida que outras necessidades vão sendo satisfeitas. A gratificação (satisfação) e a frustração (insatisfação) de necessidades passam a ser elementos importantes na teoria da motivação. Uma necessidade satisfeita não é mais um motivador, e um homem frustrado em algumas de suas necessidades básicas não pode ser considerado inteiramente desajustado — ao contrário, poderá estar mais motivado, dependendo do grau de sua insatisfação.

Satisfação e privação possuem conseqüências desejáveis e indesejáveis. Os efeitos de privação prolongada e de satisfação contínua apresentam aspectos semelhantes de arrefecimento da mobilização motivacional. Um homem totalmente satisfeito em suas necessidades tenderia, teoricamente, à inércia. Portanto, uma certa dose de insatisfação de necessidades é que caracteriza a saúde física e mental, pois mobiliza energias a serem utilizadas dinamicamente para o crescimento pessoal.

A satisfação de necessidades básicas não deve ser confundida com a satisfação de necessidades neuróticas, desmesuradas e compulsivas, determinando comportamentos rígidos e uniorientados.

A satisfação equilibrada das necessidades básicas na infância parece desenvolver um poder excepcional de resistência à frustração presente e futura de necessidades, em decorrência de estruturação sadia e desenvolvimento da personalidade, que apresenta confiança básica e sentimentos de segurança psicológica.

REVISÕES DA TEORIA

Roger Harrison (1972), reconsiderando a teoria das necessidades básicas de Maslow, elaborou um esquema abrangente de motivação, agrupando as necessidades em três grandes núcleos.

a) Núcleo físico-econômico:
   — necessidades fisiológicas em geral, liberdade de movimentos, de expressão física (corporal);
   — proteção contra ataques, mutilações, segurança física;
   — bem-estar e produtividade nas transações com o ambiente.

b) Núcleo socioemocional:
   — necessidades de afeto, amor, calor humano;
   — necessidades de contato físico com outras pessoas;
   — inclusão social, participação no grupo.

c) Núcleo de competência do ego:
   — necessidades de saber, compreender;
   — ser capaz, ter habilidades;
   — realizar, produzir, criar.

A contribuição maior de Harrison não é a de simples classificação, e sim de estudo e interpretação que deu às peculiaridades de aparecimento e satisfação das necessidades, uma vez que não se apresentam da mesma maneira do nascimento à morte. Embora no início da vida sejam comuns a todos os indivíduos, à medida que a pessoa vai amadurecendo suas necessidades básicas também se desenvolvem e adquirem novas formas de expressão e complexidade crescente. Assim, o desenvolvimento pessoal está relacionado com os níveis de desenvolvimento das necessidades básicas.

Nesta perspectiva, há cinco níveis de desenvolvimento motivacional humano na sociedade industrial moderna:

1) *Privação crônica e frustração*: este estágio, se prolongado, resulta em preguiça, apatia e indiferença à recompensa ou punição com relação ao núcleo físico-econômico. Aparecem, também, a frieza e o distanciamento emocional, ou cinismo com relação a afeição e calor humano, levando, gradativamente, à evitação de relacionamento. Quanto à competência do ego, a motivação vai-se tornando fraca, caracterizada por sub-realização, rejeição de metas e de oportunidades de realização.
2) *Dependência ou nível básico*: o núcleo físico-econômico de necessidades caracteriza-se por medo de punição, acomodação para obter recompensas, concordância e lealdade superficiais. Exploração encoberta do patrão pelo empregado. Há carência afetiva e busca de aceitação, temor e evitação de rejeição e cólera nas necessidades socioemocionais. Em relação à competência do ego, evidenciam-se estudantes competitivos, orientados para notas à procura de elogios e evitando censuras e riscos de fracassos.

3) *Contradependência ou segurança*: exploração competitiva. O núcleo físico-econômico passa a apresentar esforços agressivos, lutas, coalizões e traições, imperando a chamada *lei da selva*. O núcleo socioemocional mostra comportamentos de amor explorador, competitivo, ilustrados por conduta do tipo "don-juan", orientada para busca de popularidade ou rivalidade para conquista de afeto. No núcleo de competência do ego, o indivíduo necessita provar que é melhor ou mais esperto que os outros, tentando criar formas especiais de exibicionismo e afirmação pessoal exagerada.
4) *Desenvolvimento de identidade e valor*: surgem as associações com o poder, a riqueza, o *status* social, pela adoção de códigos de conduta em sociedade, negócios, política etc., para satisfação das necessidades físico-econômicas. O grupo passa a constituir uma fonte de amor e ajuda. O indivíduo sente-se afetuoso em razão de relações afetuosas. Estabelecem-se normas de aceitação intra e intergrupais, não avaliadas criticamente. A competência do ego traduz-se em atração por pessoas e grupos competentes e instruídos, levando, muitas vezes, a ligações parasitárias com pessoas influentes. Normas de grupo relacionadas à verdade e à realização.
5) *Autonomia criativa. Auto-realização*: o núcleo físico-econômico tende a buscar satisfação na justiça, na honra e em outros valores sociais mais elevados, entre os quais a filantropia e o senso de obrigação dos ricos e poderosos. As necessidades socioemocionais são satisfeitas através do amor como dádiva, pelo prazer de dar, assemelhando-se ao ideal cristão do amor. A competência do ego orienta-se para a verdade como meta, procurando o prazer de saber, criar, realizar, superar obs-

táculos e estabelecer padrões individuais de competência e auto-realização.

Este último nível de desenvolvimento motivacional mostra algumas características de pessoas altamente motivadas para a categoria mais elevada da hierarquia de Maslow, conduz à auto-atualização, ou realização plena de suas potencialidades.

Sob esse prisma podem também ser vistas diferenças individuais de realização pessoal num processo mais amplo e abrangente, que é o próprio desenvolvimento humano. Os indivíduos sadios que satisfizeram suficientemente suas necessidades básicas de segurança, amor e estima mostram-se, então, motivados para a individualização, o crescimento pessoal, em uma tendência constante para a unidade, a integração ou sinergia dentro de si mesmo.

Alderfer (1969), revendo, também, a teoria de Maslow, propôs reduzir o número de categorias, agrupando-as em três níveis: o de manutenção ou existência material, o de relações interpessoais e o de oportunidades para crescimento e desenvolvimento pessoal. Assim, os níveis de necessidades básicas passam a ser:

- *Existência:* necessidades fisiológicas e de segurança, para sobrevivência.
- *Relacionamento:* necessidades de mutualidade e compartilhamento englobando as necessidades sociais e de estima, cuja satisfação está na interação com outras pessoas.
- *Crescimento:* necessidades do ego, de auto-estima, autoconfiança, criatividade e de auto-realização, enfrentando desafios que exijam utilização plena de capacidades e habilidades.

O modelo de Alderfer mostra uma tendência à distinção entre motivação de carência e motivação de crescimento, já feita por Maslow em seus trabalhos mais recentes.

A MOTIVAÇÃO DE CRESCIMENTO

As limitações evidentes da teoria comum de motivação, caracterizada por necessidades de carência, indicam a base para uma teoria de *metamotivação* ou motivação de crescimento. O crescimento passa a ser visto não apenas como satisfação contínua e gradativa das necessidades básicas, mas também sob forma de motivações específicas para o próprio desenvolvimento, tais como: tendências à criatividade, capacidades e talentos especiais, potencialidades.

Não há contradição nem oposição entre os dois tipos de motivação, constituindo as necessidades básicas uma condição prévia e necessária para as necessidades de crescimento. Há, porém, uma diferença qualitativa do ponto de vista emocional que distingue os indivíduos que agem para satisfazer as necessidades de deficiência dos que são motivados pelas necessidades de crescimento ou *metamotivação*.

As pessoas motivadas por necessidades básicas ou de deficiência, em geral, acham o desejo ou impulso desagradável ou ameaçador e tendem a negá-lo ou livrar-se dele, isto é, satisfazê-lo, para sentir alívio, equilíbrio, ausência de dor, tensão ou insatisfação. O objetivo maior é afastar ameaças ou agressões para proteger-se, defender-se, preservar-se. Os motivos de deficiência exigem a redução de tensão e a restauração do equilíbrio. O prazer advindo da saciação de uma carência, portanto, é um prazer *inferior*, representado simplesmente pela redução de tensão ou seu alívio.

As necessidades de deficiência tornam a pessoa mais dependente de outras pessoas e do ambiente, o que repercute nas relações interpessoais, fazendo-as mais interessadas e condicionando a percepção de outras pessoas como fontes de satisfação para suas necessidades, isto é, como *objetos* que são *usados*, levando a atitudes de egocentrismo, voltadas para a satisfação de suas próprias carências.

A necessidade de amor também tem sido usualmente descrita como carência que precisa ser suprida de modo a evitar a doença (a *"fome de amor"* ou carência afetiva) e suas repercussões mais graves na personalidade. Se esta necessidade é satisfeita com regularidade, é possível, então, desenvolver outro tipo de amor, não mais lacuna ou carência, e sim de crescimento e transcendência do ego.

Este amor não-carente nunca pode ser saciado e, em vez de terminar, aumenta como fonte de prazer, sendo intrinsecamente agradável, desfrutado indefinidamente. É mais um meio do que um fim. É um amor não-possessivo, de admiração por outra pessoa, com um mínimo de ansiedade e hostilidade, levando a experiências subjetivas *superiores*, semelhantes às místicas e estéticas, também chamadas *experiências culminantes*. As pessoas envolvidas neste amor são menos ciumentas, menos exigentes, mais autônomas, desinteressadas, altruístas, generosas, estimulantes e autênticas.

O desafio maior da motivação consiste em liberar as energias das potencialidades para a auto-realização, o crescimento como pessoa, a individualização, a integridade do ser. É um processo incessante, cuja direção já é satisfatória e um fim em si. A satisfação significa aumento de tensão e a própria atividade é agradável, sendo apreciada *aqui-e-agora* sem a sensação de *meio para um fim*, ou mera preparação para o futuro.

Mas esta espécie de motivação só pode ser desenvolvida a partir da satisfação razoável das necessidades básicas ou de deficiência, que passam a constituir, assim, um pré-requisito para a motivação de crescimento ou de abundância. Esta última, e somente esta, pode conduzir a pessoa aos estágios finais de resolução positiva dos conflitos nucleares vitais na concepção de Erickson (1950), caracterizados por *criatividade* e *integridade do ego* em vez de *estagnação* e *desespero*.

O Quadro 7.1 apresenta alguns aspectos distintivos entre as motivações de deficiência e de crescimento.

Vale frisar que essa conceituação de motivação baseia-se em pessoas sadias, que vivem com satisfação, que acham que vale a pena viver, apesar dos problemas, das dificuldades e frustrações inevitáveis. Esta é uma abordagem positiva de vida e que caracteriza as pessoas empreendedoras, que agem, fazem, lutam, vencem, sofrem, sentem satisfações e insatisfações como parte integrante de um processo global que é vivenciado plenamente.

As chamadas teorias reducionistas de motivação mostram um modelo mecânico de homeostase, como se o ser humano tendesse sempre ao equilíbrio e nada mais. O equilíbrio, porém, não leva à frente, apenas preserva o *status quo* e não explica como o homem cresce e se desenvolve, como a humanidade tem progredido, modificando-se e modificando o mundo, saindo do equilíbrio para novas formas e funções que significam crescimento, movimento para a frente e para cima, e não simplesmente conservação, estagnação, deterioração e morte.

O equilíbrio é necessário como base, mas insuficiente e irrelevante como fim. O desequilíbrio, que propicia mudanças inovadoras e criativas para formas mais satisfatórias de vida, é igualmente necessário e valioso.

QUADRO 7.1
COMPARAÇÃO DE CARACTERÍSTICAS MOTIVACIONAIS DE DEFICIÊNCIA E DE CRESCIMENTO

	MOTIVAÇÃO	
ASPECTOS	**DE DEFICIÊNCIA**	**DE CRESCIMENTO**
Atitude em relação ao impulso	Rejeição (tensão desagradável)	Aceitação (tensão agradável)
Efeitos da satisfação	Redução de tensão, restauração do equilíbrio	Manutenção da tensão, interesse intensificado
Efeitos clínicos e personológicos da satisfação	• Evitar doenças • Defesa e preservação do eu	• Saúde positiva • Esforços para crescimento e realização plena do eu
Espécies de prazer	Alívio, saciedade, relaxamento (prazer *inferior*)	Êxtase, serenidade, criação, *insight* (prazer *superior*)
Tipos de metas	Da espécie (compartilhadas por todos)	Idiossincrásicas (individualizadas)
Metas alcançáveis	Episódicas, ascendentes, até um clímax	Desenvolvimento contínuo, progressão, carência interminável
Relações com o ambiente	Maior dependência (fontes externas de satisfação)	Maior independência (fontes internas de satisfação)
Relações interpessoais	Interessadas (pessoas como instrumentos)	Desinteressadas (pessoas como pessoas)
Percepção central	Avaliativa (objetos para satisfação)	Não-avaliativa *(taoísta)*
Orientação geral	Egocentrismo (para satisfação de carências)	Egotranscendência (para individualização e os problemas do mundo)
Amor	Interessado, possessivo, mais meio do que fim, ansioso e hostil *(fome de amor)*	Desinteressado, não-possessivo, mais fim do que meio, *(experiência culminante)*

UMA VISÃO SISTÊMICA DE MOTIVAÇÃO

O sistema motivacional humano é altamente complexo, podendo ser concebido como o conjunto de "condições responsáveis pela variação na intensidade, qualidade e direção do comportamento". Essas condições são intrínsecas e extrínsecas ao indivíduo.

Essa visão mais abrangente e atual das pesquisas e descobertas no campo da motivação mostra dois tipos de modelos, conforme o enfoque adotado pelo pesquisador/teórico: os estáticos "de conteúdo" e os dinâmicos "de processo". O primeiro tipo é comparável a uma radiografia de um evento, instantâneo do momento presente, enquanto o segundo pode ser comparado a um filme, seqüência de comportamentos ao longo do tempo.

MODELOS DE CONTEÚDO

A ênfase maior está nas condições intrínsecas do indivíduo, o que leva à ação, o que poderá trazer satisfação, alívio de tensão, ou seja, o conteúdo da motivação, os tipos de motivos que determinam o comportamento. Entre esses modelos podem ser citados:

- *O de força/coerção:* baseado em motivos de fuga à dor, ao desconforto, às privações de várias modalidades, despertados e mantidos por meio de castigos, sanções e ameaças. O modelo mostra o controle ambiental (externo) sobre o comportamento humano.
- *O de afeto/afiliação:* baseado em motivos afetivo-sociais, busca de satisfação com e por intermédio de outras pessoas.

- *O mecânico/econômico:* baseado em concepções mecânicas do homem, que opera como máquina sob influência de incentivos econômicos (dinheiro) ou de recompensas variadas através de condicionamento operante. O comportamento que é reforçado por recompensas tende a ser repetido e a permanecer.
- *O de sistema aberto, de crescimento:* englobando os modelos de hierarquia das necessidades básicas (de Maslow), o de "higiene-motivação" (de Herzberg) e o de "realização" (de McClelland), considera que o homem tem motivos mais complexos e inter-relacionados que os apresentados pelos outros modelos e que toma decisões, tem propósitos, valores e ideais, e procura responsabilidade e auto-realização.

MODELOS DE PROCESSO

São abordagens mais complexas, baseadas em variáveis cognitivas, considerando cada comportamento específico como uma inter-relação das percepções do indivíduo sobre seu objetivo e seu desempenho, a situação externa e a tarefa, a importância desta para satisfazer suas necessidades e as dificuldades envolvidas. O comportamento passa a ser considerado como uma função direta da percepção das atividades/tarefa, das possíveis recompensas e do estado (interno) de necessidades e atitudes atuais do indivíduo. Este enfoque decorre, em grande parte, das formulações teóricas de Kurt Lewin, referentes ao contexto ou situação vivenciada — "espaço" vital e psicológico — em termos topológicos (Teoria de Campo), e de Edward Tolman, sobre a orientação teleológica e cognitiva do comportamento humano.

Entre os principais modelos centrados no conceito de "expectativa" e, por isso, também chamados "modelos de expectativa", figuram os seguintes:

1) *Expectativa/valência:* formulado por Vroom (1964) como teoria de motivação no trabalho. O modelo, através de três conceitos básicos — valência, expectativa e resultados —, mostra as preferências individuais por um resultado específico e o grau de instrumentalidade para resultados intermediários. A força (intensidade) para a ação (desempenho de um certo ato) será determinada pela soma algébrica dos produtos das valências dos resultados pelas expectativas. Cada pessoa tem uma combinação *sui generis* de valências e expectativas.

   Os objetivos que a pessoa procura atingir podem ser de primeiro nível (imediatos ou intermediários) e de segundo nível (mediatos ou finais). Assim, por exemplo, uma pessoa pode ter como objetivos (resultados) de primeiro nível um elevado desempenho no trabalho, notas altas num curso, interesse e carinho por uma pessoa do sexo oposto, os quais estarão instrumentalmente relacionados a objetivos de segundo nível, tais como obter uma promoção na carreira, ingressar num curso mais avançado ou conseguir um cônjuge. As expectativas (probabilidades estimadas subjetivamente) de que um determinado comportamento levará ao resultado de primeiro nível que, por sua vez, levará ao resultado final influirão decisivamente na seleção das alternativas de ação.

   Certas preferências (valências) por alguns resultados e cursos de ação passam a constituir, então, comportamentos instrumentais nesse modelo. Trabalhar muito bem, por exemplo, pode ser um comportamento instrumental para promoção. Outras formas de conduta, entretanto, podem igualmente conduzir ao objetivo final desejado, em decorrência de variáveis específicas do contexto de trabalho, variáveis essas que deverão ser percebidas e hierarquizadas em importância, caracterizando, nitidamente, os processos cognitivos que norteiam o comportamento pessoal.

Cada objetivo, quer de primeiro ou de segundo nível, sempre tem valência, seja positiva ou negativa, intensa ou fraca.

Quanto aos resultados, dois tipos podem ser observados: extrínsecos e intrínsecos. Os resultados extrínsecos são derivados externamente, tais como: bom salário, notas altas, elogios, convites para reuniões sociais, enquanto os intrínsecos são decorrências internas, sentimentos positivos ou negativos, de satisfação ou insatisfação, com o comportamento em si e com os resultados extrínsecos, como, por exemplo, satisfação pessoal por ter feito um esforço ou sacrifício para completar uma tarefa, saber que está agindo corretamente, frustração com aumento salarial sem aumento de *status* etc.

2) *Desempenho/satisfação:* elaborado por Porter e Lawler (1968) e baseando-se no modelo de Expectativa de Vroom. Os autores afirmam que Motivação (esforço ou força) não é equivalente a satisfação ou desempenho. Motivação, satisfação e desempenho são variáveis separadas e relacionam-se de maneiras diferentes do que tradicionalmente se pensava. O esforço (força ou motivação) não leva diretamente ao desempenho, é mediado por habilidades, traços de personalidade e percepções do papel social. Mais importante é o que aconte-

ce depois do desempenho: as recompensas que decorrem e como são percebidas é que determinarão a satisfação. A satisfação é mais dependente do desempenho e da percepção das recompensas do que das recompensas reais recebidas.

3) *Tipos de expectativa:* desenvolvido por Lawler (1973), é um modelo mais complexo de expectativas classificadas em dois tipos, conforme as relações: esforço-desempenho e desempenho-resultado. O autor considera a situação objetiva como o determinante único mais importante da expectativa "esforço-desempenho".

   A auto-estima do indivíduo, suas experiências anteriores em situações semelhantes, comunicação com outras pessoas, atração dos resultados e conhecimento de quem controla os resultados são alguns fatores de influência na percepção da situação pelo indivíduo.

4) *Dissonância cognitiva/intercâmbio:* as teorias de "dissonância cognitiva", de Festinger, e de "intercâmbio", de Homans, influenciaram os mais recentes modelos cognitivos de expectativa na situação de trabalho, tais como:
   - *Teoria de eqüidade* (de Adams): o grau de eqüidade (ou ineqüidade) percebido entre insumos (esforços) e resultados do próprio indivíduo e dos outros é um fator capital no desempenho da tarefa e na sua satisfação.
   - *Teoria da atribuição e posição de controle* (de Heider): o mais importante para a determinação do comportamento é aquilo que é percebido como determinante, e não os determinantes reais (objetivos). Igualmente importante é a percepção e a crença de quem controla os resultados: se a própria pessoa ou os outros.

FIGURA 7.2
SISTEMA MOTIVACIONAL HUMANO

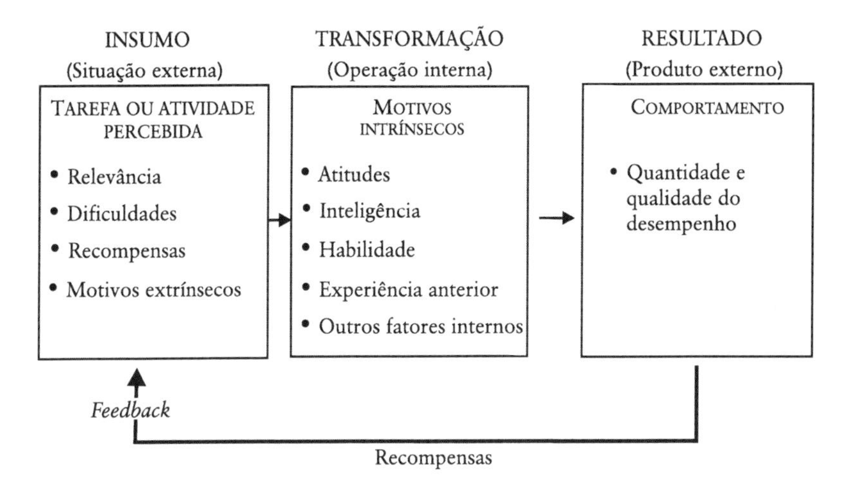

FONTE: Adaptado de HUSE, E. F. & BOWDITCH. J.L. *Behavior in organizations: a systems approach to managing*. 2. ed. Reading, Mass., Addison-Wesley, 1977.

Os modelos de processo constituem um avanço promissor na teoria da motivação para melhor compreensão do comportamento humano no sentido de prever resultados baseados em objetivos. As teorias de conteúdo podem ser úteis na identificação de necessidades internas das pessoas em determinado momento, mas não ajudam muito a prever resultados comportamentais. Ainda falta elaborar uma teoria ou modelo situacional integrado de motivação que leve em consideração as valências e expectativas inter-relacionadas com as categorias de necessidades (motivos) e que tenha suficiente clareza e facilidade de aplicação na prática.

A MOTIVAÇÃO DEÔNTICA (MD)

Ultimamente retomou-se o interesse em estudar a noção de motivação deôntica para compreender vários aspectos do comportamento humano nas situações de trabalho. Os conceitos de obrigação, dever, responsabilidade e imperativo moral passaram a ser vistos como base de uma importante forma de motivação no trabalho.

A psicologia organizacional da década de 1960 admitiu algumas idéias de orientação psicanalítica aplicada ao trabalho, em que a motivação gerada pelo superego (dever) era levada em consideração, firmando um conceito de obrigação como força motivacional no contexto das organizações. Mais tarde, essa orientação foi abandonada, deixando uma lacuna que até hoje dificulta a compreensão de muitos processos psicossociais no trabalho.

O notável progresso e sucesso da tecnologia e desenvolvimento econômico do Japão, tornando-o uma das grandes potências mundiais de nosso tempo, despertaram curiosidade e interesse científico sobre o modelo adotado para tão excelente recuperação e avanço pós-guerra. E, em especial, quanto à produtividade determinada pela organização do trabalho e por fatores de administração e gerência para obtenção de resultados tão expressivos do trabalho humano nas organizações industriais. A já famosa *teoria Z* e os *círculos de controle da qualidade* estão sendo aplicados em vários países, principalmente nos Estados Unidos. Entretanto, o que tem escapado aos estudiosos ocidentais do fenômeno é justamente o papel desempenhado pela motivação deôntica na organização do trabalho como um dos valores culturais da sociedade japonesa, de tradição milenar.

Dentre as características da motivação deôntica merecem destaque: a orientação social, a subjugação de impulsos espontâneos, o desejo de imortalidade e um elevado nível potencial de motivação contínua.

Essas características permitem uma comparação com o trabalho de Max Weber, *A ética protestante e o espírito do capitalismo* (1950). Observam-se algumas semelhanças entre a ética protestante e a abordagem psicanalítica da motivação deôntica, como, por exemplo:

- A rejeição do *self* orgânico — o corpo, os impulsos da carne, os instintos eram considerados pecaminosos pelo calvinismo; na MD os impulsos espontâneos são controlados pelo superego.
- Uma poderosa força motivacional na ética protestante era evitar a culpa do ponto de vista divino, o que corresponderia ao caráter compulsivo da MD para escapar aos sentimentos de culpa.
- A noção de que o sucesso nas atividades mundanas era um sinal de graça e que era atingível através do trabalho assemelha-se à concepção do ego ideal, determinado pelo superego, gerando ansiedade e possibilidades de alcance por meio do trabalho esforçado.

A ética protestante, conforme analisada por Weber, poderia representar uma base de MD para o trabalho, com elementos psicodinâmicos implícitos. Muitos provérbios podem ser facilmente adaptados para o contexto organizacional, sugerindo a expressão do superego e do ego ideal:

- "A aceitação no Reino do Céu depende de trabalho pesado nesta terra mortal."
- "Trabalhe duro e você irá adiante."
- "Você é responsável pelo seu próprio destino."

Indivíduos com superegos rígidos que, consciente ou inconscientemente, carregam grande sentimento de culpa, parece que se sentem obrigados a contribuir mais, esforçar-se mais para estabelecer e manter um sentimento de eqüidade do que indivíduos com superegos mais flexíveis. O mesmo parece acontecer com personalidades obsessivas que tenham superegos fortes (Freud, 1960).

Schwartz (1982) afirma que o envolvimento com o trabalho é uma forma de obsessão-compulsão. Isto sugere que a motivação para tarefa, de pessoas muito engajadas no seu trabalho, é, principalmente, de natureza deôntica.

Uma questão teórica que ainda não tem uma resposta satisfatória refere-se à própria conceituação do trabalho. Afinal, que é trabalho?

UM CONCEITO DE TRABALHO

No modelo deôntico, trabalho é a descarga de obrigações morais. É atividade muito séria moralmente, não é jogo, nem tem de ser divertido.

É preciso deixar claro que a MD não considera que o trabalho deva ser sacrifício ou sofrimento. Trabalhar é aceitar responsabilidade e, portanto, deixar espaço também para autocrítica por fracassos. MD não é masoquismo. O prazer no trabalho advém de outras fontes, tais como sentimentos de sucesso, de valorização moral, de cumprimento de suas responsabilidades.

Na concepção de MD, o trabalho oferece auto-estima pelo seu significado moral, inerente ao seu produto e à relação que o produto estabelece com os outros, e não apenas pela simples demonstração de habilidade e sucesso.

Para a motivação deôntica, o elemento mais relevante no trabalho não é o prazer, e sim o senso de obrigação com os outros.

A importância do prazer no significado psicológico do trabalho é questionável. Uma pesquisa de Morse e Weiss (1955) concluiu que 80% da amostra de trabalhadores continuariam trabalhando, mesmo que tivessem bastante dinheiro para viver sem trabalhar. Apenas 9% declararam que sentiam prazer em seu trabalho.

A teoria de MD explica que qualquer recompensa extrínseca tal como pagamento, por exemplo, não provoca diretamente o desempenho desejado. A motivação do trabalho é um processo de dois estágios: a geração de obrigação e a descarga de obrigação. A aceitação de recompensas (salário) por pessoas que possuem um superego normalmente desenvolvido cria uma obrigação correspondente e o trabalho, então, é um meio de descarregar essa obrigação.

A natureza de processo de dois estágios da motivação deôntica ajuda a manutenção de um senso de autonomia pessoal em relação ao que poderia constituir uma compulsão externa, sob forma de pressões, ameaças e punições de qualquer tipo. A compulsão torna-se interna e, por isso, funciona com mais rigor e persistência, uma vez que houve uma mudança de *locus* de controle.

Segundo o modelo da MD, a pessoa não se sente obrigada diretamente a fazer o que os outros querem que ela faça. Tampouco a pessoa estará fazendo o que deseja fazer, no sentido de fazer algo de que realmente goste, que lhe proporcione prazer.

Somente no aspecto superficial e aparente é que se paga a uma pessoa para executar uma tarefa. A organização paga à pessoa para criar e assumir uma obrigação — e obrigações não são prazerosas. O pagamento serve para a pessoa sentir-se controlada por sua consciência e evitar sentimentos de culpa e auto-rejeição.

A abordagem psicanalítica considera a relação da pessoa com a organização análoga à relação da criança com a figura de autoridade paterna. A criança resolve problemas de dependência com a figura de autoridade, e evita conflitos com ela, através de mecanismos de identificação com a autoridade e assumindo internamente esta autoridade no superego para censurar-se e punir-se pelos "desvios". Similarmente, o empregado aceita, através de um contrato psicológico, os interesses e expectativas da organização como seus, obrigando-se a cumprir as tarefas determinadas.

A MD permite ao indivíduo executar tarefas que são socialmente úteis, feitas para os outros e não para si. Por causa do processo de desenvolvimento do superego, pela incorporação de outros seres humanos como modelos na estrutura individual, torna-se possível desempenhar um papel social determinado por contingências e demandas externas.

Vale notar como as forças psíquicas em operação podem levar a um nível de motivação extremamente elevado e contínuo. Essa durabilidade motivacional decorre da impossibilidade de alcançar o ego ideal, conforme desejado pelo superego.

Observa-se, também, uma tendência a escapar da mortalidade individual, a gerar um objeto imortal, algo que sobreviva após a morte. Muitas noções arquetípicas de trabalho, desde a construção das grandes pirâmides até a manutenção da grande corporação impessoal moderna — e, portanto, potencialmente imortal —, contêm este impulso para a imortalidade como elemento central de sua mística.

É inegável a contribuição da teoria da motivação deôntica para estudo e compreensão do comportamento humano nas situações de trabalho e possível aplicação prática nas organizações.

REFERÊNCIAS E LEITURA COMPLEMENTAR

ADAMS, J.S. "Inequity in social exchange." *In:* STEERS, R.M. & PORTER, L.W. (eds.). *Motivation and work behavior.* New York, McGraw-Hill, 1975.

ALDERFER, C.P. "An empirical test of a new theory of human needs." *Organizational Behavior and Human Performance* 4(2): 142-175, 1968.

CHIFRE, J.D. *La motivation et ses nouveaux outils: des clefs pour dynamiser une equipe: conaissance du problème; applications pratiques.* Paris, ESF, 1990.

DANIELS, A.C. *Bringing out the best in people.* New York, McGraw-Hill, 1994.

DICKSON, D. SAUNDERS, C. & STRINGER, M. *Rewarding people: the skill of responding positively.* London, Routledge, 1993.

ERICKSON, E.H. *Infância e sociedade.* Rio de Janeiro, Zahar, 1971.

FESTINGER, L. *A theory of cognitive dissonance.* Evanston, Ill., Row-Peterson, 1957.

FREUD, S. *The ego and the id.* New York, Norton, 1960.

HACKMAN, J.R.; LAWLER., E.E. & PORTER, L.W. (eds.). *Perspectives on behavior in organizations.* New York, McGraw-Hill, 1977.

HARRISSON, R. *Motivation and influence — a revision of Maslow's hierarchy.* NTL Learning Community, 1972. (mimeo.)

HERZBERG, F. "One more time: how do you motivate employees?" *Harvard Business Review,* 46(1): 53-62, 1968.

HUSE, E.F. & BOWDITCH, J.L. *Behavior in organizations: a systems approach to managing.* 2. ed. Reading, Mass., Addison-Wesley, 1977.

KETS DE VRIES, M.F.R. *Organizational paradoxes: clinical approaches to management.* New York, Tavistock, 1980.

LAWLER, E.E. III *Motivation in work organizations.* Monterey, Cal., Brooks/Cole, 1973.

——. "Motivation: closing the gap between theory anal practice." *In:* DUNCAN. K. D., GRUNEBERG, M. M. & WALLIS. D. (eds.). *Changes in working life.* New York, Wiley Interscience, 1980.

GRUNEBERG, M.M. & WALLIS, D. (eds.). *Changes in working life.* New York, Wiley Interscience, 1980.

LEVY LEBOYER, C. *A crise das motivações.* São Paulo, Atlas, 1994.

LEWIN, K. *Princípios de psicologia topológica.* São Paulo, Cultrix/USP, 1973.

MASLOW, A.H. *Motivation and personality.* New York, Harper and Row, 1954.

——. "A theory of metamotivation: the biological rooting of the value-life". *J. Humanistic Psychol,* 2: 93-127, 1967.

——. *Introdução à psicologia do ser.* Rio de Janeiro, Eldorado.

MITCHELL, T.R.; SMYSER, CM. & WEED, S.E. "Locus of control: supervision and work satisfaction." *Academy of Managment Journal,* Sept. 1975, p. 623-631.

MORSE, N.C. & WEISS, R.S. "The function and meaning of work and the job." *Amer. Sociological Review,* 1955, 20: 191,198.

OUCHI, W.G. *Teoria Z: como as empresas podem enfrentar o desafio japonês.* 6. ed. São Paulo, Fundo Educativo Brasileiro, 1982.

PORTER, L.W. & LAWLER, E.E. III *Managerial attitudes and performance.* Homewood. Il., Irwin, 1968.

SCHWARTZ, H.S. "Job involvement as obsession compulsion". *Academy of Management Review,* 1982, 7(33): 429-432.

——. "A theory of deontic work motivation." *Journal of Applied Behavioral Science,* 1983, 19(2): 204-214.

STEERS, R.M. & PORTER, L.W. (eds.). *Motivation and work behavior.* New York, McGraw-Hill, 1975.

VROOM, V.H. *Work and motivation.* New York, Wiley, 1964.

WAHBA, M.A. & HOUSE, R.J. "Expectancy theory in work and motivation: some logical and methodological issues." *Human Relations,* 27(2): 121-147, 1974.

WEBER, M. A ética *protestante e o espírito do capitalismo.* Brasília, Ed. Universidade de Brasília, 1980.

WEISS, D.H. *Motivação e resultados: como obter o melhor de sua equipe.* São Paulo, Nobel, 1991.

8
Funcionamento e desenvolvimento do grupo

FUNCIONAMENTO DO GRUPO

QUANDO SE DESEJA estudar um grupo em funcionamento e compreender a seqüência de eventos, as modalidades de interação e suas conseqüências, faz-se mister identificar os componentes relevantes dos processos de grupo.

A abordagem analítica é justificável para fins de estudo, embora apresente algumas desvantagens quanto à apreensão global dos fenômenos e sua compreensão como totalidade dinâmica. Além disso, sofre, inevitavelmente, da seletividade perceptiva do estudioso do fenômeno, ou seja, de suas tendências subjetivas (e preconceitos) na escolha dos elementos julgados representativos.

Pode-se analisar um grupo através de sua composição, estrutura e seu ambiente. Neste caso, estudam-se as pessoas que compõem o grupo, as posições relativas que ocupam no grupo, suas relações entre si, o espaço físico e psicossocial do grupo.

Pode-se, também, estudar um grupo considerando sua dinâmica, os componentes que constituem forças em ação e que determinam os processos de grupo.

Visualizando-se o grupo como um campo de forças, em que umas concorrem para movimentos de progresso do grupo e outras, para dificuldades ou retrocesso, algumas delas ressaltam no funcionamento grupal. São elas: objetivos, motivação, comunicação, processo decisório, relacionamento, liderança e inovação.

COMPONENTES PRINCIPAIS DO FUNCIONAMENTO DO GRUPO

No estudo do funcionamento do grupo, cabem várias indagações a respeito dos componentes principais, como segue.

Objetivos

- Há um objetivo comum a todos os membros do grupo?
- Até que ponto este objetivo é suficientemente claro, compreendido e aceito por todos?
- Até que ponto os objetivos individuais são compatíveis com o coletivo e entre si?

Motivação

- Qual o nível de interesse e entusiasmo pelas atividades do grupo?
- Quanta energia individual é canalizada para o grupo?
- Quanto tempo é efetivamente devotado ao grupo (em termos de freqüência, permanência, ausências, atrasos, saídas antecipadas)?
- Qual o nível de envolvimento real nos problemas e preocupações do grupo?
- Até que ponto há participação plena e dedicação espontânea nos processos de grupo?

COMUNICAÇÃO

- Quais as modalidades mais características de comunicação no grupo?
- Todos falam livremente ou há bloqueios e receio de falar?
- Há espontaneidade nas colocações ou cautela deliberada?
- Qual o nível de distorção na recepção das mensagens?
- Há troca de *feedback*, aberto e direto?

PROCESSO DECISÓRIO

- Como são tomadas as decisões no grupo?
- Com que freqüência as decisões são unilaterais, por imposição de quem detém o poder?
- É comum a decisão por votação, em que a maioria expressa sua vontade?
- Quantas vezes o processo decisório é alcançado por consenso, permitindo que todos se posicionem, com respeito mútuo?
- Qual a modalidade de tomada de decisão mais característica do grupo?

RELACIONAMENTO

- As relações entre os membros são harmoniosas, propícias à cooperação?
- As relações harmoniosas são apenas superficiais, de aparente cordialidade, ou permitem real integração de esforços e efetividade que levem à coesão do grupo?
- As relações mostram-se conflitantes e indicam competição, clara ou velada, entre os membros?

- Até que ponto essas relações conflitivas tendem ao agravamento, podendo conduzir o grupo à desintegração?

Liderança

- Como é exercida a liderança? Quem a exerce? Em que circunstâncias?
- Quais os estilos de liderança mais usuais no grupo?
- Quais as relações entre líderes e liderados?
- Como se distribui o poder no grupo?

Inovação

- As atividades do grupo caracterizam-se pela rotina?
- Como são recebidas idéias novas, sugestões de mudanças nos procedimentos?
- Até que ponto estimula-se e exercita-se a criatividade no grupo?

Todos esses componentes influem decisivamente para a definição de normas de funcionamento e concomitante estabelecimento do clima do grupo.

As pessoas que compõem o grupo trazem seus valores, sua filosofia e orientação de vida. A interação permite conhecimento mútuo e identificação de alguns pontos comuns que servirão de base para a elaboração de normas coletivas, tácitas e explícitas, na dinâmica do grupo.

Resultante da interação entre os membros, a cultura grupal reúne os produtos materiais e não-materiais desse processo, tais como objetos, documentos, obras de arte, conhecimentos, vocabulário próprio, experiências, sentimentos, atitudes, preconceitos, valores e normas de conduta.

O clima de grupo, por sua vez, tem uma relação circular com os componentes do funcionamento e da cultura grupal, influenciando-os e sendo por eles influenciado constantemente. O clima de grupo, por analogia, pode ser comparado ao clima geográfico — refere-se às condições atmosféricas do espaço psicossocial e que afetam os membros do grupo durante o tempo em que nele permanecem.

Em qualquer região do globo terrestre, podem ser observadas condições meteorológicas variáveis de temperatura, pressão, ventos, umidade, chuvas, sol, nuvens, tempo bom, tempo instável, tempestades etc.

Em qualquer grupo, da mesma forma, podem ser observadas condições variáveis de calor humano, tensão, movimentos, equilíbrio, restrições, alegria, insegurança, crises. Estas condições, em conjunto, formam a "atmosfera" responsável pelo que os membros do grupo sentem a seu respeito.

O clima do grupo pode variar desde sentimentos de bem-estar e satisfação até mal-estar e insatisfação, passando por gradações de tensão, estresse, entusiasmo, prazer, frustração e depressão.

Cultura e clima de grupo passam a caracterizar, então, o próprio ambiente total e a imagem do grupo. Todos esses fatores concorrem para a qualidade do comportamento ou desempenho grupal em um determinado período.

A energia mobilizada nos comportamentos individuais pode direcionar-se para resultantes ao longo de um contínuo. Este estende-se desde o extremo da divisão de forças, representada pela individualização de esforços e resultados, até o outro extremo do total dinâmico maior que a soma das parcelas, representado pela sinergia grupal.

A Figura 8.1 mostra os principais componentes do funcionamento do grupo.

FIGURA 8.1
FUNCIONAMENTO DO GRUPO

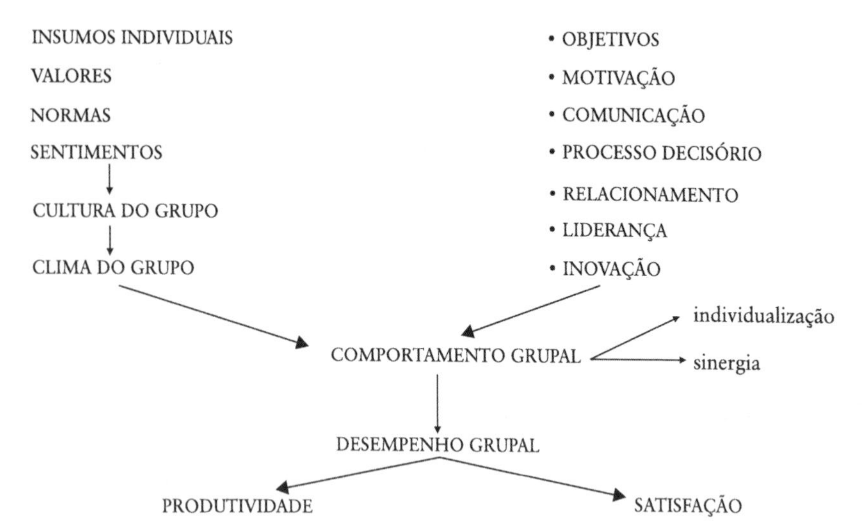

Um grupo começa, funciona durante algum tempo, modifica-se em sua estrutura e dinâmica e continua, modificando-se gradativamente, em maior ou menor grau e velocidade, ou fragmenta-se, terminando como grupo original ou dando origem a outros grupos. O estudo dessa seqüência de acontecimentos da vida grupal tem intrigado os estudiosos que procuram uma relação entre os eventos com certa freqüência ou regularidade para permitir uma compreensão do próprio fenômeno e sua previsão.

Várias tentativas de descrever e explicar o desenvolvimento de grupos foram feitas, embora nenhuma possa ser considerada abrangente e conclusiva.

MODELOS DE GRUPO

Um modelo é uma abstração da realidade para fins de análise e estudo, uma analogia que ajuda a compreensão de uma situação relativamente complexa. Sendo uma representação simbólica de aspectos inter-relacionados de uma situação complexa, o modelo é necessariamente uma simplificação da realidade e, por conseguinte, dificilmente incluirá todas as variáveis dessa realidade. Os aspectos (ou variáveis) componentes do modelo indicam a importância que lhes é atribuída por seus autores, sem que isto signifique que outros aspectos não existam e não possam ser estudados em sua influência sobre os eventos da situação em questão.

É irrelevante e ingênuo pensar "qual o melhor modelo" ou até mesmo "qual o modelo certo". Todos os modelos elaborados criteriosamente têm sua parcela de utilidade ao mostrarem uma forma de encarar uma realidade complexa e torná-la acessível ao estudo, à compreensão, à previsão probabilística e às eventuais possibilidades de controle — funções da ciência em seu sentido mais amplo.

No estudo de pequenos grupos humanos foram elaborados vários modelos que correspondem, explícita ou implicitamente, a abordagens distintas de seus autores, conforme sistematização feita por Mills (1967), apresentada a seguir.

Modelo semimecânico

O grupo é considerado como máquina: uma máquina de interação. A interação no grupo obedece a princípios universais e imutáveis. O comportamento no grupo parece um jogo que é jogado tantas vezes que se acaba conhecendo muito bem o jogo e os jogadores podendo-se prever o que acontecerá, isto é, quem tenderá a falar, quem falará, tendências de tipos de conduta do começo ao fim da reunião etc. Os atos e membros podem ser substituídos sem que haja alteração fundamental do sistema. Esta premissa de substituição também abrange as normas e os outros elementos da cultura do grupo.

O interesse maior do estudioso não está nas diferenças entre grupos, e sim nas semelhanças. A utilidade desse modelo consiste em mostrar que os processos interpessoais são mais organizados e sistemáticos do que o senso comum ou o conhecimento da singularidade do indivíduo, da família e de outros grupos levaria a supor.

Modelo orgânico

O grupo é imaginado como semelhante a um organismo biológico: forma-se, cresce, alcança maturidade. Seu objetivo interno é *self-fullfillment* (usualmente indefinido) e sua orientação para o mundo exterior é no sentido de assegurar autopreservação, protegendo-se de perigos e explorando ambiente para suas necessidades.

O modelo julga o grupo como um sistema mais complexo que o modelo semimecânico, pois há reconhecimento de mudança e desenvolvimento e de fatores internos que afetam o desenvolvimento. Cada grupo tem seu modo natural, seu próprio curso de desenvolvimento de acordo com um plano determinado, porém desconhecido, que o pesquisador poderá descobrir e compreender pela observação de grupos naturais em ambientes naturais, desempenhando atividades reais em circunstâncias reais. Esta concepção reforça um papel passivo, conservador e não-intervencionista do pesquisador.

Modelo de conflito

Toda experiência grupal é conflito. É uma constatação da realidade de que há escassez do que as pessoas necessitam e desejam, de que em nenhum grupo há recursos suficientes para satisfazer todas as necessidades internas e atender a todas as exigências externas. Isto ocorre principalmente em relação a: liberdade, posição/*status* e recursos, gerando conflitos de autonomia/conformismo, competência, poder, prestígio, afeto.

As mudanças no grupo são decorrentes da maneira como os conflitos são resolvidos, pois as respostas a estes últimos determinam novo estado do sistema. A história do grupo pode ser descrita pela interminável seqüência de conflitos. Nenhum grupo é isento de conflito.

Este modelo alerta sobre as defesas psicológicas e crenças otimistas/irrealistas dos membros fortes e satisfeitos de que todos os outros no grupo estão também satisfeitos, chamando a atenção sobre insatisfações, desconfortos e hostilidades que afetam as atividades (e produtividade) e que não são percebidos pelos membros. O modelo contraria o modelo orgânico de que mudança é um processo natural de desenvolvimento, ao indicar que as mudanças resultam das lutas de interesses e desejos.

Modelo de equilíbrio

O grupo é contemplado como um sistema em equilíbrio. Qualquer distúrbio, interno ou externo, tende a ser neutralizado por forças opostas, de modo que o sistema retorne ao estado anterior de equilíbrio.

O modelo é simples e organiza, coerentemente, fenômenos complexos e interdependentes. As conceptualizações de Bales, sobre categorias de interação, de tarefa e socioemocional, de Festinger, sobre "dissonância cognitiva", e de Heider, sobre equilíbrio em relação a processos afetivos e avaliativos, enfatizam as tendências de ativação de energia para restauração do equilíbrio no grupo como preconizado por este modelo.

Modelo estrutural-funcional

O grupo é considerado um sistema com objetivos, com fronteiras, e cuja sobrevivência é problemática. Parsons, Bales e Shils distinguem as exigências e as capacidades de atendê-las em quatro áreas:

1) Adaptação: busca de novos recursos, técnicas etc. quando os existentes não servem mais.
2) Consecução de objetivo(s): superação de obstáculos para atingir o objetivo.
3) Integração: coordenação entre as partes, superação de diferenças intragrupais.
4) Manutenção de padrão: procedimentos estandardizados, reforço de sentimentos e regras, confirmação de crenças e afirmação de valores, sob pressões contraditórias.

Os membros do grupo serão gratificados à medida que ele progride em direção a seus objetivos. A mudança é determinada pela inter-relação das exigências das quatro áreas, pela aprendizagem acumulada quanto às modalidades de atendê-las e pela utilização eficiente desta aprendizagem.

O modelo reconhece que muitos grupos falham na consecução dos objetivos e até na sobrevivência. Sucesso e sobrevivência dependem da adequação de técnicas e aprendizagens relativas às exigências reais.

Modelo cibernético de crescimento

O grupo é concebido como um sistema de processamento de informações potencialmente apto a aumentar sua capacidade. A autodeterminação e o crescimento como grupo dependem de três tipos de *feedback* de crescente complexidade e importância.

1) Tipo "dirigido ao objetivo", o qual envolve observação, intervenção, e seus efeitos para aprendizagem dos membros na lida com o ambiente para alcançar objetivos grupais.
2) Tipo mais complexo de "reconstituição", o qual envolve rearranjos do próprio grupo, mudanças internas para

substituir incongruências ou incompatibilidades entre as normas, conhecimento de técnicas etc., e as realidades externas para consecução do objetivo grupal.

3) Tipo "conscientização" ou consciência que o sistema tem de si mesmo, envolvendo as funções de observação e compreensão do próprio sistema que está agindo, além da função de agir. Este nível de *feedback* de conscientização expande a concepção de possibilidades de qualquer grupo.

Crescimento de um grupo não significa aumento do número de membros, e sim aumento de capacidade para atender a maior amplitude de exigências possíveis. Os indicadores de crescimento grupal podem ser formulados obedecendo à classificação das áreas de exigências do modelo estrutural-funcional:

a) Adaptação.
b) Consecução de objetivo(s).
c) Integração.
d) Manutenção de padrões e extensão.

O crescimento grupal não ocorre automaticamente, depende diretamente dos membros que são capazes de crescimento pessoal e de comprometimento com o desenvolvimento do grupo ao mesmo tempo.

Este modelo considera os pequenos grupos como uma fonte de experiências, aprendizagens e capacidades, em vez de simples recipientes; é um modelo concomitante de crescimento pessoal e grupal, uma vez que cada indivíduo é também um sistema de processamento de informações, que pode empregar as três ordens de *feedback*.

Cada modelo tem sua utilidade para o estudo de pequenos grupos e também suas limitações para uma compreensão maior dos processos grupais. Carecemos, contudo, de um modelo mais abrangente ou compósito para a grande complexidade do pequeno grupo humano.

GRUPOS DE TREINAMENTO

MOVIMENTO DA DEPENDÊNCIA PARA A INTERDEPENDÊNCIA

Bennis e Shepard (1961), estudando grupos de estranhos em treinamento, observaram duas áreas majoritárias de incerteza interna que determinariam o fluxo de atividades grupais: a dependência, expressa nas relações de autoridade, e a interdependência, expressa nas relações pessoais.

As maiores dificuldades ou obstáculos na comunicação efetiva seriam as orientações para autoridade ou para intimidade que os membros já trazem para o grupo. Assim, rebeldia, submissão ou evasão representariam respostas típicas a figuras de autoridade, enquanto competição destrutiva, exploração emocional ou evasão, como respostas características aos companheiros, impediriam a validação consensual da experiência vivida em conjunto.

As fases ou movimentos no processo de desenvolvimento do grupo são:

a) FASE I — *Dependência*
 Subfase 1. Dependência-fuga
 Subfase 2. Contradependência-luta
 Subfase 3. Resolução-catarse

b) FASE II — *Interdependência*

Subfase 4. Encantamento-fuga
Subfase 5. Desencantamento-luta
Subfase 6. Validação consensual

Lundgren (1972), buscando-se neste esquema conceptual, distinguiu cinco estágios de desenvolvimento em grupos de treinamento: encontro inicial, confrontação do coordenador, solidariedade grupal, intercâmbio de *feedback* e terminação. As características e expectativas gerais de cada estágio podem ser vistas no Quadro 8.1 a seguir.

INCLUSÃO-CONTROLE AFEIÇÃO

Schutz (1958) também considera essas duas dimensões, dependência e interdependência, como fatores centrais em sua teoria de compatibilidade de grupo, indicando que o determinante estratégico de compatibilidade é a dosagem específica de orientações para autoridade com orientações para intimidade pessoal. A conceptualização de compatibilidade de grupo é importante na constituição de equipes de trabalho que têm metas bem definidas a alcançar e que poderiam, ou deveriam, funcionar adequadamente pela competência técnica de seus integrantes, mas que, por vezes, não rendem o esperado, justamente pelas dificuldades interpessoais no trabalho grupal.

No desenvolvimento do grupo, portanto, precisam também ser considerados os aspectos de personalidade de seus membros com relação às dimensões de dependência (autoridade) e interdependência (intimidade), além da dimensão tempo e outros fatores, tais como objetivos do grupo, contexto físico-social etc.

QUADRO 8.1

EXPECTATIVAS GERAIS E ESTÁGIOS DE DESENVOLVIMENTO GRUPAL

CARACTERÍSTICAS	EXPECTATIVAS GERAIS
1. *O encontro inicial* – Situação não-estruturada. – Papel não-diretivo do coordenador. – Expressões de confusão, perplexidade, tensão dos membros; resistência. – Discussão de objetivos, procedimentos, assuntos de tarefa *(work-issues)*.	Coordenador: relativamente inativo, não-diretivo. Comportamento dos membros com relação ao coordenador: muitas perguntas ao coordenador; poucas referências ao coordenador, geralmente indiretas (*ele*, *ela*). Interação grupal: pouco *feedback* entre membros (principalmente *feedback* positivo); muita discordância com o *feedback* recebido, auto-referências moderadas e relativamente positivas; pouca solicitação de *feedback*.
2. *Confrontação do coordenador* – Aumento de expressões abertas de frustração, antagonismo ao coordenador. – Aumento de laços positivos entre membros (através de oposição comum ao coordenador). – Enfoque direto de problemas de autoridade. – Com a resolução de problemas de autoridade, compartilhamento de influência, controle dentro do grupo.	Coordenador: forte aumento em participação, auto-referências; *feedback* predominantemente negativo. Comportamento dos membros com relação ao coordenador: referências ao coordenador aumentam, muito mais diretas *(você)*, referências ao coordenador predominantemente negativas, muita discordância com o coordenador. Interação grupal: discussão com o foco interno: aumento de referências grupais positivas, identificação com o grupo expressa *(nós)*.

Características	Expectativas gerais
3. *Solidariedade grupal* – Forte sentimento de unidade, identificação com o grupo. – Manutenção de atmosfera positiva; evitação de conflitos, assuntos polêmicos ou problemáticos.	Coordenador: decréscimo em atividade, auto-referências; aumento de *feedback* positivo. Comportamento dos membros com relação ao coordenador: diminuição das referências ao coordenador, da discordância com o coordenador, referências predominantemente positivas ao coordenador. Interação grupal: referências predominantemente positivas ao grupo e aos outros; alta freqüência de referências ao grupo, identificação expressa com o grupo.
4. *Intercâmbio de* feedback *interpessoal* – Sessões orientadas para a tarefa. – Abordagem direta de conflitos interpessoais não-resolvidos entre os membros. – Abertura para *feedback* e auto-exposição.	Interação grupal: alta freqüência de referências internas; referências ao grupo diminuem, enquanto referências ao eu e aos outros aumentam; alta freqüência de solicitação de *feedback*, solicitando autodefinições dos outros; mais *feedback* negativo que no estágio de solidariedade; maior concordância com *feedback*.
5. *Terminação* – *Feedback* positivo, compensação de mágoas e ressentimentos, expressões de solidariedade. – Preocupação com a dissolução do grupo. – Preocupação com a volta ao ambiente original e com transferência de aprendizagens.	Interação grupal: alta proporção de referências positivas ao grupo, identificação expressa com o grupo; *feedback* predominantemente positivo; alta concordância com *feedback*; menor freqüência de *feedback* que no estágio anterior.

Esta formulação permitiu a Schutz a elaboração de um teste, chamado FIRO (*Fundamental Interpersonal Relations Orientations*), capaz de medir conflito e/ou independência em relação a cada uma das dimensões, bem como o grau com que o indivíduo fará sentir seus pontos de vista ao expressar-se num grupo.

Schutz nota três zonas de necessidades interpessoais existentes em todos os grupos:

a) Inclusão, que significa a necessidade de se sentir considerado pelos outros, de sua existência no grupo ser de interesse para os outros.
b) Controle, que significa respeito pela competência e responsabilidade dos outros e consideração dos outros pela competência e responsabilidade do indivíduo.
c) Afeição, que significa sentimentos mútuos ou recíprocos de amar os outros e ser amado, ou seja, sentir-se amado.

As necessidades interpessoais serão satisfeitas normalmente por um equilíbrio de relações nas três zonas.

As zonas de necessidades interpessoais caracterizam três fases de desenvolvimento grupal, embora muitas vezes não possam ser nitidamente distinguidas, pois os componentes do grupo não se encontram todos na mesma etapa ao mesmo tempo ao procurar satisfazer suas necessidades, de acordo com seu ritmo pessoal.

Fase de inclusão: cada membro do grupo procura seu lugar, através de tentativas para encontrar e estabelecer os limites de sua participação no grupo, o quanto vai dar de si, o quanto espera receber, como se mostrará ou que papel desempenhará primordialmente. É uma fase de estruturação do grupo de forma ativa e experimental.

Fase de controle: encontrado o seu lugar, cada membro passa a interessar-se pelos procedimentos que levam às decisões, ou seja, pela distribuição do poder no grupo e controle das atividades dos outros. É uma fase de jogo de forças, competição por liderança, discussões sobre metas e métodos, atuação no grupo e formulação de normas de conduta dentro do grupo. Cada um busca atingir um lugar satisfatório às suas necessidades de controle, influência e responsabilidade.

Fase de afeição: uma vez resolvidos razoavelmente os problemas de controle, os membros começam a expressar e buscar integração emocional. Surgem abertamente manifestações de hostilidade direta, ciúmes, apoio, afeto e outros sentimentos. Cada um procura conhecer as possibilidades de intercâmbio emocional e estabelecer limites quanto à intensidade e qualidade das trocas efetivas. O clima emocional do grupo pode oscilar entre momentos de grande harmonia e afeto e momentos de insatisfação, hostilidade e tensão. A tendência é o estabelecimento de um clima afetivo positivo dentro do grupo e que traz satisfações a todos, mas que não perdura muito tempo, passando ao pólo oposto.

O comportamento individual é uma combinação de quatro tipos de comportamento nessas zonas (e fases): o deficiente, o excessivo, o patológico e o ideal, à medida que as necessidades são ativadas e satisfeitas.

O grupo passa pelas fases de inclusão, controle e afeição, em que há oportunidades para os membros satisfazerem suas necessidades interpessoais.

O ciclo das fases — inclusão, controle e afeição — pode repetir-se várias vezes durante a vida de um grupo, independentemente de sua duração. Em grupos de treinamento, observa-se urna inversão do ciclo nas últimas sessões, passando de afeição para controle, e inclusão como etapa final de despedida.

O autor dessa formulação elaborou posteriormente um sumário das várias expressões de inclusão, controle e afeição, em contextos diversos e mais amplos do que nos grupos de treinamento (Quadro 8.2).

QUADRO 8.2
RELAÇÕES ENTRE NÍVEIS

	INCLUSÃO	CONTROLE	AFEIÇÃO
Problema	Dentro ou fora	Topo ou base	Próximo ou distante
Interação	Encontro	Confronto	Abraço
Autoconceito	Importante	Competente	Amorável
Nível corporal	Energia	Centralização	Aceitação
Resposta sexual	Potência	Orgasmo	Sentimento
Fisiologia (sistemas)	Sentidos (especialmente pele) Respiratório Digestivo Excretório	Nervoso Muscular Esquelético Endócrino	Reprodutor Circulatório Linfático
T. psicanalítica	JUNG	ADLER	FREUD
"*I-nature*"	Religião	Ciência	Arte
"*I-thou*"	Organizações fraternais	Política	Casamento

FONTE: SCHUTZ, W.C. *Elements of encounter.* New York: Bantam Books, 1975, p. 56.

PREOCUPAÇÕES MODAIS

Desde o primeiro minuto da existência de um grupo até o início dos processos de interação, delineia-se uma tônica característica da vida grupal e que se modifica à medida que o tempo passa, e o processo interativo vai desenvolvendo formas adequadas para o curso de eventos e necessidades individuais e grupais.

Jack R. Gibb (1972) chama essas tônicas características de *preocupações modais* pela importância que têm no desenvolvimento do grupo. Em todos os grupos, podem ser observadas quatro preocupações modais representadas pelas perguntas-chave: "Quem sou eu?", "Quem são vocês?", "Que vamos fazer?" e "Como vamos fazê-lo?".

As preocupações modais revelam os processos interativos mais intensos em cada fase da vida inicial do grupo. Nas primeiras reuniões, o problema maior de cada membro é situar-se frente aos demais, procurar sua identidade dentro do grupo.

Mais tarde, o grupo passa a uma exploração bilateral em que todos os membros participam, procurando conhecer-se, trocando informações e experimentando papéis funcionais dentro do grupo. A seguir, a tônica passa a ser a busca de objetivos e definição de produtividade. Finalmente, os membros entram em fase de implementação, procurando procedimentos convenientes para alcançar o que se propuseram.

Este desenrolar do desenvolvimento de um grupo é suave e simples apenas nesta descrição. Num grupo vivo, cada etapa traz tensões e insatisfações que precisam ser enfrentadas, bem como exige esforços para que o ritmo normal de desenvolvimento seja reconhecido como desejável, consoante critérios estabelecidos pelo próprio grupo. Cada preocupação pode ser resolvida razoavelmente ou não. No caso de solução razoável, as conseqüências são psicológicas e comportamentais, influindo na interação subseqüente e propiciando condições favoráveis para a resolução da preocupação modal seguinte. Em caso contrário, as condições psicológicas e interpessoais são afetadas de tal modo que dificultam a resolução da fase subseqüente e, se reforçadas pela não-resolução conseqüente, acabam por impedir o progresso normal do grupo, levando a regressões frustrantes e até mesmo ao esfacelamento do grupo por incompatibilidade de interação de seus membros.

O Quadro 8.3 mostra as diferentes preocupações do progresso inicial do grupo com os respectivos sintomas de resolução positiva e negativa.

O PROCESSO DE CRESCIMENTO GRUPAL

O NTL Institute for Applied Behavioral Science aponta como dimensões fundamentais representativas do desenvolvimento de um grupo, as seguintes:

1. *Intercomunicação entre membros do grupo:*
   a) Mecanismos da comunicação: vocabulário, regras de procedimento, sensibilidade semântica etc.
   b) Liberdade para todos os membros expressarem ao grupo suas necessidades, preocupações, seus medos, suas idéias etc.

2. *Objetividade do grupo para o seu próprio funcionamento:*
   a) Habilidade de todos os membros fazerem e aceitarem interpretações sobre o funcionamento de membros e do grupo.
   b) Habilidade de coletar e usar processos adequados de informações sobre si mesmo.

QUADRO 8.3
PREOCUPAÇÕES MODAIS DO DESENVOLVIMENTO DO GRUPO

SINTOMAS DE NÃO-RESOLUÇÃO	PREOCUPAÇÃO MODAL	SINTOMAS DE RESOLUÇÃO
Medo/Desconfiança ↓	QUEM SOU EU? *a)* Aceitação *b)* Participação	Aceitação/Confiança ↓
Máscara polida/ Estratégia de cautela ↓	QUEM SÃO VOCÊS? *a)* Fluxo de informações *b)* Decisão	Espontaneidade/ Processo/*Feedback* ↓
Apatia/Competição ↓	QUE VAMOS FAZER? *a)* Estabelecimento de objetivos *b)* Produtividade	Trabalho criativo/ *Play* ↓
Dependência/ Contradependência ↓	COMO VAMOS FAZER? *a)* Controle *b)* Organização	Interdependência/ Distribuição de papéis ↓

As letras *a* e *b* referem-se, em cada etapa, à preocupação modal básica e à preocupação modal derivada, respectivamente.

3. *Responsabilidade interdependente de todos os membros quanto a:*
   a) Compartilhar funções de liderança: fornecer orientação, ser uma fonte de apoio para o grupo etc.
   b) Desenvolver habilidades de ajustamento flexível a membros e a líderes quando necessário nos vários estágios de produtividade do grupo.
   c) Desenvolver sensibilidade mútua a necessidades e estilos de participação dos membros.

d) Distinguir entre contribuições de papel funcional de membro e características de personalidade.

4. *Coesão grupal adequada para permitir:*
   a) Assimilação de novas idéias sem desintegração do grupo.
   b) Incorporação de novos membros de tal forma que fortaleça o grupo em vez de desorganizá-lo.
   c) Persistência nos objetivos mediatos (a longo prazo).
   d) Benefício de experiências bem-sucedidas.
   e) Aprendizagem decorrente de experiências fracassadas e fixação de objetivos realísticos.
   f) Utilização construtiva de conflitos internos.

5. *Habilidade do grupo de se informar, pensar claramente e decidir criativamente acerca de seus problemas:*
   a) Utilizando o potencial de contribuição de todos os membros.
   b) Descobrindo e utilizando adequadamente recursos e pessoas.
   c) Detectando e corrigindo falácias no pensamento grupal.

6. *Habilidade do grupo para detectar e controlar ritmos do metabolismo grupal, tais como:* fadiga, tensão, atmosfera emocional, cadência, temporalidade etc.

7. *Habilidade em reconhecer e conseguir controlar fatores sociométricos significativos em sua própria estrutura grupal.*

8. *Integração satisfatória de ideologias, necessidades e objetivos individuais com ideologia, tradições, normas e objetivos comuns do grupo.*

9. *Habilidade do grupo para criar novas funções e grupos, quando necessário, e para terminar sua existência se e quando necessário.*

REFERÊNCIAS E LEITURA COMPLEMENTAR

BENNIS, W.G. & SHEPARD, M.A. "A theory of group development." *Human Relations,* 4: 415-437, 1956, v. 9.

BERKOWITZ, L. (ed.). *Group processes.* New York, Academic Press, 1978.

FESTINGER, L., *op. cit.*

GIBB, J.R. *Modal concerns in group development.* NTL Institute Learning Community, 1972. (mimeo.)

HARE, P.A. *Creativity in small groups.* London, Sage, 1982.

KENDON, A. *Conducting interaction: paterns of behavior in focused encounters.* Cambridge: Cambridge University, 1990.

LEBEL, P. *Améliorer la qualité de vie au travail par la participation: conaissance du problème: aplications, pratiques.* Paris, ESF, 1990.

LUNDGREN, D.C. *General expectations: Stages of group development.* NTL Institute Learning Community, 1972. (mimeo.)

——. & KNIGHT, D.J. "Sequential stages of development in sensitivity training groups." *Journal of Applied Behavioral Science,* 14(2): 204-222,1978.

MAILHIOT, G.B. *Dinâmica e gênese dos grupos.* 3. ed. São Paulo, Duas Cidades, 1976.

——. "Changing paradigms for studying human groups." *Journal of Applied Behavioral Science,* 15(3): 407-423, 1979.

PAYNE, R. & COOPER, C. (eds.), *Groups at work.* New York, Wiley, 1981.

SCHUTZ, W.C. "What makes groups productive?" *Human Relations, 8*(4), 1975.

——. *FIRO: a three dimensional theory of interpersonal behavior.* New York, Reinhart, 1958.

——. *O prazer. Expansão da consciência humana.* Rio de Janeiro, Imago, 1974.

——. *Psicoterapia pelo encontro.* São Paulo, Atlas, 1978.

SHAW, M.E. *Group dynamics — the psychology of small group behavior.* New York, McGraw-Hill, 1981.

"Some Dimensions of Group Growth." *Laboratories in Human Relation Training.* Reading Book, NTL Institute, 1971.

SWAP, W.C. & Associates (eds.). *Group decision making.* London, Sage, 1984.

TUCKMAN, B.W. "Developmental sequence in small groups." *Psychol. Bull,* 63: 384-399, June, 1965.

ZANDER, A. "The psychology of group process." *Annual Review of Psychology,* 30: 417-451, 1979.

——. "Making groups effective." San Francisco, Jossey Bass, 1983.

9

Interação no grupo: tarefa e emoção

A INTERAÇÃO HUMANA é complexa e multidimensional.

O processo de interação humana supõe necessariamente comunicação, mesmo que haja intenção contrária. Estamos sempre comunicando algo, seja por meio de palavras ou outros meios não-verbais, tais como gestos, postura corporal, posição e distância em relação aos outros etc. O simples fato de estar em presença do outro modifica o contexto perceptivo de cada um, promovendo interação que é, afinal, comunicação, com mensagens emitidas e recebidas de cada participante da situação conjunta. Quando alguém, em presença de outros, fica silencioso, afasta-se, vira de costas etc., na verdade, está interagindo e comunicando algo aos demais, como, por exemplo: disposição para não dialogar, constrangimento, ressentimento, agressão ou qualquer outro sentimento.

CATEGORIAS DE INTERAÇÃO NO GRUPO

R. Bales (1950), em seu clássico estudo sobre o processo de interação, identificou 12 categorias que representam funções de participação num grupo de trabalho, cujo objetivo principal consiste na resolução de problemas.

As categorias distribuem-se em duas áreas de ocorrência: a área de tarefa e a área socioemocional. A primeira é considerada neutra e engloba os comportamentos de perguntas e tentativas de respostas. A segunda pode ser positiva ou negativa, conforme as reações emocionais manifestas dos participantes.

A área de tarefa compreende as funções ao nível de interação de conteúdo ou canalização de energia para a consecução dos objetivos comuns do grupo, enquanto a área socioemocional compreende as funções de manutenção do próprio grupo. O Quadro 9.1 mostra as categorias de interação e suas expressões comportamentais.

Os indivíduos no grupo desempenham papéis relacionados às categorias de interação nos dois níveis, tarefa e socioemocional. Esses papéis são assumidos formal ou informalmente no curso dos processos de interação. Mesmo quando um papel formal é atribuído a um indivíduo, ele, geralmente, assume, também, um outro papel informal.

Os papéis assumidos com mais freqüência tendem a caracterizar a atuação do indivíduo no grupo. Assim, no nível da tarefa, uma pessoa quase sempre inicia as atividades, propõe ou sugere ao grupo maneiras de abordar as tarefas ou cursos de ação, enquanto outra pessoa dinamizará os esforços, estimulando o grupo para *melhor qualidade dos resultados,* outra ainda ficará mais como observadora etc. No nível socioemocional, alguns indivíduos aliviarão habilmente as tensões que surgirem, outros mostrarão solidariedade, ou discordância, ou aumentarão as tensões etc.

Os estudos de Bales registraram a seguinte distribuição típica de comportamentos de interação dos membros no grupo: cerca de 12% de reações negativas, 25% de reações positivas, 7% de perguntas e 56% de respostas. Este resultado indica, claramente, que a maior parte da interação no grupo é realizada sob forma de respostas sem perguntas equivalentes, isto é, informações, opiniões e sugestões não-pedidas. Menos da metade dos comportamentos interativos expressa reações positivas, negativas e perguntas.

Seria interessante comparar esses dados, que se referem a grupos típicos, normais, de universitários norte-americanos para resolução de problemas, com grupos nossos em reuniões de trabalho e verificar até que ponto os participantes também manifestam opiniões (*eu acho..., eu penso..., eu considero...*) e informações não-solicitadas com a mesma freqüência, bem como a proporção das outras categorias. O leitor poderia fazer essa observação, empiricamente, sem se preocupar com o rigor da pesquisa científica, apenas como base introdutória de reflexões pessoais sobre algumas dificuldades existentes no funcionamento e na eficiência de grupos de trabalho.

TAREFA E EMOÇÃO

Uma situação na qual os membros do grupo não têm padrões estabelecidos ou não podem seguir procedimentos ou hábitos tradicionais constitui uma situação-problema. É uma situação que envolve incerteza e tensão. Em tais circunstâncias, indivíduos (e grupo) podem engajar-se em dois tipos ou níveis inter-relacionados de respostas.

Um modo de reagir é pensar sobre a situação, procurar e aplicar princípios conscientemente, buscar dados necessários e relevantes, elaborar soluções para as dificuldades. Este modo de reagir envolve tentativas de compreender e lidar com as realidades da situação e de análise de fatores importantes como base para qualquer ação que possa ser efetuada. Esta é uma forma sofisticada e aprendida de reagir que W. R. Bion (1970) chamou de *trabalho-tarefa*.

Quadro 9.1
CATEGORIAS DE INTERAÇÃO NO GRUPO

ÁREA	CATEGORIAS	PROBLEMAS	SUBCATEGORIAS	COMPORTAMENTOS
SOCIO-EMOCIONAL	REAÇÕES POSITIVAS	*f*	1. Mostra solidariedade	Eleva o *status* do outro, ajuda, gratifica, é amistoso
		e	2. Mostra alívio de tensão	Pilheria, ri, demonstra satisfação
		d	3. Mostra concordância	Aceita passivamente, compreende, concorda, aquiesce
TAREFA	TENTATIVAS DE RESPOSTA	*c*	4. Dá sugestão	Sugere direções sem tolher a autonomia dos outros
		b	5. Dá opinião	Analisa, avalia, expressa desejos e sentimentos
		a	6. Dá informação	Orienta, repete, esclarece, confirma
TAREFA	PERGUNTAS	*a*	7. Pede informação	Solicita orientação, repetição, esclarecimento, confirmação
		b	8. Pede opinião	Solicita análise, avaliação, expressão de desejos e sentimentos
		c	9. Pede sugestão	Solicita direção, possíveis formas de ação
SOCIO-EMOCIONAL	REAÇÕES NEGATIVAS	*d*	10. Mostra discordância	Rejeita passivamente, recorre à formalidade, nega ajuda
		e	11. Mostra tensão	Pede ajuda, devaneia, evade-se
		f	12. Mostra antagonismo	Rebaixa o *status* do outro e defende ou afirma o seu, é hostil

Problemas de:
a) orientação *c*) controle *e*) tensão
b) avaliação *d*) decisão *f*) integração

Fonte: Baseado em R.F. Bales.

Um segundo modo de reagir, que se pode opor a trabalho-tarefa, consiste em responder emocionalmente à situação. As respostas emocionais podem tomar várias formas:

1) Pode-se procurar alguém, o líder ou outro membro ou algo externo, tal como um conjunto de procedimentos, para proteção ou orientação. É a modalidade *dependência.*
2) Pode-se atacar o que ou quem se percebe como responsável pelo estresse, isto é, responder com agressão, em vez de adaptar-se a, lidar com, ou aprender da situação-problema. É a modalidade *luta.*
3) Pode-se sair ou deixar o grupo física ou psicologicamente e não lidar com o estresse nem fazer esforços para removê-lo. É a modalidade *fuga.*
4) Pode-se, através de relações pessoais mais íntimas, expressar livremente sua ansiedade, pode-se descobrir como outros se sentem e, por meio de sentimentos compartilhados, reduzir a sensação de inadequação e culpa criada pelo estresse. É a modalidade *união.*

Vale observar a relação íntima entre pensamentos e sentimentos e verificar que os indivíduos e o grupo, como um todo, operam nos níveis de tarefa e emocional simultaneamente. As circunstâncias dentro do grupo determinam a significação de uma resposta emocional específica ou modalidade grupal na solução dos problemas que criam estresse. Essas modalidades grupais podem flutuar de uma a outra em períodos de tempo muito curtos. Provavelmente o processo de maturidade emocional de um grupo é um movimento que começa com dependência, passando por luta-fuga para chegar, finalmente, à união.

A composição do grupo pode ser decisiva além do estilo de liderança. Há razões para acreditar que um grupo, no qual as quatro modalidades emocionais estão representadas, será mais produtivo quando se pensa sobre as contribuições de cada uma das tendências.

Luta tende a injetar vitalidade na atividade do grupo, incrementar envolvimento emocional e estimular a criatividade. *Dependência* é lícita em áreas nas quais a competência é inadequada e o grupo, então, necessita apoiar-se em outros recursos. Além disso, dependência contribui para organização e procedimentos ordenados. *Fuga* afasta o grupo de níveis de luta que poderiam ser muito difíceis no momento ou que levariam a crises e contribui para tarefa no nível cognitivo. *União* contribui para laços coesivos que constroem força e solidariedade grupal.

Um grupo atuante, produtivo, engloba uma combinação de todas essas tendências emocionais. Cada uma tem seu lugar no esquema total do processo de grupo. O significado de uma resposta emocional particular, quando vista como uma contribuição de um membro, depende das circunstâncias no grupo num dado momento.

As modalidades emocionais e suas possibilidades de facilitação ou dificultação da modalidade de tarefa são apresentadas a seguir.

MODALIDADES DE INTERAÇÃO GRUPAL

MODALIDADES DE TRABALHO-TAREFA
7 7

Uma orientação de resolução de problemas.
7HQWDWLYDVGHFRPSUHHQGHUHOLGDUFRPSUR
EOHPDV
Respostas visando ajudar à consecução das metas do grupo.
Sugestões para analisar e lidar com um problema específico.

MODALIDADES EMOCIONAIS

Dependência

Apelo por apoio e direção do líder ou autoridade externa. Confiança em estrutura definida, regras e regulamentos. Expressão de fraqueza, desamparo, inadequação em vez de trabalhar no problema ou assunto.
Facilita T-T: quando é temporária para permitir ao grupo ou membro aprender como fazer sozinho. Quando é realística porque grupo ou membro não poderão fazer por si aquilo que confiam aos outros para fazer.
Dificulta T-T: quando é irrealística e portanto impede membro ou grupo de aprenderem como fazer por si. Quando é para evitar assumir riscos ou enfrentar sentimentos desconfortantes, desagradáveis.

Luta

Interações confrontativas, zangadas, insistentes.
Facilita T-T: insistindo para que um problema seja enfrentado e discutido abertamente, fazendo

com que discordâncias e conflitos sejam expressos e abordados, prevenindo fuga do problema.
Dificulta T-T: atacando e depreciando o grupo ou membros específicos. Autovalorização às expensas dos outros. Projeção de hostilidade quando as discordâncias dos outros são tratadas como se fossem hostilidade e agressão.

Fuga	Desligamento, retirada ou envolvimento diminuído. Pilhéria, fantasia, devaneio, teorização inoportuna. Afirmações superintelectualizadas, supergeneralizadas. Irrelevância total. Mudança de assunto. Afastamento físico do grupo. Atividade excessiva em trabalhos mecânicos, menores (fazer listas, por exemplo). Facilita T-T: quando é temporária para ganhar perspectiva ou descanso, com intenção definida de retornar ao problema. Dificulta T-T: quando é para evitar o problema sem intenção de resolvê-lo depois.
União	Apoio da idéia do outro. Expressão de intimidade, *calor humano*, apoio a outro membro ou ao grupo, significando comprometimento. Facilita T-T: quando constrói um clima de apoio encorajador, não-ameaçador que permite às pessoas se abrirem. Dificulta T-T: quando constrói claques e subgrupos que se tornam antagônicos, quando obriga os outros a se sentirem compelidos à concordância em vez de liberdade para questionar, quando *amacia* e nega os conflitos que podem ameaçar o *calor humano* e a amizade no grupo.

Assim, qualquer das modalidades emocionais pode ocorrer a serviço da modalidade *trabalho-tarefa,* concorrendo para sua melhor execução, ou, pelo contrário, pode ocorrer como uma maneira de dificultar, retardar ou evitar o desempenho da tarefa que o grupo assumiu.

Vale a pena conhecer alguns exemplos mais freqüentes de comportamentos dessas modalidades, conforme observações de Thelen (1954), e tentar reconhecê-las nas situações reais de trabalho em grupo no dia-a-dia.

MODALIDADES DE TRABALHO-TAREFA

1) "Fiquei surpreso quando o grupo riu, não pensei que fosse engraçado o que disse..." "Estou acostumado a lidar com pessoas que se expressam mais diretamente."
2) "Quando deve começar o observador?" "Que lucraremos tendo um observador?" "Será que Gerald quer realmente ser o observador?" "Vamos perguntar-lhe?"
3) "Até agora realizamos três partes desse plano, ainda há algo a completar nessa fase?" "Vamos pensar o que iremos fazer com essas informações, depois que as conseguirmos."
4) "Permissividade pode ser uma armadilha. Quando você luta contra alguma coisa, consegue envolver-se muito mais. Mas há perigo de que ocorra um processo destrutivo. O problema é como conseguir envolvimento junto com permissividade."

Modalidade dependência

1) Apelos para orientação ou apoio. "Eu gostaria que o coordenador nos dissesse o que ele espera do grupo." "Não sei — qual a melhor forma?"
2) Confiança em estrutura definida, procedimento ou tradição. "Por que não escolhemos um coordenador para os debates?" "Acho que deveríamos ter algum modo de começar todos os dias." "Talvez o observador pudesse ler seu relatório da sessão anterior."
3) Dependência na autoridade externa. "Isto acontece também em outros grupos?" "Por que não convidamos um especialista para debater conosco esse assunto?"
4) Expressões de fraqueza ou inadequação. "Estou inteiramente confuso. Que é para fazer agora?" "Estamos desorganizados. Quem nos mostra como sair dessa?"

Modalidade luta

1) Atacar, depreciar o grupo; impaciência agressiva com o grupo. "Vocês dizem que estão satisfeitos e, no entanto, há pessoas desligadas. Eu ponho em dúvida a eficácia de um grupo em que há pessoas que não participam." "Não estamos ainda prontos para agir?" "Já desperdiçamos bastante tempo falando."

2) Atacar membros individualmente. "Eu coloco em dúvida suas intenções." "Você se julga uma pessoa normal, não é? Muito curioso!"
3) Bloquear o grupo. "Consegue-se alguma coisa significativa com essa dramatização?" "Tenho dúvidas quanto à validade desse método." "Não entendi para que estamos fazendo isso."
4) Autopromoção à custa de outros. "Sinto-me responsável pelo grupo. Não consigo simplesmente ficar sentado e deixar o grupo afundar-se." "Sou contra esta idéia porque é prejudicial a todos."
5) Projeção de hostilidade. "Eu me voluntario para ser o bode expiatório." "Não me importo de ser usado pelo grupo dessa maneira."

MODALIDADE FUGA

1) Evasão ou envolvimento diminuído. Exemplos comportamentais: silêncio, rabiscar um papel, olhar para a janela, porta, paredes etc.
2) Humor, fantasia, riso de alívio de tensão, pilhéria inoportuna. "Grupo tenso, um cão ladra ao longe." "Ele é nosso alterego." (Grupo ri.) "Ele é mais esperto do que nós." "Ele quer café."
3) Afirmações inadequadas, superintelectualizadas, supergeneralizadas. "Qualquer correlação entre tensão emocional e produtividade é inversamente proporcional... etc."
4) Irrelevância total. "Sugiro uma pausa para café." "Na minha última viagem à Europa..."

1) Expressões de apoio, *calor humano,* intimidade. "Todos nós sentimos sua falta ontem." "Senti-me muito melhor por você ter dito isto."
2) Apoio às idéias de outra pessoa. "Acho que não demos atenção à idéia de Laura — aquela observação é um bom ponto de partida." "Concordo integralmente com o que Vera está dizendo."
3) Expressões de apoio, engajamento e *calor* dirigidas ao grupo como um todo. "Progredimos muito em relação aos primeiros dias." "Estamos realmente trabalhando bem hoje."

REFERÊNCIAS E LEITURA COMPLEMENTAR

BABAD, E.Y. & AMIR, L. "Trainers' liking, Bion's emotional modalities, and T-group effet." *Journal of Applied Behavior at Science,* 14(4): 5 11-522, 1978.

BALES, R.F. *Interaction process analysis: a method for the study of small groups.* Cambridge, Mass., Addison Wesley, 1950.

——. *Personality and interpersonal behavior.* New York, Holt-Rinehart, 1970.

——. COHEN, S.P. & WLLLIAMSON, S.A. SYMLOG. *A system for the multiple level observation of groups.* New York, Free Press, 1979.

BION, W.R. *Experiências com grupos.* Rio de Janeiro, Imago, 1970.

DAVIS, P.K. *O poder do toque.* São Paulo, Best Seller — Círculo do Livro, 1991.

GRINBERG, L., SOR, D. & BIANCHEDI, E.T. *Introdução às idéias de BION.* Grupos. Conhecimento. Psicose. Pensamento. Transformação. Prática psicanalítica. Rio de Janeiro, Imago, 1973.

LIEBERMAN, M.A.; YALOM, I. D. & MILES, M.B. *Encounter groups: first facts.* New York, Basic Books, 1973.

POWELL, J.J. & BRADY, L. *Arrancar máscaras, abandonar papéis: a comunicação pessoal em 25 passos.* São Paulo, Loyola, 1991.

STOCK, D. & THELEN, H. *Emotional dynamics and group culture.* Washington, DC., NTL Research Training New n.2, 1958.

THELEN, H. *The dynamics of groups at work.* Chicago, Univ. of Chicago Press, 1954.

10

Participação no grupo

É USUAL E ENGANOSO pensar nos membros do grupo desempenhando apenas duas funções distintas: liderança e participação simplesmente.

Em primeiro lugar, a própria liderança não pode ser assim tão marcada e continuamente desempenhada por apenas um membro do grupo. Outros membros assumem liderança informal, de acordo com as diferentes situações por que passa o grupo em seus processos de interação. Em segundo lugar, a função *membro do grupo* significando *não-líder* poderia dar a impressão de um comportamento não-diferenciado comum a todos os componentes do grupo, excluído o líder que tem um papel nitidamente caracterizado.

Na verdade, isso não ocorre. A vida de um grupo passa por várias fases e, em cada uma delas, os membros atuam de forma diferente duplamente: em relação à etapa de vida do grupo e em relação aos demais membros.

Dependendo do tipo de grupo (formal, informal, de trabalho, social, de treinamento etc.) e da fase em que se encontra, haverá certas funções a serem executadas por seus componentes. Algumas são mais genéricas que outras, existindo em todos os grupos, e são desempenhadas pelos membros para que o grupo possa mover-se ou progredir em direção às suas metas.

O complexo processo de interação humana exige de cada participante um determinado desempenho, o qual variará em função da dinâmica de sua personalidade e da dinâmica grupal na situação-momento, ou contexto-tempo. Assim, no plano intrapessoal, o indivíduo reagirá em função de suas necessidades motivacionais, sentimentos, crenças e valores, normas interiorizadas, atitudes, habilidades específicas e capacidade de julgamento realístico; no plano interpessoal, influirão as emoções grupais, o sistema de interação, o sistema normativo e a cultura do grupo: no plano situacional, exercerão influência o contexto físico e social imediato, o contexto cultural, o sistema contratado de relações e a dimensão temporal.

Por conseguinte, personalidade, grupo e contexto não podem ser ignorados na apreciação do papel desempenhado por membros de um grupo, em diversas circunstâncias.

LIDERANÇA

Até hoje nosso conhecimento de liderança é amplo e ao mesmo tempo deficiente para uma compreensão completa e utilizável na prática. Muitas teorias têm sido elaboradas a respeito de liderança a partir de um foco de atenção ou abordagem predominante.

Cabe fazer, inicialmente, uma distinção entre "líder" e "estilo de liderança". Um líder é a pessoa no grupo à qual foi atribuída, formal ou informalmente, uma posição de responsabilidade para dirigir e coordenar as atividades relacionadas à tarefa. Sua maior preocupação prende-se à consecução de algum objetivo específico do grupo. A maneira pela qual uma pessoa numa posição de líder influencia as demais pessoas no grupo é chamada "estilo de liderança".

Se o foco principal de atenção é a figura do líder, o estudo é feito em torno das características pessoais procurando-se uma diferenciação de atributos entre "líderes" e "não-líderes". Assim, a teoria do "grande homem", do líder "nato" e a decorrente teoria de "traços" de personalidade buscam determinar o conjunto de traços que identificam "o líder". Embora muitas pesquisas empíricas tenham sido feitas, seus resultados são inexpressivos para o objetivo explícito de distinguir seguramente líderes de seguidores.

Essa abordagem não levou à compreensão mais clara do líder nem possibilitou aplicações práticas para identificar o potencial de liderança em termos de traços de personalidade pela não-conclusividade dos traços característicos do líder e pela exclusão de possibilidades de aprendizagem e desenvolvimento/aperfeiçoamento.

Em termos absolutos, os líderes carismáticos, dotados de grande poder de influência pessoal, exemplificam uma posição extrema — ou se nasce líder ou se é condenado a ser seguidor a vida inteira: uma fatalidade pseudocientífica!

Sem dúvida, há algumas características pessoais que facilitam o desempenho do líder em determinadas circunstâncias, e não em outras, e que podem ser desenvolvidas para maior eficácia no seu desempenho.

Se o foco de atenção é deslocado para a liderança, então, o objetivo principal de estudo passa a ser a relação, o comportamento interpessoal entre líder e liderados, entre a pessoa que influencia e as pessoas que são influenciadas. Esse aspecto dual indica a característica dinâmica da liderança, pois sem liderados não há líderes, e enfatiza o cerne do problema como sendo a relação entre pessoas.

ESTILOS DE LIDERANÇA

As concepções de comportamento interpessoal são exploradas pelos psicólogos sociais e especialistas de dinâmica de grupo, indicando os dois níveis de atividades de interação no grupo: o nível da tarefa e o nível socioemocional. A liderança se exerce nos dois níveis, com predominância de um deles para definição do estilo manifesto de liderança. Este admite duas dimensões distintas de necessidades do líder: de controle e de participação, que corresponderiam aos dois níveis de atividade do funcionamento grupal. Sob esse ângulo é possível relacionar o estilo de liderança à estrutura de grupo e avaliar a diferença entre as necessidades expressas pelo líder e as oportunidades que ele tem de satisfazê-las na posição que lhe é atribuída nessa estrutura. Pode-se, ainda, estudar a relação entre os valores de líderes e membros e a satisfação com a tarefa e a produtividade do grupo.

Os dois estilos de liderança são: orientado para controle/tarefa e orientado para participação/manutenção e fortalecimento do próprio grupo. Esses estilos receberam várias denominações, conforme os autores enfatizaram alguma variável componente da dimensão em causa, classificando-os de acordo com observações comportamentais ou diferenças motivacionais inferidas.

Dessa orientação interpessoal fazem parte os estudos clássicos de Kurt Lewin e colaboradores, mostrando a dicotomia dos estilos autocrático e democrático de liderança. Tannenbaum e Schmidt indicam a existência de um contínuo de liderança entre um extremo e outro, do autocrático (voltado para a tarefa) ao democrático (voltado para relações), com posições intermediárias de graus de liberdade do grupo (de liderados) e do líder (autoridade/poder). O estilo de liderança inoperante (*laissez-faire*), também estudado por Lewin, situa-se além da posição extrema democrática, constituindo uma abdicação da posição de líder, uma vez que o grupo é abandonado inteiramente pelo líder, que nada faz para envolvê-lo nas atividades que conduzem ao objetivo proposto.

FIGURA 10.1
ESCALA CONTÍNUA DE COMPORTAMENTOS DE LIDERANÇA
(TANNENBAUM E SCHMIDT)

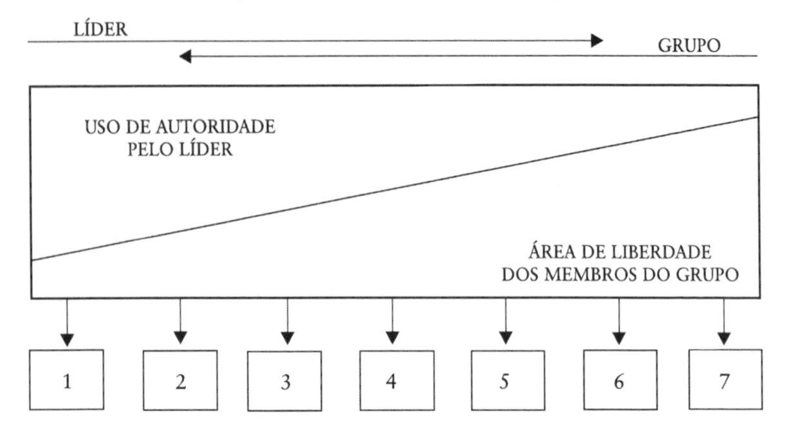

1. O líder *comunica* sua decisão que é aceita sem contestação.
2. O líder *"vende"* sua decisão antes de obter aceitação.
3. O líder *testa* sua decisão ouvindo opiniões dos membros do grupo.
4. O líder *consulta* os membros antes de tomar a decisão.
5. O líder *consulta* os membros sobre alternativas de decisão.
6. O líder *define limites* dentro dos quais a decisão será tomada pelos membros.
7. Líder e membros tomam *decisões em conjunto*, dentro dos limites definidos pelos superiores.

As célebres pesquisas Ohio State Leadership Studies ao longo de trinta anos, com uma variedade de líderes de diversos setores da sociedade, e as do Research Center da Universidade de Michigan, também extensas, não trouxeram os resultados desejados como retorno de tão grande investimento. Ambas, contudo, apontam duas dimensões ou conceitos distintos que caracterizam, genericamente, os estilos de comportamentos de liderança: "estrutura inicial" e "consideração", na nomenclatura de Ohio State, e "orientação para produção" e "orientação para o subordinado", na nomenclatura de Michigan.

Alguns autores, mais ligados à administração, elaboraram teorias de liderança em que os estilos autocrático e democrático aparecem conjugados a dimensões ou preocupações organizacionais, tais como: pessoas (satisfação) e tarefa (produtividade), caracterizando estilos gerenciais/administrativos em grupos organizacionais.

R. Likert (1967) aponta os "sistemas administrativos" I (autocrático espoliativo), II (autocrático paternalista), III (consultivo) e IV (participativo), enquanto Blake e Mouton (1964) indicam os estilos 9.1 (máxima orientação para tarefa, mínima para pessoas); 1.9 (máxima orientação para pessoas, mínima para tarefas); 1.1 (mínima para ambas); 9.9 (máxima para ambas); e 5.5 (conciliação de ambas) em sua teoria GRID. Essas teorias sugerem que o estilo participativo (Sistema IV) ou a orientação 9.9 são ideais para o líder (coordenador, gerente, chefe), pois enfatizam tanto a produtividade quanto as pessoas, utilizando métodos de grupo para a tomada de decisões e sua implementação. Sugerem também que os estilos de liderança podem ser desenvolvidos e modificados através de treinamento, a partir da conscientização do estilo interpessoal de cada líder.

Um outro enfoque do problema de liderança consiste na adoção das chamadas teorias situacionais ou de "contingência" da liderança. Com o desenvolvimento da psicologia social e da dinâmica de grupo, em particular, mais atenção começou a ser devotada ao contexto da dinâmica interpessoal, isto é, à própria situação em que as atividades se desenrolam. Os fatores situacionais de um contexto-tempo específico passaram a ser encarados com a mesma importância, ou talvez maior, que os fatores pessoais e interpessoais dos modelos de traços e de grupo.

O principal autor das teorias situacionais de liderança é F. Fiedler (1967). Seu modelo de contingência aponta três variáveis básicas da situação:

1) Relações membros-líder: como são as relações interpessoais.
2) Estrutura da tarefa: grau de estrutura da tarefa a executar.
3) Poder de posição: poder e autoridade inerentes à posição do líder.

Outros autores, especialmente Reddin (1976), com a teoria 3-D (Tridimensional), e Hersey e Blanchard (1976), com a teoria Ciclo Vital da Liderança, seguindo e desenvolvendo o enfoque de liderança situacional de Fiedler, acrescentaram e estudaram uma terceira dimensão dos estilos de liderança: a eficácia. Tanto os estilos autocráticos, voltados para a produtividade/tarefa, quanto os estilos participativos, voltados para as pessoas/relações, podem ser eficazes ou ineficazes, a depender da inter-relação de fatores situacionais, tais como a natureza da tarefa, a conjuntura (rotina/emergência), o clima organizacional, a estrutura de recompensas, os valores, motivações e expectativas do líder e dos liderados, a maturidade dos membros do grupo.

A conceptualização mais atualizada das teorias situacionais vem a ser a chamada teoria "trilha-meta" de liderança, que utiliza o modelo de expectativa da teoria motivacional de processo, no reconhecimento explícito da relação existente entre liderança, motivação e poder. A teoria "trilha-meta" procura explicar o impacto do comportamento do líder sobre a motivação, a satisfação e o desempenho dos membros do grupo. O comportamento do líder será aceitável para os liderados se for percebido como uma fonte de satisfação imediata ou instrumental à satisfação futura, de acordo com a teoria motivacional de expectativa. Por outro lado, sempre haverá pressões e exigências ambientais sobre os liderados e sobre o líder em qualquer situação de grupo.

FIGURA 10.2
ESTILOS DE LIDERANÇA/GERÊNCIA

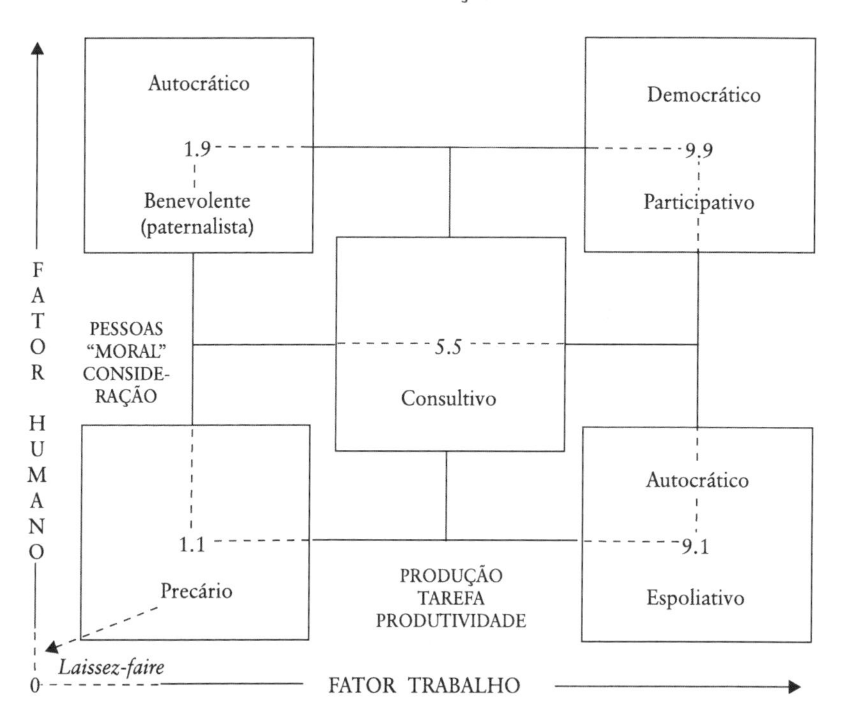

No modelo "trilha-meta", os esforços do líder são no sentido de tornar o caminho para os objetivos o melhor possível para os liderados, e, para isso, é preciso usar o estilo contingencial mais apropriado às variáveis situacionais.

Neste modelo, são detectados quatro estilos principais de comportamentos de liderança, a saber:

1) Liderança diretiva ou autoritária — em que os liderados recebem ordens minuciosas e sabem exatamente o que se espera que façam, sem opinar.
2) Liderança de apoio — o líder mostra interesse e amizade, preocupa-se verdadeiramente com os liderados e procura aproximar-se de todos.
3) Liderança participativa — o líder dialoga com os liderados, solicitando e usando suas sugestões, mas é ele quem toma as decisões finais.
4) Liderança orientada para a realização — o líder estabelece objetivos desafiantes para os liderados e mostra confiança em suas capacidades para atingi-los com bom desempenho.

O modelo sugere que vários estilos podem ser usados pelo mesmo líder em diferentes situações. A eficácia de um estilo de liderança, autocrático ou participativo, depende de vários fatores situacionais, incluindo a natureza da tarefa, a estrutura de recompensas da organização, o clima na organização, as habilidades, personalidade e expectativas do líder e dos membros do grupo.

A situação e o grupo influenciam o estilo de liderança, encorajando mais um estilo que outro. O líder precisa ter certa flexibilidade para usar estilos diferentes, sem chegar a extremos de incongruência, da mesma forma como atende às expectativas de diferentes papéis sociais, desempenhando-os com comportamentos mais ou menos adequados resultantes de sua flexibilidade, motivação e experiência. Nós nos comportamos diferentemente de acordo com os papéis e as situações, sem deixarmos de ter consistência interna ou de sermos "nós mesmos".

Uma teoria abrangente de liderança tem que englobar, necessariamente, o líder, o grupo e a situação ou contexto (Figura 10.3).

FIGURA 10.3
VARIÁVEIS BÁSICAS DA LIDERANÇA

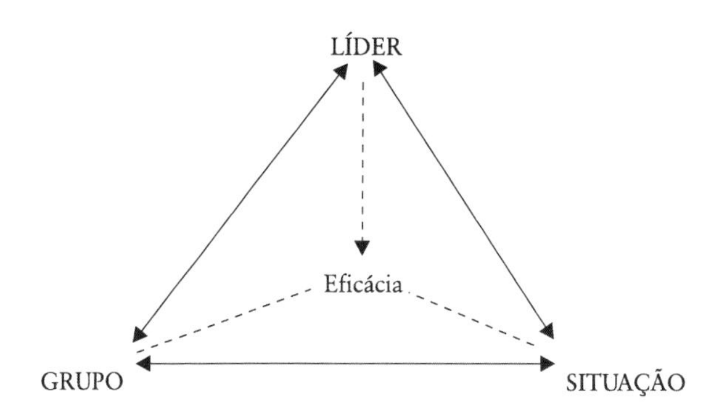

O modelo contingencial de Fiedler e a abordagem "trilha-meta" levam em consideração as três variáveis mais importantes da liderança: o líder, o grupo e a situação. De acordo com a concepção situacional, cada estilo de liderança pode ser adequado em determinada situação, mas nenhum estilo é o melhor para todas as situações, pois diferentes situações de trabalho em grupo exigem estilos diferentes de liderança. Da mesma maneira, não existe um líder "universal" que sirva para tudo e que seja eficaz em todas as situações.

Parece pouco provável, portanto, que se consiga estabelecer um modelo ou padrão ideal de comportamento do líder, uma fórmula ou receita infalível de estilo de liderança que funcione perfeitamente para qualquer grupo em qualquer situação, a qualquer tempo.

As concepções de "liderança situacional" e de "estilo ideal" de liderança exigem um exame bem mais detido e reflexões profundas de cada profissional, quanto às características peculiares de sua organização, para chegar a suas próprias conclusões fundamentadas, comparando teorias e experiências de trabalho no dia-a-dia.

Por outro lado, qualquer que seja a preferência de posicionamento pessoal na controvérsia "estilo ideal *versus* liderança situacional", os ocupantes de posições de líder, em geral, não se satisfazem simplesmente com as teorias de liderança e desejam algo mais concreto e útil. O velho e sempre atual problema da aplicabilidade da teoria à prática está presente nas indagações e perplexidades de líderes em exercício: "Como posso desempenhar melhor minha função de líder (e obter melhores resultados)?"; "Qual o estilo de liderança mais adequado?"; "Como posso desenvolver meus próprios recursos e adquirir o que me falta para exercer liderança eficaz?". Estes são pontos críticos de toda uma filosofia e tecnologia de treinamento e desenvolvimento de líderes, de capacitação de recursos humanos para desempenho eficaz na liderança de grupos nas organizações sociais.

UM MODELO NORMATIVO DE LIDERANÇA

Numa tentativa de compatibilizar teoria e prática, Vroom e Yetton (1973) elaboraram um "modelo normativo de liderança" para utilização prática na tomada de decisões mais efetivas. Os autores usam uma "árvore de decisão" para relacionar a situação ao estilo de liderança adequado. O líder responde a cada pergunta na árvore de decisão até que encontre o estilo apropriado que *deve* ser usado naquela situação, desde que atenda aos critérios de qualidade, aceitação e tempo disponível.

O modelo revisto atual de Vroom e Yetton apresenta cinco estilos de liderança, sete dimensões de situações, quatorze tipos de problemas e sete regras de decisão. As situações são diagnosticadas através de respostas *sim-não* a sete perguntas. Os problemas são identificados pelas respostas *não*. As situações referem-se a dois aspectos de conseqüências dos problemas: como afetam a qualidade e aceitação de uma decisão e como afetam o grau de participação do grupo. Os estilos de liderança compreendem o autocrático, o consultivo e o participativo, com variações.

Nessa abordagem de processo decisório, os estilos adequados de liderança em confronto com o tipo de problema e situação, indicados na Figura 10.4, são descritos pelos autores como segue.

ESTILO I

Você resolve o problema ou toma a decisão sozinho, usando as informações disponíveis na ocasião.

ESTILO II

Você obtém as informações de seu(s) subordinado(s) e decide sozinho a solução do problema. Você pode contar ou não a seus subordinados qual o problema ao pedir-lhes as informações. O papel dos subordinados é o de apenas prover as informações necessárias, e não de elaborar ou avaliar soluções alternativas.

ESTILO III

Você compartilha o problema com subordinados relevantes individualmente, solicitando suas idéias e sugestões, sem reuni-los como um grupo. Então, *você* toma a decisão que pode ou não refletir a influência de seus subordinados.

FIGURA 10.4

MODELO NORMATIVO DE LIDERANÇA (VROOM-YETTON)

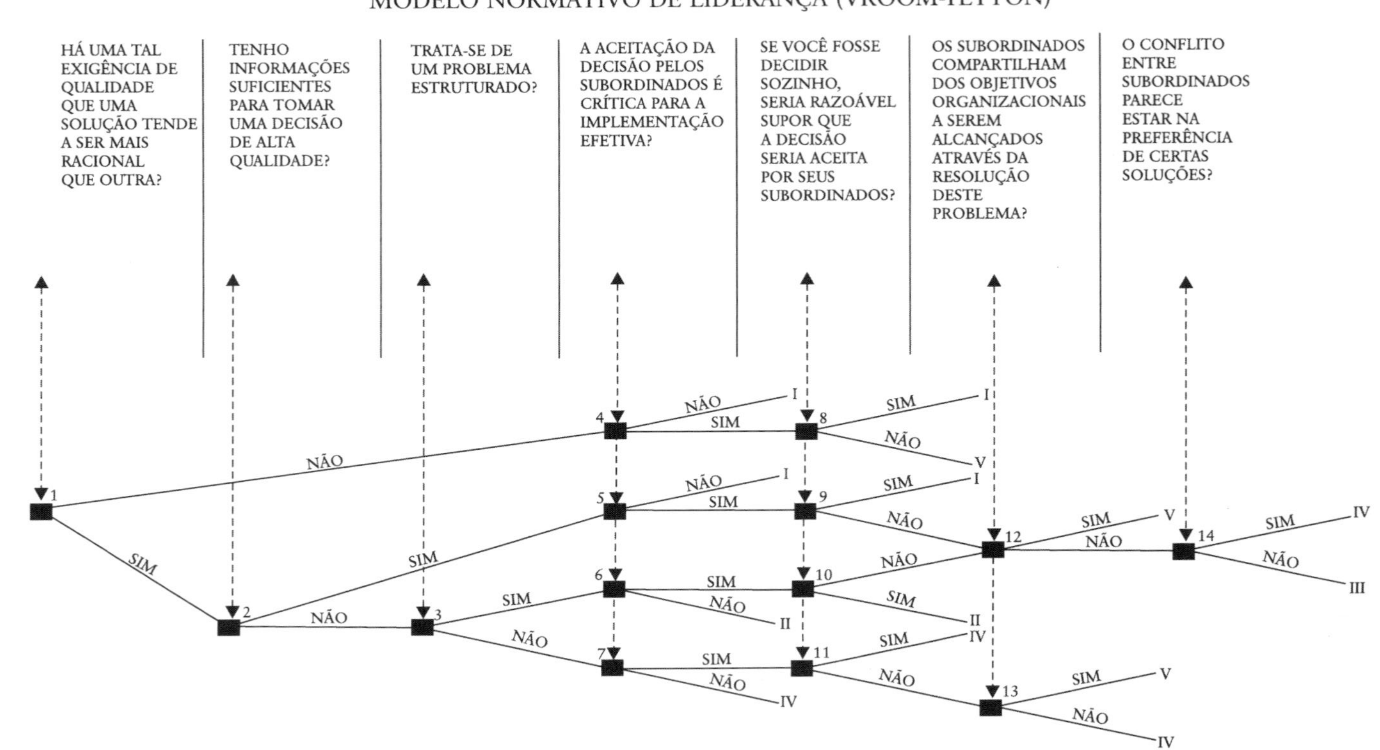

FONTE: Adaptado de VROOM, Victor H. "A new look at managerial decision making". *Organizational Dynamics,* 1(4): 67-70, 1973.

ESTILO IV

Você compartilha o problema com seus subordinados como grupo, obtendo suas idéias e sugestões coletivamente. Então, *você* toma a decisão que pode ou não refletir a influência de seus subordinados.

ESTILO V

Você compartilha o problema com seus subordinados como grupo. Juntos vocês elaboram e avaliam alternativas e procuram atingir consenso quanto à solução. Seu papel é praticamente o de "presidente da mesa". Você não tenta influenciar o grupo para adotar a "sua" solução e dispõe-se a aceitar e implementar qualquer solução decidida por consenso do grupo todo.

Em situação de treinamento em laboratório, a conscientização do estilo de liderança é o primeiro passo para qualquer decisão de mudança, de tentativas de substituir aspectos ineficientes e disfuncionais e aperfeiçoamento dos aspectos adequados, funcionais, ou seja, melhor aproveitamento dos recursos (forças) de cada um.

LIDERANÇA E PODER

Se o conceito de liderança é um conceito de relação interpessoal, a noção de poder está implícita no processo de influência social que caracteriza essa relação.

Um grupo em funcionamento revela várias estruturas ou molduras para os processos de interação que nele ocorrem.

A estrutura de poder ou influência social marca posições de diferenciação que podem ser percebidas como fixas ou mutáveis, absolutas ou questionáveis, a depender do tipo e composição do grupo, do estilo de liderança e do tempo de interação.

O poder consiste na capacidade de uma pessoa conseguir que outra pessoa ou grupo aja da forma desejada pela primeira. A pessoa com poder modifica o comportamento dos outros, manipula-os à sua vontade.

A autoridade é o poder legitimado socialmente. Uma pessoa recebe a incumbência formal/legal de manipular os outros, tem o direito reconhecido de exigir dos outros certas formas de conduta por ela propostas.

O poder está intimamente relacionado ao processo de influência social. Quando uma pessoa influencia outras nos seus pontos de vista e nas suas ações, esta pessoa tem poder. Este lhe é conferido pelas outras pessoas que a percebem como detentora de um atributo especial, como capaz de influenciá-las. São os próprios influenciados que atribuem poder ao influenciador, pelo processo da percepção, em decorrência de múltiplos fatores cognitivos e emocionais.

Muito difundida em psicologia social, a classificação de French e Raven (1959) indica seis bases principais de poder:

1) Legítimo (autoridade).
2) De coerção.
3) De recompensa.
4) De referência (de identificação ou "carismático").
5) De conhecimento (de perito).
6) De informação.

O poder legítimo é chamado autoridade e é atribuído pela organização formal, constituindo-se em elemento da estrutura hierárquica dos grupos sociais formais.

A relação chefe-subordinado é uma relação de poder legítimo inquestionável. O que se pode questionar, eventualmente, é a modalidade do exercício desse poder, de forma mais ou menos autoritária.

O poder de coerção consiste na capacidade de aplicar punições ou fazer ameaças de punição, freqüentemente associado ao poder legítimo. Há, entretanto, instâncias desse tipo de poder desvinculado da autoridade. Ameaças de retirada de afeto, de reconhecimento ou consideração, censuras, afastamento, diminuição de atenção e de comunicação constituem exemplos de poder de coerção nas relações interpessoais.

A teoria dos "toques" da *análise transacional* explica a carência de interação de todos os seres humanos. Essa carência é tão intensa que, quando não se consegue obter toques positivos, procura-se obter toques negativos, como censura e punição, pois estes são preferíveis a não obter forma alguma de atenção personalizada.

O poder de recompensa consiste na capacidade de atribuir recompensas ou acenar com elas, sob forma de promessas, também amplamente ligado ao poder legítimo. Há, igualmente, modalidade desse poder desvinculado da autoridade. As recompensas afetivas expressas por promessas explícitas ou implícitas e atos físicos ou verbais, tais como elogios, olhares, sorrisos, abraços, aproximação, aumento de interação e comunicação, representam exemplos desse poder no relacionamento humano.

As pessoas precisam de atenção, reconhecimento e afeto para satisfazer suas necessidades sociais e de auto-estima, de acordo com a teoria motivacional de A. Maslow. As observações da *análise transacional* reafirmam a carência de toques positivos, sejam condicionais ou incondicionais, no desenvolvimento harmonioso da personalidade humana e seu funcionamento produtivo na vida pessoal/social e profissional/organizacional.

O poder de referência expressa uma relação psicológica de identificação com um modelo social. Há pessoas que exercem esta forma de poder através de uma liderança fortemente carregada de apelos emocionais, tornando-se "modelos ou ídolos". A história tem mostrado figuras de líderes carismáticos nos âmbitos religioso, social, político, artístico/cultural cujo poder de referência determina profundas mudanças na sociedade humana.

O poder de conhecimento é exercido através de ascendência em um determinado campo ou assunto. É a influência do especialista, do perito, que os outros respeitam e cujas opiniões e diretivas são acatadas. Em cada campo específico de atividade humana, este poder existe, é reconhecido e permite facilitação dos processos de aprendizagem e resolução de problemas para desempenho adequado.

O poder de informação constitui um modo de influenciar os outros através de retenção total ou transmissão parcial de informações às quais os outros não têm acesso. Este poder é especialmente importante nas análises, reflexões e decisões do presente com repercussão no futuro.

Fontes e formas de poder

As modalidades de poder derivam de duas fontes principais: a posição na estrutura organizacional ou social e as características pessoais. A posição na estrutura organizacional/social define o poder organizacional ou formal. Os atributos de personalidade definem o poder pessoal.

O poder organizacional é diretamente relacionado ao posto ocupado pelo indivíduo dentro da estrutura hierárquica e é exercido pela autoridade que lhe é formalmente atribuída e pelas possibilidades de utilizar coerção e atribuir recompensas.

O poder organizacional é unidirecional, delegável, distribuível e é expresso em atividades.

O poder pessoal é exercido sob forma de influência social, a partir de características pessoais carismáticas, de referência, de conhecimento, de apoio/afeto e de competência interpessoal.

O poder pessoal é multidirecional, não-distribuível, não-delegável, e é expresso em atitudes. Este poder contribui para a construção de um clima organizacional de confiança e cooperação e pode ser ampliado e reforçado por treinamento/desenvolvimento.

Pesquisas de vários autores sobre o poder nas organizações sociais norte-americanas têm mostrado que as bases informais de poder de referência e de perito têm efeitos mais favoráveis na eficácia organizacional, enquanto o legítimo e o de recompensa ocupam posição intermediária para comportamentos desejados pelos líderes, embora apresentem relações inconsistentes com o desempenho eficaz grupal e organizacional. O poder de coerção aparece como último na obtenção de comportamentos desejados e sua correlação com a eficácia organizacional é negativa.

Esses resultados não podem ser generalizados para outras culturas nem adotados diretamente no exercício de liderança em organizações brasileiras sem que se conheçam melhor suas características.

Poder geralmente tem uma conotação negativa em nossa cultura, sendo essa uma das prováveis razões da negligência em seu estudo e até em ignorá-lo, como se não existisse nas relações interpessoais de um grupo.

Num grupo, o líder formal tem mais poder legítimo que os outros membros e essa percepção e aceitação permitem maior influência social sobre os outros.

Os membros do grupo podem ter as outras formas de poder e utilizá-las, exercendo também influência social no grupo e, por conseguinte, alguma forma de liderança.

Os líderes informais usam as outras formas de poder e com isso tendem a facilitar ou dificultar a influência do líder formal.

Geralmente, os líderes informais atuam no nível de manutenção do grupo (socioemocional), com poder de referência e de recompensa, satisfazendo as necessidades afetivas e de afiliação dos membros. Uma mesma pessoa pode ser este líder informal que exerce influência socioemocional, unindo e predispondo o grupo em direção aos objetivos do grupo e, assim, facilitando a liderança do líder formal ou o contrário.

O líder formal com poder legítimo é, geralmente, o líder de tarefa, atuando nesse plano de interação do grupo. Isto não exclui, todavia, a possibilidade do exercício das outras formas de poder, que poderão ser usadas para benefício ou perturbação do grupo e dos objetivos a serem atingidos. Por exemplo, o líder que usa amiúde o poder de coerção a partir do seu poder legítimo tende a diminuir seu poder de referência, provocando, assim, um afastamento do grupo e prejudicando o seu desempenho. Se, ao invés, usar mais o poder de recompensa, tenderá a aumentar seu poder de referência.

Essas descobertas da psicologia social sugerem que a utilização de poder de perito e de referência tende a ser mais eficiente na liderança do que o uso tradicional do poder legítimo e coercitivo.

Verifica-se, por outro lado, que quando a coerção é usada acentuadamente, desenvolve-se uma tendência para a alienação e o conformismo das pessoas. Quando a recompensa é a forma mais freqüente, a tendência passa a ser de insegurança nas pessoas, com indícios gradativos de competição. Quando se recorre muito ao poder de conhecimento, a tendência se traduz em aumento da ansiedade das pessoas, acompanhada de frustração. A utilização ampla de apoio/afeto e a competência interpessoal, como formas de influência social, tendem a aumentar a segurança e a confiança entre as pessoas.

Liderança, poder e influência social são conceitos intimamente relacionados e sua compreensão exige uma teoria mais completa que mostre quais e como os fatores componentes de situações complexas do funcionamento de grupos humanos se inter-relacionam e podem ser previstos e controlados.

PAPÉIS DOS MEMBROS

NO NÍVEL DE TAREFA

Entre os papéis de facilitação da tarefa do grupo podem ser observados os seguintes:

- *Instrutor/Demonstrador*: explica conceitos ao grupo, instrui sobre uma área de conhecimentos, traz fatos, dá ilustrações, apresenta exemplos gráficos, mostra como algo é feito.
- *Especialista:* oferece conhecimentos especializados, relata descobertas de pesquisas e inovações.
- *Orientador:* ouve cuidadosamente, usa questões de indagação não-condicionadora, utiliza abordagem não-diretiva para ajudar o grupo a pensar nos problemas e na técnica de análise de definição de problemas.
- *Conselheiro:* sugere alternativas sobre o que pode ser feito e como fazê-lo, e usa uma abordagem mais diretiva na indicação de ações, procedimentos etc.

- *Observador/Confrontador:* registra processos, comportamentos e eventos, relata e comenta coisas que existem, e como estão sendo feitas, relata dados comportamentais e percepções, dá *feedback* de sentimentos e impressões, usando episódios, incidentes e casos que podem ser confrontados pelos participantes.
- *Pesquisador/Indicador:* elabora modelos para coleta de dados, recomenda fontes ou pessoas para pesquisa, recolhe informações sobre dados existentes e como as coisas estão sendo feitas, identifica as informações necessárias, as fontes de conhecimento básico necessário, traz o que é necessário para o grupo.
- *Elemento de ligação:* elabora procedimentos de conexão entre pessoas e recursos, identifica os pontos de conexão entre sistemas e subsistemas, utiliza processos que provêem interdependência ativa.
- *Planejador:* determina metas e objetivos, identifica critérios de desempenho, limites, pressões, determina seqüência de atividades e estratégias de ação consistentes com metas e objetivos.
- *Gerente:* determina fluxo sistemático de eventos, aplica modelos de avaliação de necessidades e planejamento, dirige e controla fluxo de recursos.
- *Diagnosticador:* usa técnicas de campo de forças e outras, dados e observações sobre o sistema para determinar por que as coisas acontecem da forma como acontecem.
- *Avaliador:* determina resultados comportamentais específicos, elabora referências de critérios.

Entre as funções de manutenção do grupo, Benne e Sheats (1961) destacam as seguintes como construtivas ou facilitadoras:

- *Conciliador:* busca um denominador comum; quando em conflito, aceita rever sua posição e acompanhar o grupo para não chegar a impasses.
- *Mediador:* resolve as divergências entre outros membros, alivia as tensões nos momentos mais difíceis através de brincadeiras oportunas.
- *Animador:* demonstra afeto e solidariedade aos outros membros do grupo, bem como compreensão e aceitação de outros pontos de vista, idéias e sugestões, concordando, recomendando e elogiando as contribuições dos outros.
- *Ouvinte interessado:* acompanha atentamente a atividade do grupo e aceita as idéias dos outros, servindo de auditório e apoio nas discussões e decisões do grupo.

PAPÉIS NÃO-CONSTRUTIVOS

Em todos os grupos em funcionamento, seus membros podem desempenhar, eventualmente, alguns papéis não-construtivos, dificultando a tarefa do grupo, criando obstáculos e canalizando energias para atividades e comportamentos não-conducentes aos objetivos comuns do grupo. Estes papéis correspondem a necessidades individualistas, motivações de cunho pessoal, ou a problemas de personalidade ou até, muitas vezes, decorrem de falhas de estruturação ou da dinâmica do próprio grupo.

Entre esses papéis não-construtivos figuram os que seguem:

- O *dominador:* procura afirmar sua autoridade ou superioridade, dando ordens incisivas, interrompendo os demais, manipulando o grupo ou alguns membros, sob forma de adulação, afirmação de *status* superior etc.
- O *dependente:* busca ajuda, sob forma de simpatia dos outros membros do grupo, mostrando insegurança, autodepreciação, carência de apoio.
- O *criador de obstáculos:* discorda e opõe-se sem razões, mantendo-se teimosamente negativo até a radicalização, obstruindo o progresso do grupo após uma decisão ou solução já atingida.
- O *agressivo:* ataca o grupo ou o assunto tratado, fazendo ironia ou brincadeiras agressivas, mostra desaprovação dos valores, atos e sentimentos dos outros.
- O *vaidoso:* procura chamar a atenção sobre sua pessoa de várias maneiras, contando realizações pessoais e agindo de forma diferente, para afirmar sua superioridade e vantagens em relação aos outros.
- O *reivindicador:* manifesta-se como porta-voz de outros, de subgrupos ou classes, revelando seus verdadeiros interesses pessoais, preconceitos ou dificuldades.
- O *confessante:* usa o grupo como platéia ou assistência para extravasar seus sentimentos, suas preocupações pessoais ou sua filosofia, que nada têm a ver com a disposição ou orientação do grupo na situação-momento.
- O *"gozador":* aparentemente agradável, evidencia, entretanto, seu completo afastamento do grupo, podendo exibir atitudes cínicas e desagradáveis, indiferente à preocupação e ao trabalho do grupo através de poses

estudadas de espectador, que se diverte com as dificuldades e os esforços dos outros.

A classificação de papéis funcionais no grupo em construtivos e não-construtivos, conforme o esquema apresentado, não pode ser rigidamente aplicada. Um determinado papel desempenhado por um membro não pode ser julgado em termos absolutos, pois a interação não se faz no vácuo. Um papel facilitará ou inibirá as atividades e o desenvolvimento do grupo, sendo, portanto, construtivo ou não-construtivo, a depender das necessidades do grupo e de seus membros naquela ocasião específica.

Assim, por exemplo, embora na classificação os esforços para harmonizar e reconciliar divergências entre membros figurem como tipicamente facilitadores ou construtivos, haverá ocasiões na vida do grupo em que a descoberta e a eclosão dos conflitos latentes, para posterior tentativa e possibilidade de resolução dos mesmos, sejam altamente desejáveis. Os comportamentos de conciliação seriam inibidores do desenvolvimento do grupo e, por conseguinte, papéis não-construtivos nessa circunstância.

A competência interpessoal dos membros do grupo é desenvolvida à medida que eles se conscientizam da variedade de papéis exigidos para o desempenho global do grupo e se sensibilizam para o que é mais apropriado às necessidades existenciais do grupo e de seus membros num determinado momento da vida do grupo.

REFERÊNCIAS E LEITURA COMPLEMENTAR

ARGYRIS, C. *Increasing leadership effectiveness.* New York, Willey, 1976.

ARMSTRONG, D.M. *A gerência através de histórias: um novo método de liderança através de narrativa de casos.* Rio de Janeiro, Campus, 1994.

BACHARACH; S.B. & LAWLER, E.J. *Power and politics in organizations: the Social Psychology of conflict, coalitions and bargaining.* San Francisco, Jossey-Bass, 1980.

BENNE, K.D. & SHEATS, P. "Functional roles of group members." *Group development.* Washington, D.C., NTL-N.E.A., 1961, p. 51-59.

BERGAMINI, C.W. *Liderança: administração do sentido.* São Paulo, Atlas, 1994.

BLAKE, R.R. & MOUTON, J.S. *O Grid gerencial.* São Paulo, Pioneira, 1975.

EVANS, M.G. "The effect of supervisory behavior on the path — goal relationship." *Organizational behavior and human performance.* May, 1970, p. 227-298.

FIEDLER, F.E. *A theory of leadership effectiveness.* New York, McGraw-Hill, 1967.

——, CHEMERS, M.M. & MAHAR, L. *Improving leadership effectiveness.* New York, Wiley, 1976.

FRENCH JR., J.R.P. & RAVEN, B. "The bases of social power." *In*: CARTWRIGHT, D. (ed.). *Studies in social power.* Ann Arbor, Mich., Institute for Social Research, 1959.

HERSEY, P. & BLANCHARD, K.H. *Psicologia para administradores de empresa. A utilização de recursos humanos.* São Paulo, EPU; Rio de Janeiro, Fundação Nacional de Material Escolar, 1976. 2. reimp.

HOLLANDER, E.P. & JULIAN, J.W. "Contemporary trends in the analysis of leadership processes." *In:* STEERS, R.M. & PORTER, L.W. (eds.). *Motivation and work behavior.* New York, McGraw-Hill, 1975.

HOUSE, R.J. "A path-goal theory of leader effectiveness." *Administrative Science Quarterly.* 16(3): 321-338, Sept. 1971.

——. & MITCHELL, T.R. "Path-goal theory of leadership." *Journal of Contemporary Business,* Autumn, 1974, p. 81-97.

HUNT, J., SCHRIESHEIM, C. & SEKARAN, U. (eds.). *Leadership: beyond establishment views.* Carbondale, Southern Illinois Univ. Press, 1982.

KRAMARAE, C ., SCHULZ, M. & O'BARR W.M. (eds.). *Language and power.* London, Sage, 1984.

LIKERT, R. *A organização humana.* São Paulo, Pioneira, 1975.
LINDHOLM, C. *Carisma: êxtase e perda de identidade na veneração ao líder.* Rio de Janeiro, Zahar, 1993.
PFEFFER, J. *Power in organizations.* Marchfield, Mass, Pitman, 1981.
QUIGLEY, J.V. *Visão: como os líderes a desenvolvem, compartilham e mantêm.* São Paulo, Makron. 1994.
REDDIN, W.J. *Eficácia gerencial.* São Paulo, Atlas, 1970.
TANNENBAUM, R. & SCHMIDT, W.H. "How to choose a leadership pattern." *Harvard Business Review,* May-June, 1973, p. 162-180.
UNDERWOOD, W. "Roles that facilitate and inhibit group development." *In:* GOLEMBIEWSKI, R.T. & BLUMBERG, A., *op.cit.*, p. 123-127.
VROOM, V.H. & YETTON, P.W. *Leadership and decision making.* Pittsburgh, Univ. of Pittsburgh Press, 1973.
ZALEZNIK, A. *et al. Psicodinâmica da vida organizacional: motivação e liderança.* São Paulo, Pioneira, 1990.
ZURCHER, L.A. *Social roles.* London, Sage, 1983.

11

Energia no grupo: tensão e conflito interpessoal

AS PESSOAS DIFEREM na maneira de perceber, pensar, sentir e agir. As diferenças individuais são, portanto, inevitáveis com suas conseqüentes influências na dinâmica interpessoal.

Se fosse possível a uma pessoa escolher dentre várias alternativas de ação sem precisar da colaboração ou sem infringir a liberdade do outro, esta seria uma situação de liberdade real ou genuína autonomia. Entretanto, na maioria das vezes, não se pode optar por uma decisão inteiramente pessoal e as diferenças individuais surgem e precisam ser enfrentadas. Nossa realidade social é, cada vez mais, de interdependência.

As diferenças entre as pessoas não podem ser consideradas inerentemente *boas* ou *más*. Algumas vezes, trazem benefícios ao grupo e ao indivíduo, outras vezes, trazem prejuízos, reduzindo-lhes a eficiência. Vistas por um prisma mais abrangente, as diferenças individuais podem ser consideradas intrinsecamente desejáveis e valiosas, pois propiciam riqueza de possibilidades, de opções para melhores — e piores —maneiras de reagir a qualquer situação ou problema.

Num grupo de trabalho, as diferenças individuais trazem naturalmente diferenças de opinião, expressas em discordâncias quanto a aspectos de percepção da tarefa, metas, meios ou procedimentos. Essas discordâncias podem conduzir a discussões, tensões, insatisfações e conflito aberto, ativando sentimentos e emoções mais ou menos intensos, que afetam a objetividade, reduzindo-a a um mínimo, e transformam o clima emocional do grupo.

O CONFLITO

A partir de divergências de percepção e idéias, as pessoas se colocam em posições antagônicas, caracterizando uma situação conflitiva. Desde as mais leves até as mais profundas, as situações de conflito são componentes inevitáveis e necessárias da vida grupal.

O conflito, em si, não é patológico nem destrutivo. Pode ter conseqüências funcionais e disfuncionais, a depender de sua intensidade, estágio de evolução, contexto e forma como é tratado.

De um ponto de vista amplo, o conflito tem muitas funções positivas. Ele previne a estagnação decorrente do equilíbrio constante da concordância, estimula o interesse e a curiosidade pelo desafio da oposição, descobre os problemas e demanda sua resolução. Funciona, verdadeiramente, como a raiz de mudanças pessoais, grupais e sociais.

COMPREENSÃO E DIAGNÓSTICO DE DIVERGÊNCIAS E CONFLITOS

Não há uma fórmula mágica para lidar com os conflitos e resolvê-los de forma *correta*.

Antes de pensar numa forma de lidar com o conflito, é importante e conveniente procurar compreender a dinâmica do conflito e suas variáveis, para alcançar um diagnóstico razoável da situação, o qual servirá de base para qualquer plano e tipo de ação.

Segundo Schmidt e Tannenbaum (1972), na diagnose do conflito, três conjuntos de variáveis precisam ser considerados e examinados: a natureza das diferenças, os fatores subjacentes e o estágio de evolução.

A natureza das divergências está relacionada aos fatos que cada pessoa considera, os quais decorrem de informações diferentes, definições diversas do problema ou situação, aceitação ou rejeição de dados relevantes etc. Relaciona-se também com os objetivos, vistos como desejáveis ou indesejáveis, trazendo discordâncias quanto a metas. Conseqüentemente, surgem divergências quanto a procedimentos, estratégias, melhor maneira de alcançar um objetivo comum, ou seja, nos métodos. Finalmente, concorrem para as diferenças individuais os valores, considerações morais quanto ao exercício do poder, concepções sobre justiça, eqüidade, julgamentos éticos do tipo *os fins justificam os meios* etc.

As diferenças quanto a valores afetam, geralmente, a seleção de objetivos e de métodos. Via de regra, as discussões se prolongam e a confusão aumenta quando as pessoas não sabem exatamente a natureza do problema sobre o qual discordam tão veementemente.

Uma vez estabelecida a natureza das diferenças, convém especular sobre os fatores subjacentes das diferenças, os quais abrangem, principalmente, as informações, as percepções e o papel social.

O acesso a informações diferentes produz pontos de vista diferentes, como conta a lenda dos seis cegos que examinaram partes diferentes do elefante, chegaram a conclusões distintas e, por isso, discordaram, violentamente, sobre a natureza global do elefante. Cada um tinha suas razões fundamentadas, mas nenhum deles tinha razão quanto ao todo, elefante ou situação-problema. Assim também acontece, freqüentemente, com os videntes quando não compartilham das informações.

Os mesmos estímulos ou informações, entretanto, também podem produzir percepções diferentes, levando a interpretações e conclusões diversas. Estudos experimentais têm demonstrado que a percepção é um processo seletivo em que a pessoa atua ativamente, captando e organizando os estímulos consoante suas necessidades motivacionais, experiências anteriores, valores, fatores fisiológicos e outros, em vez de uma simples entrada e registro das energias do ambiente, à feição de máquina fotográfica ou gravador de som.

O papel social, a posição no grupo e o *status* social influenciam as atitudes das pessoas diante das situações, determinando pressões para assumir uma certa posição, opinião e decisão.

Uma vez examinados a natureza das diferenças e os fatores subjacentes, cabe detectar ainda um aspecto capital no diagnóstico de conflitos, representado pelo seu estágio de evolução.

As divergências interpessoais passam geralmente por cinco etapas, que apresentam dificuldades crescentes para a sua resolução: antecipação (primeiros sintomas), conscientização (sensação de dificuldades, porém não expressas), discussão (pontos de vista declarados), disputa aberta (discussões tendentes a antagonismos) e conflito aberto (posições definidas tendentes à radicalização). O último estágio indica uma orientação de *ganha-perde* ou, no máximo, de acomodação por negociação de barganha. Cada pessoa procura, tenazmente, defender e ampliar seus argumentos e poder na situação e, ao mesmo tempo, diminuir a influência de seus oponentes.

Evidentemente, as possibilidades de sucesso na resolução de conflito estão inversamente relacionadas à evolução de sua intensidade e amplitude.

O diagnóstico da situação de conflito ajudará a enfrentá-lo adequadamente. Quando duas pessoas estão em conflito e uma terceira intervém, esta necessita de certas habilidades não só de diagnóstico como de atuação. O simples fato de uma terceira pessoa neutra e de confiança, que pode e quer ajudar os indivíduos, indicar alguns aspectos relevantes para diagnóstico da situação, esclarece os oponentes levando-os a uma atitude de indagação e exame dos fatores envolvidos, o que pode ser o início de um processo de resolução de problemas e não mais uma luta de *ganha-perde*.

A responsabilidade maior de resolução de conflitos cabe ao líder do grupo, mas não exclusivamente. Cada membro de grupo é também responsável pelo rumo que as divergências podem tomar, contribuindo intencional ou inintencionalmente para sua evolução e conseqüências construtivas ou destrutivas. Esta responsabilidade, porém, exige paralelamente uma habilidade para lidar com conflitos, habilidade pouco desenvolvida na educação sistemática, em ambiente escolar ou extra-escolar ou em programas de treinamento, reciclagem e desenvolvimento profissional.

COMO LIDAR COM O CONFLITO

A maneira de abordar um conflito vai depender de vários fatores, entre os quais se incluem: natureza do conflito, razões subjacentes, grau de extensão, intensidade ou importância quanto a conseqüências, contexto grupal e organizacional, motivação dos oponentes. As experiências anteriores que cada um já teve com relação aos conflitos e seus resultados ou formas de resolução também influem consideravelmente nas abordagens subseqüentes.

Schmidt e Tannenbaum (1972) indicam quatro abordagens utilizáveis pelo líder de um grupo de trabalho e, também, pelos membros do grupo.

EVITAR O CONFLITO

Procurar compor grupos mais homogêneos, com maior afinidade de pontos de vista, valores, metas, métodos etc. Geralmente ocorre, em parte, quando o superior (executivo, gerente, chefe, coordenador) escolhe seu *staff*. Além disso, o líder pode exercer controle sobre as relações interpessoais de seus liderados, separando indivíduos agressivos ou divergentes no planejamento de tarefas, evitando assuntos controversos nas reuniões de trabalho, manipulando, enfim, as condições ambientais físicas e sociais.

Em algumas organizações, esta é uma forma útil de resolução (ou prevenção) de conflitos, pois reforça um clima de segurança, condizente com os objetivos e a cultura organizacionais. Tudo é feito para não haver tensões consideradas prejudiciais ao trabalho, à produtividade e ao relacionamento pessoal harmonioso.

O risco, contudo, é a redução e até a extinção de criatividade, pois novas idéias vão aparecendo menos freqüentemente, as velhas continuam indefinidamente sem reexame, sem testagem, uma vez que é considerado inadequado discordar por ferir normas de solidariedade grupal.

REPRIMIR O CONFLITO

Além de manter as diferenças sob controle, encobertas, portanto, pela ênfase continuada à lealdade, cooperação, trabalho em equipe e outros valores no grupo, conduzindo a um clima contrário à expressão de discordâncias, o líder pode também controlar mais ativamente as situações, desenvolvendo uma atmosfera de repressão através de recompensas e punições. Pode recompensar, consistentemente, a concordância e a cooperação, representadas por aceitação das normas vigentes, e punir, de várias formas, material ou psicologicamente, a discordância ou expressão de idéias não-conformistas pelos que ousam romper a harmonia do grupo ou da organização.

As vantagens desta abordagem referem-se a objetivos importantes a curto prazo e, por isso, sem tempo para a resolução de diferenças individuais, pois é sabido que não se necessita de consenso para trabalho grupal eficiente e eficaz. Por outro lado, muitas vezes os conflitos latentes não são relevantes à tarefa em si, como as divergências políticas, religiosas, filosóficas.

A repressão, no entanto, sempre custa alguma coisa em termos psicológicos, pois as diferenças são importantes para as pessoas envolvidas. Os sentimentos podem tornar-se muito intensos e, se não forem expressos por causa de repressão externa, acabarão sendo canalizados indiretamente para alvos seguros — ou *bodes expiatórios* — que receberão toda a carga de frustração e hostilidade, perturbando igualmente a produtividade do grupo ou das pessoas.

Diferenças de pontos de vista e sentimentos que os acompanham não desaparecem simplesmente por serem reprimidos ou ignorados por outrem. Continuam sob a superfície, expressando-se na *agenda oculta*, em que o conteúdo da discussão não é tão importante quanto a forma ou processo de discussão, isto é, como as idéias são combatidas, não pelo seu mérito e sim por quem as apresentou ou defendeu. Os conflitos latentes, resultantes de repressão, não estão resolvidos, ficam apenas sob pressão e, por isso mesmo, continuam presentes, com teor energético acumulado, que cresce até emergir, indireta ou diretamente, em ocasiões inoportunas, sem controle, trazendo sérios riscos à pessoa, ao grupo e à organização pelos seus efeitos destrutivos potenciais.

AGUÇAR AS DIVERGÊNCIAS EM CONFLITO

O líder reconhece *e* aceita as divergências e procura criar uma situação para a expressão aberta do conflito, para que possa ser visto como tal. Esta abordagem é vantajosa quando permite esclarecimento e aprendizagem. Em geral, as pessoas não param para examinar suas premissas e posições nem as dos outros. Se isto é alcançado, ocorre aprendizagem sobre a natureza do conflito, as possibilidades de sua resolução e também sobre seus custos, pessoais e grupais. Uma vez esclarecido e resolvido o conflito, pode-se refletir sobre seus custos financeiros, desperdício de energia e tempo, e custos psicológicos de tensões, insatisfações, hostilidades, constrangimentos e ansiedade.

Os riscos de incrementar diferenças para eclosão do conflito são bem grandes e os custos potenciais psicológicos também elevados. O conflito drena muita energia das pessoas envolvidas e pode danificar sua eficácia futura. No calor da contenda, palavras são ditas que deixam cicatrizes duradouras ou nublam suas relações para sempre.

Quando o líder opta por esta abordagem, precisa ter em mente as vantagens que espera alcançar, as possíveis conseqüências e que medidas tomar para manter o conflito dentro de certas proporções ou limites. Sua preocupação maior, porém, em termos de análise custo-benefício, será o que fazer *após* a resolução do conflito para fortalecer o relacionamento entre os oponentes, de modo a minimizar a destrutividade potencial do conflito sobre a interação subseqüente.

Se as divergências forem percebidas como enriquecedoras em vez de competição por *certo-errado,* as situações conflitivas passarão a ser problemas que poderão ser resolvidos cooperativa e criativamente. O velho ditado de que *duas cabeças pensam melhor que uma* passa a ser verdadeiro porque, freqüentemente, duas pessoas representam um conjunto mais rico de experiências e trazem maior variedade de elementos e ângulos para o problema.

Muitos problemas só podem ser vistos claramente, em perspectiva, no seu todo, se os indivíduos que recebem aspectos diferentes se reúnem e juntam suas diferenças, trabalhando colaborativamente para uma síntese significativa.

Esta abordagem de resolução de problemas ajuda a lidar com sentimentos que acompanham discordâncias, tais como frustração, ressentimento, hostilidade. Através de aceitação e colocação aberta de sentimentos, o líder ajuda a evitar a repressão de sentimentos que explodiriam em ocasiões inoportunas. Auxilia também a canalizar energia gerada por sentimentos para atividades construtivas em vez de destrutivas. O conflito em si tende a fazer com que o indivíduo procure meios de enfraquecer e minar os que discordam dele, ao passo que a abordagem de resolução de problemas leva o indivíduo a aceitar as discordâncias como sendo potencialmente vantajosas e enriquecedoras a seus próprios objetivos, idéias e procedimentos.

A utilização desta abordagem não é simples nem fácil. Demanda mais tempo e habilidade especial do líder e dos membros do grupo, habilidade que precisa ser desenvolvida e sistematicamente praticada.

A situação de argumentação e exploração de todos os pontos de vista precisa ser muito bem planejada e conduzida, sob pena de degenerar em conflito maior e não-controlável, o que passa a ser ainda mais frustrante a todos os envolvidos.

Se, no entanto, a situação requer uma decisão ou solução rápida, pode ser mais fácil e prático ignorar as divergências. Muitas vezes, a opção forçada circunstancialmente é por uma solução prática e não pela solução válida ou *melhor solução*.

Uma outra maneira de analisar situações de conflito, com divergências manifestas ou silenciosamente presentes, foi formulada por Blake e Mouton (1970), tendo por base seu modelo conceptual de comportamento gerencial, a chamada grade gerencial (*managerial grid*).

Numa situação de conflito, a pessoa tem duas preocupações ou orientações principais: a(s) pessoa(s) envolvida(s) e a produção de resultados, ou seja, a resolução do conflito. De acordo com o grau de cada uma dessas orientações numa escala de 1 a 9, podem ser identificados cinco estilos básicos de abordagem de conflitos, conforme mostra a Figura 11.1.

FIGURA 11.1
A GRADE DO CONFLITO (BLAKE & MOUTON)

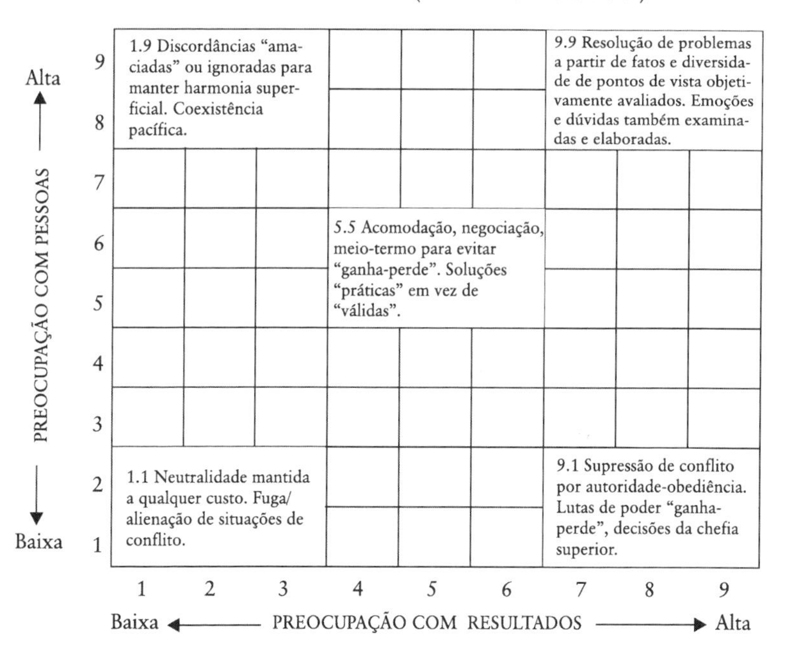

1.1. *Evasão:* evita-se o conflito a qualquer custo; assume-se posição neutra ou de distanciamento ("não ver, não ouvir, não falar de discordâncias"), fugindo à responsabilidade social até o caso extremo da alienação.

1.9. *Harmonização:* prefere-se aceitação pessoal, doçura e paz à validade das soluções; discordâncias são evitadas para não causar ressentimentos, conseguindo-se cordialidade e concordância superficiais à custa de convicções pessoais e criatividade.

9.1. *Supressão:* controle do conflito pela força; situação polarizada de *ganha-perde,* autoridade-obediência, de antagonismo e competição, em que ganhar (impor sua solução ou decisão) é mais importante que procurar uma solução válida, adequada.

5.5. *Acomodação:* conflito superado por negociação; busca de uma solução intermediária em que ninguém perde tudo, mas também ninguém ganha tudo, chegando-se ao melhor acordo que se possa obter, embora não seja o mais adequado.

9.9. *Confrontação:* abordagem difícil de resolução de problemas, em que idéias e sentimentos são discutidos abertamente, trabalhando-se nas e com as discordâncias para alcançar uma solução válida para ambos. Não há vencidos e vencedores, os oponentes tornam-se colaboradores.

CONFLITO E CONFORMISMO

Conflito e conformismo são dimensões interdependentes até certo ponto.

As pessoas, em suas vidas diárias, conformam-se às expectativas dos outros e aos padrões de sua sociedade. A prontidão para esse conformismo reduz, em grande parte, os conflitos e permite regularidade, ordem, previsibilidade dos comportamentos humanos. A adesão a normas comuns de conduta provê uma base para os esforços sociais organizados.

Desse conformismo com práticas convencionais sociais, organizacionais e grupais, pode decorrer um senso de identificação, de *pertencer* ao conjunto, o chamado "*corporativismo*". Os indivíduos que não se conformam às normas, freqüentemente, são rejeitados pelos outros, entrando em conflito com seus semelhantes ou superiores. A rejeição traz ansiedade, que dificilmente é suportada quando intensa, fazendo com que os indivíduos ansiosos procurem recuperar a aceitação e o afeto através do conformismo obsessivo, que se transforma em um fim em si mesmo, em vez de ser percebido como um meio para colaboração e interdependência, em grau razoável.

O problema do não-conformismo é sua orientação: qual a finalidade última da contestação dos padrões existentes? Se a meta é simplesmente estimular os indivíduos a desafiar as normas, o resultado provocará pouco mais do que a criação de discordâncias e controvérsias ou conflitos, o aumento de polarização que leva ao impasse do *ganha-perde* e suas conseqüências desastrosas e destrutivas até o extremo do caos total.

Os padrões vigentes podem e devem ser continuamente desafiados para evitar a estagnação e a deterioração, porém de forma criativa, numa orientação de solução de problemas e não de contestação pela simples contestação, que nada constrói, além de gerar antagonismos, hostilidades e crises, por vezes insolúveis sem o recurso da força.

O conformismo, a depender de sua conotação, é um elemento valioso para os processos grupais. Com o significado de adesão a premissas de lógica, para alcançar decisões válidas, que ampliem a capacidade de desenvolvimento pessoal, é altamente desejável este tipo de conformismo a métodos cognitivos rigorosos.

Considerado neste nível, o conformismo a métodos de pensamento, e não simplesmente a procedimentos estereotipados, é extremamente produtivo na busca de soluções criativas e inovadoras.

RESOLUÇÃO CRIATIVA DO CONFLITO

Visto numa perspectiva de resolução de problemas, o conflito torna-se, com freqüência, um aspecto do processo de autotestagem e auto-avaliação da pessoa e deste modo pode ser bastante agradável experimentar o prazer advindo do uso ativo e pleno de suas próprias capacidades.

Para M. Deutsch (1969), as características de resolução produtiva do conflito tendem a ser similares, no plano individual, aos processos envolvidos no pensamento criativo e, no plano social, aos processos envolvidos na resolução colaborativa de problemas em grupo *(cooperative group problem solving)*.

Os elementos básicos para o pensamento criativo são: o surgimento de um nível apropriado de motivação para resolver o problema, o desenvolvimento de condições que possibilitam a reformulação do problema quando se chega a um impasse, e a disponibilidade concomitante de idéias diversificadas, que podem ser flexivelmente combinadas em padrões novos e variados. Cada uma dessas condições sofre influências de condições sociais e das personalidades dos indivíduos a resolverem os problemas.

Uma condição igualmente importante é o ambiente que permita ao indivíduo ficar alerta, porém à vontade, sem sentir pressão nem ameaças psicológicas. A ameaça gera defensividade e reduz a tolerância à ambigüidade, à abertura ao novo, ao não-familiar, e a pressão, ou tensão, quando em grau forte, leva à primitivação e estereotipia dos processos de pensamento. Para contestação das idéias existentes e produção de novas idéias, a pessoa necessita de liberdade ou de coragem de expressar-se sem medo de censuras ou retaliações.

Os solucionadores criativos caracterizam-se pelos aspectos seguintes, entre outros: inteligência acima da média, exposição a experiências diversificadas, interesse por idéias e suas combinações, habilidade de jogar com idéias, capacidade de fazer associações remotas, receptividade a metáforas e analogias, preferência pelo novo e pelo complexo, independência no julgamento. No desenvolvimento desses aspectos, as condições sociais exercem influência acentuada pelas oportunidades de comunicação com outras pessoas criativas, atmosfera social que valoriza inovação e originalidade e que encoraja o intercâmbio de idéias, tradição social que alimenta a visão otimista de que, com esforço e tempo, soluções construtivas podem ser encontradas para resolver problemas que parecem inicialmente insolúveis.

A aplicação de recursos cognitivos plenos para resolução de conflitos é rara. Os recursos institucionais para ajudar as pessoas a resolverem conflitos são ainda bem precários e, geralmente, mais usados para supressão dos conflitos em todos os níveis: internacional, nacional, interorganizacional, organizacional, intergrupal e interpessoal.

Falta treinamento em técnicas de resolução construtiva de conflitos em todos os níveis e setores. Sem esta habilidade, a competência interpessoal fica incompletamente desenvolvida e o desempenho é deficiente do ponto de vista psicossocial.

Uma pesquisa feita pela autora com 297 gerentes brasileiros mostrou o item "lidar com conflito" como um dos três pontos mais fracos da competência interpessoal, tanto em termos de autopercepção quanto de heteropercepção de seus superiores e subordinados diretos.

Esse resultado parece confirmar que a habilidade de administrar e resolver conflitos constitui um dos componentes cruciais da competência interpessoal e sugere a necessidade de maior atenção e investimento nessa área de treinamento para desempenho eficaz e, conseqüentemente, maior produtividade individual e grupal.

REFERÊNCIAS E LEITURA COMPLEMENTAR

BLAKE, R. R. & MOUTON, J. S. "The fifth achievement." *Journal of Applied Behavioral Science,* 6(4): 413-426, 1970.

BOMERS, G.B.J. & PETERSON, R.B. (eds.). *Conflict management and industrial relations.* Boston, Kluwer Nijhoff, 1982.

BURKE, R.J. "Methods of resolving interpersonal conflict." *In:* BASS, B. M. & DEEP, S.D. (eds.). *Studies in organizational psychology.* Boston, Allyn & Bacon, 1972, p. 429-440.

DEUTSCH, M. "Productive and destructive conflict." *In:* THOMAS, J.M. & BENNIS, W.G. (eds.). *The management of change and conflict.* Middlesex, England, Penguin, 1972.

——. *The resolution of conflict.* New Haven, Yale University, 1973.

JANIS, I.L. & MANN, L. *Decision making: a psychological analysis of conflict, choice and commitment.* New York, Free Press, 1977.

LEWIN, K. *Problemas de dinâmica de grupo.* São Paulo, Cultrix, 1970.

LIKERT, R. e LIKERT, J. *Administração de conflitos.* São Paulo, McGraw-Hill, 1980.

PETRELLA, T. & BLOCK, P. "Diagnosing conflict between groups in organizations." *In:* WEISBORD, M.R. *Organizational diagnosis.* Reading, Mass, Addison Wesley, 1978.

RAPOPORT, A. *Lutas, jogos e debates.* Brasília, Ed. Univ. de Brasília, 1980.

SCHMIDT, W.H. & TANNENBAUM, R. "Management of differences." *In:* BURKE, W.W. & HORNSTEIN, H.A. *The social technology of organization development.* Fairfax, Virginia, NTL Learning Resources, 1972.

VARELLA Filho, V. *Os pólos da questão: administrando conflitos nas organizações contemporâneas.* São Paulo, Saraiva, 1993.

WALTON, R.E. *Pacificação interpessoal: confrontações e consultoria de uma terceira parte.* São Paulo, E. Blücher, 1972.

12
Mudanças no grupo

EM DECORRÊNCIA de experiências e aprendizagens que realizamos, formam-se hábitos e automatismos que trazem segurança e conforto no desempenho das atividades diárias sem grandes esforços nem desgaste. Os hábitos liberam nosso intelecto para outras funções e, por isso, têm efeitos positivos sobre nosso comportamento. Imagine-se ter de pensar como escovar os dentes, dirigir o automóvel, escrever, realizar inúmeras atividades cotidianas cada vez que é preciso executá-las...

Todavia, se existem benefícios nesse aprendizado, existem, igualmente, desvantagens e riscos. Assim como no corpo, alguns músculos e articulações que são pouco exercitados tendem a enrijecer, também na mente ocorre fenômeno semelhante. Algumas funções psíquicas, quando se concentram em certas modalidades, deixando outras sem exercício, tendem a favorecer um processo de rigidez gradativa, que se traduz por comportamentos estereotipados, não-flexíveis, chegando, por vezes, até o extremo da radicalização.

A própria percepção, base dos processos psíquicos, pode tender a um condicionamento limitante, que não permite mais à pessoa apreender as situações de maneira abrangente, com suas numerosas variáveis. Há pessoas que tendem a ver as situações sempre sob um mesmo ângulo determinado, o que impede a exploração ampla e livre de outros aspectos para compreensão e diagnose mais completa e apropriada.

O PROCESSO PSICOSSOCIAL DE MUDANÇA

Para que ocorra mudança nas pessoas, faz-se mister que haja algum desequilíbrio ou crise interna que propicie alteração de percepções e introdução de novas idéias, sentimentos, atitudes, comportamentos. Essa fase inicial é chamada tecnicamente de *descongelamento,* representando certo grau de desestruturação, dúvida das certezas anteriores, ansiedade e motivação para examinar o novo, o diferente, o contraditório.

Pode-se alcançar esse estágio através de comunicação, questionamento, introdução de novas informações e idéias que provocam surpresa, dúvida, insatisfação, questionamento, interesse em continuar pensando no assunto, levando à sensibilização e à conscientização de problemas e da necessidade de algumas mudanças para resolver os problemas identificados.

A fase seguinte consiste na decisão pela mudança e sua implementação, pela aprendizagem de novos padrões de percepção, conhecimentos, atitudes e ações. É um período de *incorporação* de novas formas de abordar os problemas e de resolvê-los, passando a exteriorizar novas opiniões e comportamentos.

Não se trata, porém, de justaposição com as aprendizagens anteriores, muitas vezes até incompatíveis, e sim de um processo de ajustamento e integração entre o já existente e o novo.

Esse ajustamento significa que a mudança não é total. Não se joga fora aquilo que foi operacionalizado anteriormente. Substituem-se alguns aspectos considerados inadequados por outros, mais apropriados, de recente aquisição intelectual e emocional. A substituição tampouco quer dizer mera troca de uma peça por outra, como se faz nos equipamentos mecânicos.

A etapa de incorporação, portanto, compreende um processamento interno que significa transformação do conjunto como um todo (a *gestalt* em termos psicológicos), e não simplesmente acréscimos, retiradas ou substituições isoladas, de maneira mecanicista.

Finalmente, com o exercício continuado dos recentes padrões de conduta, aos poucos, a nova estruturação prevalece sobre a anterior — é a fase de estabilização ou *congelamento*, em que se restabelece o equilíbrio após a transição da mudança. Esta última fase precisa de reforço externo para que as atitudes e comportamentos antigos não se manifestem novamente.

RESISTÊNCIA À MUDANÇA

Toda mudança provoca resistência.

Em geral, as pessoas sentem medo do novo, do desconhecido, do que não lhes é familiar. A percepção vem acompanhada de um sentimento de ameaça à situação já organizada e segura da pessoa.

A ameaça contida na percepção da mudança pode ser real ou imaginária, mas os seus efeitos são bem reais e concretos em manifestações fisiológicas, psicológicas e sociais variadas.

Essa percepção de ameaça provoca certo desequilíbrio interno que, por sua vez, deflagra reações diversas para recuperação do estado anterior de equilíbrio.

Bloqueio e seletividade perceptiva ("não ouvir", "não ver"), lapsos de linguagem, distrações, "esquecimentos", projeções ("a culpa/responsabilidade é do líder, dos outros etc.") e racionalizações (tipo "a raposa e as uvas verdes") representam exemplos de mecanismos de defesa psicológica para manter ou reaver o equilíbrio emocional, tanto das pessoas quanto do grupo como um todo.

Argumentos racionais, valores e padrões culturais, expressões lógicas, números e estatísticas, citações de peritos, dúvidas sobre a competência do líder ou coordenador, questionamento da metodologia ou da atividade específica, pseudofilosofia derrotista ("não adianta", "não vale a pena") também constituem exemplos de reações sociais, mais elaboradas, a propostas de mudança esboçadas no grupo.

Às vezes, reações psicológicas são acompanhadas de reações fisiológicas, o que pode resultar em eventuais distúrbios psicossomáticos. Insônia, inapetência, irritabilidade, ansiedade, alergia, tosse, úlcera, hipertensão etc. podem expressar defesas contra situações de ameaça e estresse.

Afirmações e observações aparentemente racionais, bem como comentários jocosos e irônicos, podem transmitir vigorosas modalidades de reação à mudança. Quem já não ouviu, num grupo, diante de uma proposição de mudança:

- "Você tem razão, mas..."
- "Neste grupo não vai funcionar..."
- "Será que vale a pena...?"
- "A idéia é boa, mas não é prática..."
- "Não estamos ainda preparados para isto..."

É preciso estar alerta para o conteúdo verbal e o não-verbal das declarações. A forma de dizer, o tom de voz, a postura corporal, mímica facial e gestos podem revelar mais claramente os sintomas implícitos de manobra psicossocial de resistência do que as palavras da mensagem principal. Isto é especialmente importante em grupos de desenvolvimento da competência interpessoal.

Todas essas reações são agrupadas sob a denominação genérica de "resistência à mudança".

Do ponto de vista psicológico, a resistência à mudança é uma reação normal, natural e sadia, desde que represente um período transitório de tentativas de adaptação, em que a pessoa busca recursos para enfrentar e lidar com o desafio de uma situação diferente.

Evidentemente, os fatores de personalidade terão influência decisiva sobre as percepções, sentimentos e maneira de reagir à mudança. Nota-se uma primeira grande diferença entre pessoas mais seguras e outras mais inseguras. A característica de autoconfiança ou confiança básica no mundo e nos outros, juntamente com atributos de flexibilidade, iniciativa, autonomia, resistência a estresse e coragem para correr riscos contribuem para possibilidades maiores de aceitar e lidar mais realística e construtivamente com as mudanças.

A resistência à mudança é, portanto, uma fase inicial prevista em qualquer programa de mudança planejada.

O MODELO PESQUISA-AÇÃO

Um modelo de ciência comportamental aplicada, elaborado pelo psicólogo social Kurt Lewin, tem sido extremamente útil em programas de mudança planejada nas organizações. *Pesquisa-Ação* é, ao mesmo tempo, uma abordagem à solução de problemas (modelo teórico) e um processo de resolução de problemas (conjunto de atividades).

O modelo *Pesquisa-Ação* compõe-se de quatro etapas:

1) Coleta de dados.
2) Diagnóstico.
3) Ação.
4) Avaliação.

Na primeira etapa, faz-se o levantamento dos dados relevantes ao problema identificado, utilizando-se técnicas apropriadas.

Na segunda etapa, procura-se identificar as lacunas existentes entre o *que é* e o *que deveria ser,* com base nos dados coletados, chegando-se a um diagnóstico da situação.

Na terceira etapa, elabora-se o planejamento global estratégico e tático destinado a diminuir ou eliminar as lacunas diagnosticadas e implementam-se as atividades planejadas, as quais produzem resultados.

Na quarta etapa, procede-se à avaliação dos resultados, conducente a um rediagnóstico mediante a indagação: "Após as ações realizadas e obtidos esses resultados, quais as lacunas existentes agora?"

Esta última etapa conduz a um novo ciclo de pesquisa-ação, o qual, por sua vez, levará a outro ciclo subseqüente e assim continuará o processo dinâmico, enquanto a organização existir e seus membros usarem o modelo de forma adequada.

Pode-se visualizar o modelo *Pesquisa-Ação* na Figura 12.1, em esquema conceitual e operacional.

FIGURA 12.1
MODELO PESQUISA-AÇÃO

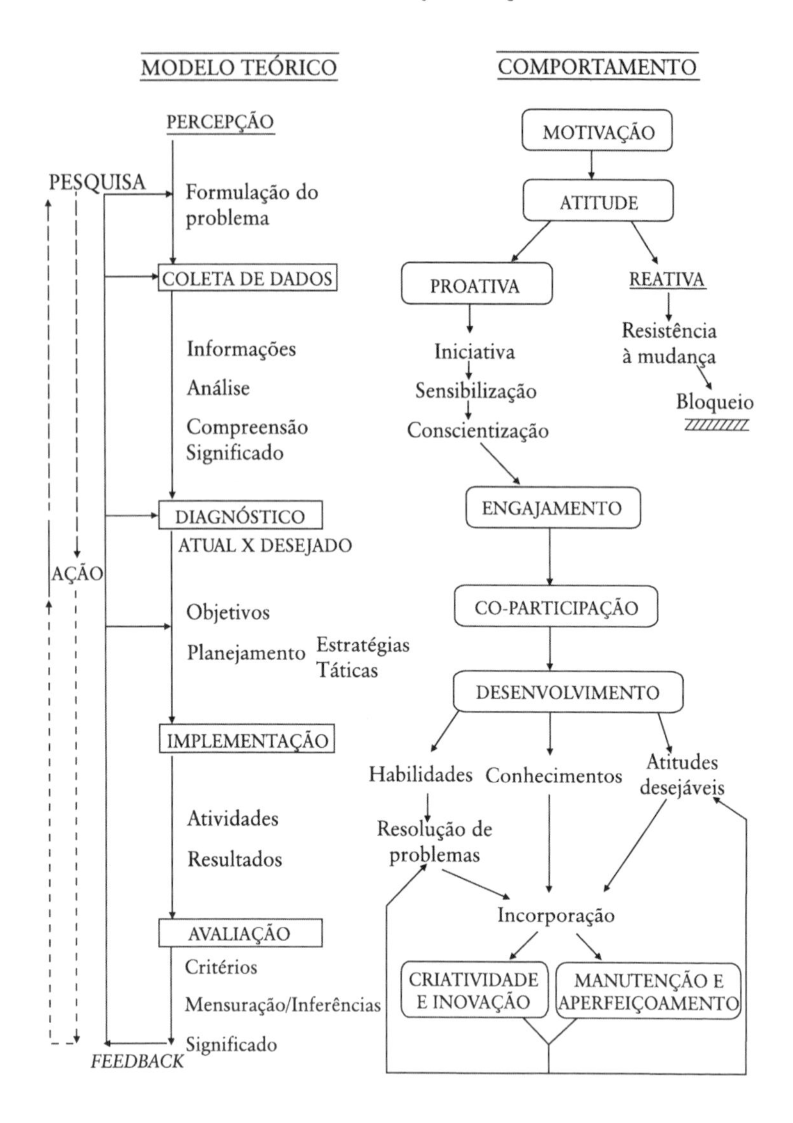

A TÉCNICA "ANÁLISE DE CAMPO DE FORÇAS"

Quando se enfrenta uma situação-problema, pode-se considerá-la como resultante de forças que atuam em direções opostas. Esta maneira de encarar a situação constitui uma simplificação da realidade para fins de análise, pois as forças existentes operam em direções diversas, em quantidades variáveis e inter-relações em graus diferentes. Sabendo-se que um corpo ficará imóvel quando a soma total das forças que atuam sobre ele for zero e que se moverá numa certa direção determinada por forças em desequilíbrio, pode-se transpor o princípio da mecânica a situações humanas, em que o comportamento de indivíduos ou grupos também é constante dentro de certos limites.

Este esquema conceptual de *campo de forças* elaborado por Kurt Lewin (1951), com base em modelo da física, tem sido dos mais úteis no exame de situações grupais. Lewin considerou que qualquer situação psicossocial, desde a mais simples até a mais complexa, pode ser concebida como um *campo de forças* (pessoa/grupo-ambiente-em um determinado momento) cuja expressão aparente seria o que denominou "nível de atividade", ou seja, o equivalente ao zero da mecânica.

O *nível de atividade* mantém-se relativamente constante por causa do equilíbrio entre a intensidade total das forças opostas, caracterizando o *equilíbrio quase-estacionário.*

As forças atuantes são todos os componentes ativos que concorrem para determinar aquele nível de atividade específico, podendo ser internos ou externos à pessoa, grupo ou organização. As forças atuantes são de dois tipos:

1) Forças *impulsoras* — que tendem a elevar o nível de atividade.
2) Forças *restritivas* — que tendem a diminuir o nível de atividade.

O nível de atividade é o ponto de partida na identificação de problemas e sua análise para fins de diagnóstico.

A técnica de análise de campo de forças consiste em:

1) Identificar as forças atuantes na situação, colocando-as em duas listas:

FORÇAS IMPULSORAS → | ← FORÇAS RESTRITIVAS

Exemplos de forças identificáveis em grupos de treinamento/desenvolvimento

IMPULSORAS	RESTRITIVAS
I Ambientais	
• Recursos suficientes	• Pressões normais externas
• Equipamento adequado	• Horário rígido
• Instalações confortáveis	• Interferências/interrupções
• Ambiente prazeroso	• Equipamento falho
• Tempo disponível	• Tamanho do grupo
• Isolamento/privacidade	• Ambiente desagradável
II Grupais	
• Motivação	• Defensividade
• Cordialidade	• Apatia
• Aceitação de diferenças individuais	• Hostilidade
• Ritmo das atividades	• Dependência do coordenador
• Liderança	• Normas ambíguas
• Confiança recíproca	• Silêncio
• Espontaneidade	• Desorganização
• Interdependência	• Facções

(cont.)

(cont.)

IMPULSORAS	RESTRITIVAS
III Individuais	
• Empatia	• Objetivos conflitantes
• Competência do coordenador	• Dominação/manipulação
• Suporte emocional	• Rigidez/intransigência
• Busca de informações	• Timidez
• Troca de experiências	• Disputa pelo poder
• Inovação	• Alianças em duplas/trios/ subgrupos
• Ouvir o(s) outro(s)	• Evasão
• Facilitação de comunicação	• Divergências pendentes

2) Avaliar a intensidade dessas forças e construir o diagrama de *campo de forças*.

FIGURA 12.2
DIAGRAMA DO CAMPO DE FORÇAS

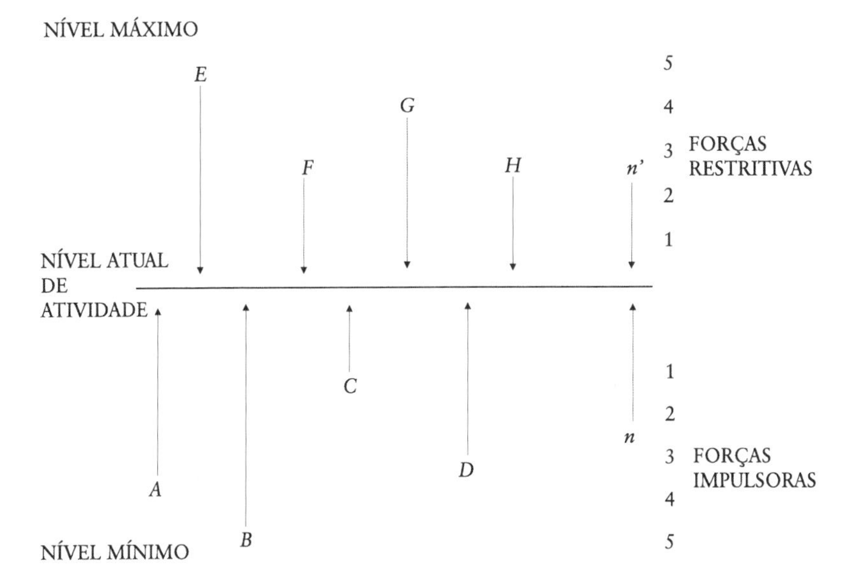

Os números de 1 a 5 representam a intensidade estimada das forças. Qualquer que seja o número de forças de cada lado, a sua soma algébrica será zero, caracterizando o nível atual de atividade, considerado insatisfatório e carente de modificação.

3) Caracterizar as forças atuantes.

As forças mais variadas podem ser grupadas em três categorias principais, conforme seu relacionamento com:

a) o *eu* — elementos que se referem a *mim* como indivíduo (exemplo: meus esforços para estabelecer comunicação satisfatória com os outros);
b) os *outros* — elementos que se referem a outras pessoas (exemplo: pressão manifesta ou velada de um subgrupo para uma determinada decisão grupal);
c) o *ambiente* — elemento de natureza não-pessoal (exemplo: ambiente físico da reunião, tempo disponível).

As pessoas tendem, em geral, a ignorar ou minimizar seu próprio papel na situação ao fazerem um diagnóstico. Quando as forças referentes ao *eu* são incluídas no campo de forças, aparecem mais freqüentemente como forças impulsoras. *Outros* e *ambiente* são vistos mais como forças restritivas. É realmente difícil perceber, reconhecer e aceitar o papel que o *eu* desempenha como força restritiva numa situação-problema.

4) Elaborar alternativas de mudanças.

ALTERNATIVAS DE MUDANÇA

Uma vez determinado o campo de forças, o que pode ser feito para alterar o equilíbrio quase-estacionário?

Há duas alternativas lógicas: aumentar a intensidade das forças impulsoras ou diminuir a intensidade das forças restritivas.

No primeiro caso, alguns resultados podem ser conseguidos a curto prazo, mas, pelas próprias leis da mecânica, deve-se esperar, também, um aumento na tensão do sistema, pois haverá tendência a um aumento de força igual do lado oposto.

No segundo caso, o nível de atividade subirá sem as conseqüências negativas da primeira alternativa. Daí a resistência psicológica em incluir o *eu* como força restritiva, pois, se o indivíduo constitui uma barreira para a solução do problema, ele mesmo terá que mudar, o que não é muito fácil nem simples para um diagnosticador.

Há ainda uma terceira alternativa que consiste em identificar forças latentes ou neutras que existem na situação ou fora dela e que podem ser mobilizadas para atuar como forças impulsoras. Colocar um novo elemento na situação (atividade, exercício indagação), promover uma análise *aqui-e-agora* etc. são exemplos de estratégias de mobilização de forças latentes para modificação do campo de forças e elevação do nível de atividade para o ponto desejado.

Na verdade, esta etapa já ultrapassa a fase de diagnóstico, constituindo o primeiro passo subseqüente de planejamento de ação. Entretanto, diagnóstico e planejamento de ação estão inter-relacionados na prática, só havendo distinção entre estas fases e a de implementação.

A técnica de resolução de problemas, qualquer que seja sua abordagem, parte do diagnóstico como base necessária e indispensável.

A análise de campo de forças é uma técnica de diagnóstico extremamente útil para o planejamento de ação e resolução de problemas, podendo ser conjugada a outras técnicas de resolução de problemas. Estimula a criatividade ao solicitar identificação de fatores os mais variados, lógicos e ilógicos, objetivos e subjetivos, racionais e emocionais, que estejam atuando como forças impulsoras ou restritivas numa determinada situação-ocasião.

REFERÊNCIAS E LEITURA COMPLEMENTAR

CHANLAT, J.F. (coord.). *O indivíduo na organização: dimensões esquecidas.* 2. ed. São Paulo, Atlas, 1993.

COREY, S.M. *Action-Research to improve school services.* New York, Columbia Univ. Press, 1954.

GOLEMBIEWSKI, R.T & BLUMBERG, A. "Where can T-group dynamics be used? applications in home, school, office, and community." *In:* GOLEMBIEWSKI, R. T. & BLUMBERG, A. (eds.), *op. cit.*, p. 336-353.

GOODMAN, P. S. & Associates. *Change in organizations — new perspectives on theory, research, & practice.* London, Jossey Bass, 1984.

LEWIN, K. *Teoria de campo em ciência social.* São Paulo, Pioneira, 1965.

——. "Action Research in minority problems." *Journal of Social Issues,* 2: 34, 46, 1946.

LIPPIT, G.L. *Visualizing change — model building and the change process.* Fairfax. Va., NTL Learning Resources, 1973.

MOSCOVICI, F. "Resistência à mudança." *Revista INDE — Instituto Nacional de Desburocratização e Excelência*, 1(1): 4-9, Rio de Janeiro, 1989.

NYLEN, D; MITCHELL, J.R. & STOUT, A. "Changing and planned change." *In:* ___________. *Handbook of staff development and human relations training: materials developed for use in Africa.* Washington, DC., NTL-NEA, 1967, p. 103-1 11.

ROTHMAN, I. *Planning and organizing for social change: action principles from social science research.* New York, Columbia Univ. Press, 1974.

SCOTT, J.C. *Domination and the arts of resistence: hidden transcripts.* New York, London, Yale University, 1990.

13

Desenvolvimento interpessoal, gerencial e organizacional

EM PESQUISAS psicossociais e observações informais do dia-a-dia, destacam-se dificuldades de comunicação e de relacionamento entre as pessoas como síndrome de carência afetiva e necessidades sociais não-satisfeitas. A massificação crescente do indivíduo conduz à relação *eu-isto*, de sujeito-objeto, na terminologia de Buber, dificultando sobremaneira, ou até impossibilitando, o verdadeiro encontro *eu-tu* de pessoa a pessoa.

A própria educação sistemática enfatiza a tecnologia em detrimento do crescimento pessoal e interpessoal, considerado menos importante na sociedade mecanicamente sofisticada. A resultante, cada vez mais evidente, está na defasagem crescente entre progresso tecnológico e progresso social.

O desenvolvimento interpessoal passa a ser uma necessidade de desenvolvimento organizacional e social. Sendo a pessoa o subsistema principal da organização, este sistema e o macrossistema social dependerão do funcionamento efetivo do primeiro, em seu contexto habitual — o grupo humano.

O desenvolvimento interpessoal pode ser orientado para três níveis de conseqüências: o individual, o grupal e o organizacional.

A nível individual, o foco predominante é intrapessoal e interpessoal, na forma de díade. Trabalham-se as motivações, os objetivos pessoais, a problemática de inter-relação, de afetividade e intimidade. Procura-se obter autoconhecimento e conscientização, habilidades de percepção, diagnose e comunicação para expressão verbal e emocional, para dar e receber *feedback*. O indivíduo que se conhece e aceita pode fazer opções mais realísticas de mudanças pessoais e preservar sua autenticidade.

A nível grupal, o foco é interpessoal e grupal, examinando-se os eventos de díade, subgrupos e grupo total. Trabalham-se as motivações e os objetos comuns ao conjunto e a vários subconjuntos, bem como a problemática do poder, da autoridade, controle e influência social. Procura-se aperfeiçoar habilidades de comunicação efetiva, de dar e receber *feedback*, de diagnosticar e administrar conflitos, de liderança e participação em grupo. Se a competência interpessoal é alcançada nesse nível, os membros do grupo podem dispor-se a trabalhar em equipe de forma real, e não apenas no rótulo.

A nível organizacional, o foco predominante é o sistema (a organização toda). Trabalham-se as motivações e objetivos individuais, grupais e organizacionais, e a problemática de diferenciação e integração de subsistemas. Procura-se ampliar e aperfeiçoar a capacidade de trabalho em equipe, de diagnóstico e administração de conflitos intergrupais, a competência interpessoal de comunicação, interdependência e integração. Nesse nível, o desenvolvimento interpessoal é orientado para interdependência de subsistemas e trabalho em equipe e para o desempenho organizacional como um todo.

Desenvolvimento interpessoal, portanto, não se esgota no plano individual de crescimento da pessoa que se relaciona com as demais pessoas de forma eficaz. A competência interpessoal é um processo de qualificação profissional primordial para funções de liderança e outras funções de predominância de intercâmbio social.

Os grupos humanos necessitam líderes competentes para sobreviver e desenvolver plenamente seus recursos e potencialidades. Igualmente, as organizações sociais necessitam líderes competentes (dirigentes/executivos/gerentes) para sua sobrevivência e desenvolvimento cabal de recursos e potencialidades.

A conceituação de "líder competente", no contexto organizacional, está relacionada à cultura da organização, a seus valores e normas, explícita ou implicitamente. Os programas de treinamento e desenvolvimento de recursos gerenciais são elaborados e implementados por essa filosofia de ação decorrente.

O estabelecimento de objetivos de *desenvolvimento gerencial* passa a constituir a etapa crítica e decisiva para todo o processo e suas conseqüências na vida da organização. A depender de como seja encarado o desempenho gerencial, cada organização terá seus objetivos e diretrizes para capacitar e aperfeiçoar gerentes competentes.

DESENVOLVIMENTO GERENCIAL

Desenvolvimento gerencial é, acima de tudo, autodesenvolvimento. Isto significa que o gerente assume a responsabilidade pelo seu próprio desenvolvimento. A organização é responsável pelo provimento de condições que propiciem o desenvolvimento de cada gerente, mas a este cabe o esforço extra, pessoal, para aproveitar e buscar oportunidades de desenvolvimento. Este enfoque aponta o plano atitudinal como prioritário na competência gerencial: autodesenvolvimento é uma atitude adquirida, de interesse e esforço com relação a dificuldades, desafios e oportunidades.

Desenvolvimento gerencial resulta na aquisição, expansão ou reformulação de conhecimentos, habilidades e atitudes, de forma planejada, sistemática, para aperfeiçoamento do desempenho atual e, ao mesmo tempo, preparação para posições de maior responsabilidade.

Cada organização define que conhecimentos, habilidades e atitudes são necessários e desejáveis para o desempenho atual e futuro, de acordo com os objetivos, diretrizes e planos da organização. Assim, a abordagem de sistemas é inevitável se o desenvolvimento gerencial é compreendido como um processo abrangente de interação entre o homem, o trabalho e o ambiente intra e extra-organizacional, em vez do somatório de alguns cursos e seminários.

A aplicação prática de certas técnicas de gestão moderna exige competência interpessoal. O gerente eficaz é competente no desempenho global de seu papel organizacional e não apenas numa parte dele.

Conseqüentemente, não se pode conceber desenvolvimento gerencial, ou de liderança, sem desenvolvimento interpessoal. O comportamento gerencial eficaz inclui competência técnica e competência interpessoal. Conhecimentos, habilidades e atitudes compõem *estilos* gerenciais que se diferenciam de *técnicas* gerenciais, conjuntos de conhecimentos relativos à gestão.

A competência interpessoal, sendo componente fundamental do comportamento gerencial eficaz, é também um componente essencial do sistema humano que se deseja motivado, realizando suas potencialidades, participativo, responsável, procurando compatibilizar seus objetivos pessoais com os da organização, com flexibilidade para ajustamento rápido e eficiente às mudanças, orientado para o desenvolvimento global da organização. Os componentes do comportamento gerencial podem ser observados na Figura 13.1.

FIGURA 13.1
COMPONENTES DO COMPORTAMENTO GERENCIAL

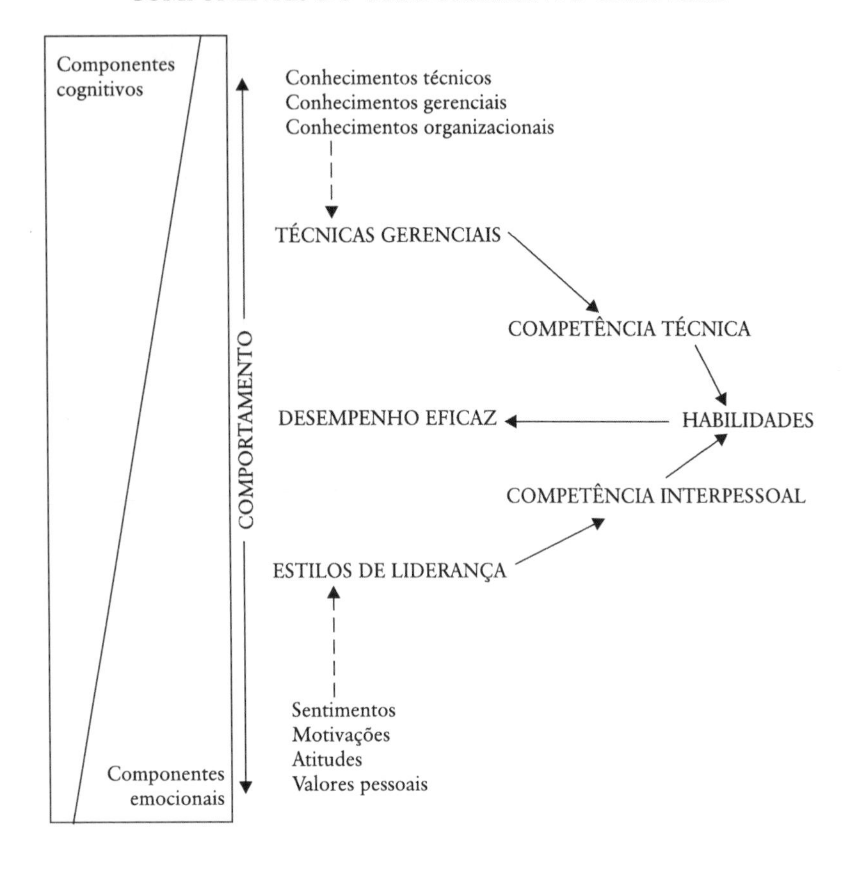

OBJETIVOS DE DESENVOLVIMENTO GERENCIAL

Em programas de desenvolvimento gerencial de organizações podem ser formulados os seguintes objetivos para melhoria do desempenho individual de gerentes:

1) Sensibilizar os gerentes para desenvolvimento gerencial e sua importância do ponto de vista pessoal e profissional.
2) Capacitar os gerentes para desempenho eficaz em suas áreas específicas de atuação.

3) Desenvolver habilidades de percepção e diagnose de problemas, de comunicação efetiva e de liderança e participação em grupo.

Esses objetivos podem constituir objetivos finais de um programa ou objetivos iniciais, de curto prazo, caracterizando, então, uma etapa básica de desenvolvimento, conjugando conhecimentos, habilidades e atitudes e estimulando a motivação para prosseguimento de esforços. Esta segunda abordagem, de desenvolvimento organizacional, passa a preocupar-se, sistematicamente, com o desenvolvimento de seu sistema humano a curto, médio e longo prazos, em termos de desempenho eficaz, produtividade, lucratividade e vitalidade da organização. O objetivo maior é tornar a organização altamente flexível e apta a enfrentar o desafio e os riscos de um ambiente de incertezas e mudanças aceleradas, ajustando-se constantemente a essas condições mutáveis. Este objetivo significa institucionalização de competência em todos os níveis a médio e longo prazos. O Quadro 13.1 apresenta os objetivos de desenvolvimento gerencial numa perspectiva de DO.

A competência interpessoal é um objetivo final, a nível individual, e instrumental, a nível grupal e organizacional.

O trabalho em equipe, fundamental em desenvolvimento organizacional, dificilmente será eficiente se os membros do grupo não tiverem desenvolvido sua competência interpessoal. A liderança e a participação em grupo ficarão comprometidas se não houver razoável competência interpessoal do líder e dos membros do grupo. A comunicação, obviamente, dependerá, em grande parte, da competência interpessoal desenvolvida em termos de dar e receber *feedback*.

QUADRO 13.1

OBJETIVOS DE DESENVOLVIMENTO GERENCIAL

CURTO PRAZO	MÉDIO PRAZO	LONGO PRAZO
Sensibilização Motivação para desenvolvimento gerencial Conscientização de forças e fraquezas (autodiagnóstico)	Atitudes	Autodesenvolvimento
Conhecimentos técnicos Conhecimentos gerenciais Conhecimentos organizacionais	Reciclagem e aperfeiçoamento	Institucionalização do processo de desenvolvimento (auto-sustentação)
Visão sistêmica	Compreensão de interdependência	Integração
Habilidades: percepção e diagnose	Flexibilidade para mudanças	Criatividade/ inovação
Comunicação	Competência interpessoal	
Liderança e participação em grupo	Trabalho em equipe	"Saúde"/vitalidade organizacional
Desempenho individual		
	Desempenho grupal	
		Desempenho global da organização

Em *desenvolvimento organizacional,* algumas técnicas e instrumentos administrativos só poderão ter resultados positivos se houver competência interpessoal dos líderes/ gerentes. Um exemplo notório é a chamada APO (administração por objetivos), em que um dos passos vitais é a "negociação de objetivos" entre líder e liderado (gerente-subordinado). Como realizar esse procedimento nitidamente interpessoal sem competência interpessoal? Através de compreensão e embasamento teórico de APO, o gerente adquire competência a nível cognitivo, de conhecimento, o que não é suficiente para garantir sucesso na aplicação prática desta ou de qualquer outra tecnologia comportamental interpessoal.

Da mesma forma, a liderança democrática participativa é logo apreendida intelectualmente, mas de aplicação difícil sem treinamento específico de desenvolvimento interpessoal. Assim também o desenvolvimento de equipe (*team building*), a administração de conflitos, a resolução grupal de problemas e outras modalidades de intervenção psicossocial de DO.

LABORATÓRIO DE SENSIBILIDADE E DESENVOLVIMENTO ORGANIZACIONAL

Embora utilizando conhecimentos e técnicas das ciências do comportamento, que formaram a base da *educação de laboratório,* o desenvolvimento organizacional não se confunde com aquela metodologia, em seus esforços para integrar as necessidades individuais de crescimento e auto-realização com os objetivos e metas da organização, a fim de torná-la mais eficiente e eficaz.

Evidentemente, há semelhanças entre educação de laboratório e DO, pelo simples fato de este ter surgido como uma aplicação elaborada das potencialidades da metodologia. No entanto, há também diferenças nítidas que permitem caracterizar e compreender as respectivas tecnologias, especialmente em relação a intervenções planejadas no sistema humano das organizações.

O exame da evolução de objetos de estudo e aplicações do NTL Institute for Applied Behavioral Science, ao longo de quase 50 anos de existência, mostra o deslocamento do foco original de preocupação exclusiva com pequenos grupos para o atual, mais abrangente, de sistemas complexos, ou seja, do laboratório de sensibilidade para a mudança de sistemas ou desenvolvimento organizacional.

Este processo não significa, contudo, que o laboratório de sensibilidade tenha sido superado ou substituído por outras técnicas mais "modernas". O laboratório de desenvolvimento pessoal e interpessoal continua sendo um instrumento básico de múltiplas aplicações em contextos diversos, plenamente válido para os objetivos que se propõe atingir, enquanto DO é uma decorrência e um avanço tecnológico das ciências do comportamento requerido pelo desafio de adaptação contínua às mudanças organizacionais sistêmicas e ambientais mais amplas.

Uma das mais importantes intervenções de DO no sistema humano consiste na técnica "Desenvolvimento de Equipe" *(Team building)*, que apresenta semelhanças com o "Grupo-T" *(T-Group)*, modalidade freqüente de laboratório de sensibilidade. Constituem ambas técnicas de dinâmica de grupo, orientadas para o desenvolvimento interpessoal de seus participantes, com ênfases diversas.

Há, contudo, diferenças acentuadas que exigem maior competência e flexibilidade do consultor de DO, além da experiência básica, necessária e facilitadora para as tarefas

QUADRO 13.2
DIFERENÇAS ENTRE O AMBIENTE DE LABORATÓRIO
E A MUDANÇA DE SISTEMAS

AMBIENTE DE LABORATÓRIO	MUDANÇA DE SISTEMAS
1. Perspectiva de curto prazo. 2. Foco em *aqui-e-agora*, na experiência pessoal.	1. Perspectiva de longo prazo. 2. Foco no sistema, com contribuições pessoais para a organização.
3. Dados facilmente disponíveis.	3. Dados difíceis de obter. Necessidade de pesquisa e proação.
4. Aceitação e apoio a qualquer comportamento.	4. Menor orientação para pessoas e apoio.
5. Desconfiança de controles, metas, medidas, responsabilidades.	5. Atividades mais visíveis, mensuráveis e vulneráveis.
6. "Santidade do grupo".	6. Preocupação com metas, orientação para resultados.
7. Modalidade de aprendizagem: "as pessoas no grupo".	7. Envolvimento com poder, conflito, política e confrontação.
8. A mudança em si é valorizada.	8. Crescente responsabilidade e controle profissional.
9. Indivíduo e grupo em harmonia.	9. Indivíduos e organização não necessariamente em harmonia.
10. Liberdade para experimentar.	10. Gerência de equipe (relações gerente-subordinado, sinergia).
11. Problema: construir uma organização (ambiente interno).	11. Problema: mudar uma organização (relacionamento com o ambiente externo inevitável).
	12. Atitude empresarial.

FONTE: DUPRÉ, Vladimir A. "Small groups and large systems." *Program for specialists in organization development*. NTL Institute Learning Commnunity, 1972. (mimeo.)

de intervenção de grupo, como coordenador de laboratórios de treinamento pessoal e interpessoal.

As diferenças principais entre as duas técnicas são indicadas por Billie Alban, conforme o Quadro 13.3.

QUADRO 13.3
DIFERENÇAS ENTRE O GRUPO T E DESENVOLVIMENTO DE EQUIPE

LABORATÓRIO (GRUPO T)	DESENVOLVIMENTO DE EQUIPE
1. O grupo é formado, basicamente, de estranhos.	1. O grupo tem, ou terá, uma vida em comum, com experiências compartilhadas.
2. Dados *aqui-e-agora* são a norma.	2. Dados *lá-e-então*, do passado e do futuro, são considerados em conjunto.
3. Os membros, como participantes, são responsáveis uns pelos outros.	3. Essa responsabilidade existe, também, em relação a um sistema e um ambiente maiores.
4. O grupo forma-se apenas para a finalidade de treinamento.	4. O grupo tem outras razões, além do treinamento, para interagir.
5. Os membros estão numa base de igualdade.	5. Os membros têm diferentes *status*, autoridade, poder e responsabilidade.
6. O próprio grupo tem poder para recompensar e punir.	6. O poder para recompensar e punir é distribuído desigualmente, havendo controles externos ao grupo.

(cont.)

(cont.)

Laboratório (Grupo T)	Desenvolvimento de equipe
7. A agenda é composta de dados intra e interpessoais.	7. A agenda pode orientar-se para problemas de trabalho. Os dados intra e interpessoais só são relevantes quando afetam a tarefa.
8. Desenvolve-se como uma minissociedade fechada.	8. Requer percepção do sistema maior e do ambiente, de que o grupo é somente uma parte.
9. Toda a ação ocorre no grupo.	9. Subgrupos podem formar-se e uma constante atividade ocorre fora do grupo.
10. A realidade é avaliada em relação aos sentimentos intragrupais.	10. A realidade é avaliada em relação a fatores de um sistema maior, sendo os sentimentos somente uma parte dos dados.
11. Os grupos T são voluntários por tradição.	11. É questionável se uma atividade patrocinada pela organização, visando à maior eficácia no trabalho, pode ser considerada voluntária, mesmo quando assim planejada pelo dirigente ou pelo consultor.

FONTE: ALBAN, Billie. "Team Building." *Program for specialists in Organization Development.* NTL Institute Learning Community, 1972. (Mimeo.)

O DESAFIO

Quando se diz que o processo de modernização do funcionamento das organizações, o desenvolvimento organizacional, não se pode efetuar sem mudança "de mentalidade" das pessoas, o que se quer enfatizar é o aspecto humano, e especialmente o de atitudes, de qualquer tipo de reforma administrativa e organizacional, que não se realiza apenas no plano das estruturas, equipamentos e materiais.

Quando se pensa em educação permanente, como uma necessidade e uma solução para os problemas de modernização acelerada em todos os setores, na corrida tecnológica que traduz concretamente desenvolvimento econômico e sociopolítico, a imagem destacada é a do homem produtivo, da mão-de-obra qualificada tecnicamente. Os programas de capacitação e aperfeiçoamento de recursos humanos, em geral, têm negligenciado a qualificação interpessoal, como se as pessoas pudessem trabalhar juntas justapostas apenas, à semelhança de máquinas de funcionamento isolado, sem o complexo sistema de interação humana.

Os principais componentes e aspectos psicológicos do trabalho, personalidade, motivação e comunicação, são abordados e realçados em programas de desenvolvimento gerencial quase sempre a nível individual, sem a colocação expressa do contexto natural de atividade: o grupo humano. Mesmo esses aspectos do comportamento não são integralmente operacionalizados nas práticas gerenciais, ficando, usualmente, no repertório intelectual do gerente como teoria de ação verbalizada, mas não aplicada.

Um outro equívoco é a expectativa de resultados concretos e imediatos em educação. Desenvolvimento interpessoal e gerencial devem ser considerados como investimento, com retorno certo e inestimável a médio e longo prazos, como processos educativos que são. Os acertos e desacertos em educação aparecem sempre, inevitavelmente, só que muito tempo depois, o que pode iludir e perturbar planejadores, agentes e deliberadores do processo. Muitas falhas têm sido cometidas em treinamento operacional e gerencial pela visão estreita de curto prazo, uma vez que os componentes informativos/cognitivos parecem trazer resultados imediatos, embora, por vezes, com diminuição e comprometimento motivacional e atitudinal.

O dilema crítico de especialistas/técnicos e deliberadores/autoridades em desenvolvimento de recursos humanos está na adoção de uma política educacional imediatista, de resultados rápidos, visíveis, aparentemente positivos ou de uma filosofia humanística de respeito às potencialidades da pessoa humana, de crescimento pessoal e plenitude a longo prazo. O dilema é muito mais ético-moral que tecnológico. Qualquer que seja a orientação, cada profissional envolvido, especialista ou deliberador, torna-se responsável pelas conseqüências dos programas de ação social que afetam outras pessoas.

O grande desafio é não se precipitar quando muitos têm pressa, não desanimar quando muitos não acreditam, e não parar de pensar e agir quando muitos se conformam e se tornam passivos. Este desafio é de cada um de todos nós, adultos responsáveis, participantes de grupos humanos. Que estamos fazendo pelo futuro?

14
Competência emocional

"Fora da poesia não há salvação."

Mário Quintana

A TECNOLOGIA TEM-NOS trazido grandes progressos, mas será suficiente para resolver a maior parte de nossas dificuldades humanas? Desenvolver nossa capacidade de lidar com emoções, sentimentos, atitudes, valores e intuição é tão essencial quanto desenvolver as aptidões cognitivas, a fim de alcançar um desempenho profissional competente e produtivo.

O lançamento espetacular do conceito de "Inteligência Emocional" por Daniel Goleman (1995), através do livro de mesmo nome, teve repercussão imprevista nesta era de ênfase tecnológica. O sucesso editorial dessa obra pode sugerir que as pessoas estavam ávidas por "algo mais" do que ciência e técnica ou ficção, ansiosas por um novo caminho para o sucesso no trabalho, na carreira, na vida. Talvez o livro tenha vindo preencher uma lacuna do nosso tempo, da nossa sociedade, do intelectual carente de emoções e sentimentos, tão atrelado à lógica, à tecnologia, às máquinas...

A designação “Inteligência Emocional” sugere um rótulo de impacto que “vende” melhor a idéia da distinção entre o conceito clássico de inteligência geral e este novo indicador de sucesso nas decisões, na resolução de problemas, na carreira profissional, na vida: o QE, ou Quociente Emocional ou Qualidade Emocional. A própria denominação “Inteligência Emocional” pode também induzir à idéia de uma aptidão inata que varia quantitativamente de indivíduo para indivíduo (QE).

Considero que a expressão “Competência Emocional” seja muito mais expressiva para designar este componente tão importante da competência interpessoal.

O conceito de Inteligência Emocional, entretanto, não é novo. A nomenclatura atualizada e atraente refere-se a um aspecto específico do conceito de “inteligências múltiplas”, pesquisado e estudado nas décadas de 1940 e 1950, através da metodologia de análise fatorial dos testes de inteligência, sob a famosa sigla QI (Quociente de Inteligência). Os trabalhos pioneiros de L.L. Thurstone (1973) e J.P. Guilford serviram para a retomada e o aprofundamento da questão por parte de Howard Gardner e Daniel Goleman, a partir dos anos 1980.

Thurstone já havia identificado seis fatores que chamou de *Primary Mental Abilities*, mensuráveis pelo teste PMA:

• verbal	• numérico
• espacial	• fluência verbal
• memória	• raciocínio

Howard Gardner (1995), ao retomar a abordagem multifatorial da inteligência, distinguiu sete variedades-chave e explicitou um novo fator: inteligência pessoal. As inteligências múltiplas seriam então:

- Inteligência acadêmica-padrão de duas modalidades: vivacidade verbal e matemático-lógica.
- Aptidão espacial.
- Aptidão sinestésica.
- Dom musical.
- Inteligência pessoal — composta de aptidões interpessoais e aptidão intrapsíquica.

Segundo Gardner, a inteligência interpessoal significa a "capacidade de compreender outras pessoas, o que as motiva, como trabalhar cooperativamente com elas (...), de discernir e responder adequadamente aos estados de espírito, temperamentos, motivações e desejos de outras pessoas (...). Profissionais de vendas, políticos, professores, clínicos e líderes religiosos bem-sucedidos são, provavelmente, indivíduos com altos graus de inteligência interpessoal". Este fator interpessoal de inteligência, por sua vez, pode abranger quatro aptidões: "liderança, manutenção de relações e conservação de amigos, resolução de conflitos e análise social".

A inteligência intrapessoal, considerada a chave do autoconhecimento, "é uma aptidão correlata, voltada para dentro (...), de acesso a nossos próprios sentimentos e à capacidade de discriminá-los e usá-los para orientar o comportamento".

O número de fatores não tem sido determinado com precisão. Estudos posteriores de Gardner e colaboradores identificaram cerca de 20 variedades de inteligência, em vez das sete variedades-chave originais. As pesquisas de Gilford, nos anos 1940 e 1950, já haviam classificado cinco tipos de *operação* mental (memória, cognição, pensamento convergente, pensamento divergente e avaliação), quatro categorias de *conteúdo* e seis *produtos*, o que possibilitava 120 diferentes combinações para expressar inteligência!

A partir do trabalho de Gardner sobre inteligências múltiplas (1983, 1993), Daniel Goleman reuniu relatos de pesquisa, observações pessoais, casos clínicos e pedagógicos para publicar seu famoso livro em 1995. Nele são apresentados vários programas de desenvolvimento da inteligência emocional sob o título "alfabetização emocional", uma vez que Goleman considera sermos praticamente "analfabetos" no conhecimento e na expressão de nossas emoções. As principais aptidões enunciadas incluem:

• autoconsciência	• lidar com sentimentos
• empatia	• assertividade
• comunicação	• auto-revelação
• lidar com a tensão	• responsabilidade
• solução de conflitos	• auto-aceitação
• intuição	• participação em grupo

Comparando-se estas aptidões emocionais com as habilidades interpessoais de desenvolvimento interpessoal, constantes da pesquisa pioneira em organizações brasileiras,[3] verificam-se superposição e coincidência da maioria delas nos dois conjuntos.

O desenvolvimento dessas aptidões emocionais, cognitivas, atitudinais e comportamentais constitui competência emocional e interpessoal, absolutamente necessária para uma vida de qualidade em qualquer âmbito.

A competência emocional, conquanto de grande importância por si só, não constitui uma capacidade isolada, e sim a base essencial da competência interpessoal. Esta, por sua vez, completa a competência técnica para desempenho profissional superior.

[3]Consultar "Uma pesquisa de competência interpessoal", cap. 3, p. 76-80.

Não obstante, o investimento maior, acadêmico e empresarial, ainda é feito no treinamento e no desenvolvimento dos procedimentos técnicos, como se os aspectos emocionais, comportamentais e psicossociais não merecessem tal investimento, atenção e cuidados.

Se as emoções são onipresentes, que fazer com elas no dia-a-dia no trabalho e fora dele? A capacidade de lidar com emoções e sentimentos é e pode ser aprendida, treinada, desenvolvida, aperfeiçoada. Esta aprendizagem significa competência emocional e faz parte inerente do desenvolvimento interpessoal, ainda bastante negligenciado na sociedade tecnológica contemporânea.

Aprender a controlar os impulsos é tarefa desafiante que começa muito cedo na vida, quando somos obrigados a substituir o princípio do prazer pelo princípio da realidade.

O que significam socialização, educação, cultura? Primordialmente, aprendizagem de controle dos impulsos naturais para o prazer e a aquisição de formas convencionais de conduta social. Os valores cultivados em cada sociedade modelam os comportamentos individuais para a vida em grupo. Até que ponto as pessoas tornam-se capazes de lidar com outras pessoas, comunicar-se verdadeiramente, ouvir os outros, dar e receber *feedback*, usar intuição e empatia, trabalhar com os outros, participar efetivamente de trabalho em equipe?

Até que ponto o indivíduo socializado/educado é capaz de relacionar-se bem com o líder do grupo e os colegas e ainda cooperar para realizar um trabalho conjunto significativo? Até que ponto o indivíduo é capaz de lidar adequadamente com as inevitáveis discordâncias e os conflitos? Parece que nem a família nem a educação formal, nem as empresas, desempenham a contento sua missão social: promover o desenvolvimento harmonioso da personalidade dos filhos, alunos, trabalhadores.

COMPETÊNCIA EMOCIONAL NOS GRUPOS

UMA PESQUISA EXPLORATÓRIA

Quando pessoas trabalham juntas, como é costume nas empresas, as modalidades de interação entre elas passam a ser de interesse geral. Embora ainda vigore a crença ingênua de que no trabalho predominam as modalidades de interação técnica de tarefa, a interação socioemocional vem sendo reconhecida como parte essencial, inerente do processo interativo humano nas atividades de trabalho conjunto.

Que modalidades favorecem ou prejudicam o processo produtivo? Que pode ser feito a respeito? Como corrigir aspectos prejudiciais? Como incrementar aspectos facilitadores? Estas e outras indagações pertinentes preocupam gestores, líderes, planejadores e pesquisadores do comportamento humano na empresa.

Dada a importância teórica e prática do assunto, a autora conduziu uma pesquisa cujo objetivo principal era examinar as modalidades de respostas emocionais nos processos interpessoais para identificar em que aspectos há maior dificuldade na interação dos membros do grupo.

O INSTRUMENTO

Foi utilizado o formulário *Inventário Emocional*, especialmente elaborado pela autora em 1999, com base na categorização de dimensões emocionais de Goleman (1995). Após testagem-piloto naquele ano, o instrumento foi reformulado e tem-se mostrado bastante satisfatório. Compõe-se de 23 itens que abrangem as dimensões:

- Autoconsciência emocional — conhecer as próprias emoções.
- Controle de emoções — autodomínio do *timing* da resposta.
- Canalização produtiva das emoções — expressão adequada das emoções.
- Empatia: capacidade de reconhecer emoções dos outros, entrar em estado de "fluxo".
- Habilidade de lidar com relacionamentos — capacidade de lidar com as emoções dos outros em relação às suas próprias emoções.

O instrumento é simples, de fácil compreensão e aplicação. Basta ao participante classificar cada item como "Mais fácil" ou "Mais difícil" em seu próprio comportamento, assinalando a resposta na coluna respectiva. O formulário *Inventário Emocional* figura ao final deste capítulo.

Aplicado desde o ano 2000 em seminários e *workshops*, em empresas e instituições acadêmicas, para ilustrar o tema "Competência Emocional", o instrumento mostrou-se capaz de gerar respostas que permitiam hipóteses perceptivas e inferências proveitosas para questionamentos e reflexões, conducentes ao autoconhecimento e crescimento pessoal e interpessoal no trabalho em grupo.

AMOSTRA E PROCEDIMENTOS

Foram estudados 31 grupos naturais de participantes em contextos de desenvolvimento e/ou trabalho profissional, em duas amostras distintas, totalizando 742 sujeitos.

A primeira amostra, disponível na ocasião (2002), era constituída por dez grupos em atividade no Programa de Formação de Coordenadores da Sociedade Brasileira de Dinâmica de Grupo (SBDG), totalizando 197 participantes. Esses grupos, em nível de pós-graduação, cumprem um programa básico constituído por módulos diferenciados de vivência, fundamentação conceitual e prática supervisionada, com duração total mínima de três anos. Os grupos eram constituídos por profissionais de diversas ocupações, em sua maioria nas áreas de Psicologia e Administração. O programa era desenvolvido em várias cidades: Belém, PA; Campo Grande, MS; Caxias do Sul, RS; Cuiabá, MT; Curitiba, PR e Porto Alegre, RS.[4]

Mais tarde foi estudada uma segunda amostra, composta por 21 grupos de trabalho em contextos diferentes de treinamento/desenvolvimento, totalizando 545 participantes de diversas ocupações profissionais, aproveitando-se várias oportunidades propícias no período de 2000 a 2004. Os grupos analisados exerciam atividades nos estados da Bahia, Pará, Rio de Janeiro, Rio Grande do Sul, Santa Catarina e São Paulo.[5]

A distribuição dos contextos dos grupos da segunda amostra é apresentada a seguir.

---

[4]Colaboraram com a autora os didatas coordenadores desses grupos: Doralício Siqueira Filho, Francis Valdivia de Matos, Gládis Cecília Zanola Suliani, Lourdes Sgarabotto Scola, Maria Helena Schuck, Mauro Nogueira de Oliveira, Paulo Roberto Helrighel, Saara Maria Silveira Hauber e Jussara de Fátima Marques.

[5]Colaboraram com a autora os didatas Lourdes Sgarabotto Scola, Maria Helena Schuck, Mauro Nogueira de Oliveira (os quais já haviam participado da pesquisa anterior, em 2002) e Luís Sérgio Vieira da Silva.

Contexto	Grupos	Participantes	Observações
Empresa pública	03	41	
Empresa multinacional	01	40	
Empresa privada nacional	04	110	
Grupos mistos	02	33	Seminários abertos
Cursos de pós-graduação	11	321	MBA, especialização
Total	21	545	

Dado o contexto educacional da amostra, a pesquisa não deveria ser um elemento isolado, artificialmente introduzido, sem relação com o processo em curso. O plano da pesquisa preservou uma integração metodológica e ética das atividades de desenvolvimento e pesquisa, contando com a habilidade e experiência dos coordenadores/consultores.

A sessão de *feedback* de dados, em que os resultados são analisados em uma mistura de debate cognitivo e apreciações emocionais, constitui uma verdadeira oportunidade de aprendizagem de autoconhecimento e exercício de habilidades interpessoais de empatia, apoio e ajuda.

RESULTADOS

Primeira amostra

As respostas de autopercepção dos participantes dos grupos de formação mostraram as dificuldades ordenadas da seguinte forma:

MAIORES DIFICULDADES	MENORES DIFICULDADES
1. Lidar com a tensão	1. Afeiçoar-se e cooperar com os outros
2. Tolerar frustração	2. Procurar harmonizar o grupo
3. Controlar emoções perturbadoras	3. Sensibilidade para os sentimentos dos outros
4. Enfrentar conflitos e solucioná-los	4. Reconhecer emoções nos outros
5. Aceitar suas forças e fraquezas	5. Ouvir os outros

A ordenação das respostas revelou que a dimensão *controle de emoções* constitui a maior dificuldade declarada pelos membros dos grupos de formação (1ª, 2ª e 3ª posições), seguida de *habilidade de lidar com relacionamento* e *autoconsciência emocional.*

No outro pólo da ordenação, examinando os itens apontados como de menor dificuldade, duas hipóteses podem ser levantadas:

- Nos grupos de formação pode existir um elo potencial de afetividade, que tende a gerar um clima básico de cordialidade favorável à cooperação.
- Pode haver certa idealização sobre o funcionamento dos grupos de formação, tanto para os participantes quanto para os coordenadores. Isto sugere que poderia haver uma imagem compartilhada de modelo ideal do membro do grupo de formação.

Vale consignar que alguns aspectos de cada dimensão emocional foram também considerados menos difíceis pelos participantes, especialmente os itens relativos à "Empatia".

Caberia presumir que no grupo de formação a Empatia seja considerada um atributo básico comum aos participantes que escolheram esta modalidade de especialização profissional?[6]

SEGUNDA AMOSTRA

As cinco maiores dificuldades declaradas pelos participantes ficaram ordenadas como segue:

MAIORES DIFICULDADES	% EM CADA POSIÇÃO
1. Tolerar frustração	57,06
2. Controlar emoções perturbadoras	42,20
3. Expressar a raiva sem brigar	37,24
4. Controlar impulsos	36,51
5. Receber críticas sem revidar	35,04

A ordenação das respostas revelou que a dimensão "Controle de Emoções" constitui a maior dificuldade apontada pelos participantes dos grupos organizacionais, seguida de "Canalização produtiva das emoções".

Os cinco itens que compõem o Controle Emocional ocupam as posições 1-2-4-5-6 do *ranking* geral de dificuldades, o que por si só mostra a precariedade de interação emocional positiva no ambiente de trabalho. Como alcançar metas de trabalho que exigem de cada membro certa competência em lidar com suas próprias emoções sem comprometer o trabalho conjunto do grupo?

A organização atual não é um mar de rosas nem uma ilha de tranqüilidade em meio à insana escalada competitiva para

[6]O relato integral da pesquisa com a primeira amostra foi publicado na revista da SBDG, Porto Alegre, nº 1, setembro 2003, p. 3-8.

o sucesso. Ela gera muitas tensões e frustrações que, acompanhadas por emoções fortes, precisam ser trabalhadas com habilidade e competência, para evitar desmotivação e fracasso profissional.

Os cinco itens ordenados como menos difíceis são apresentados a seguir:

Menores dificuldades
1. Afeiçoar-se e cooperar com os outros
2. Procurar harmonizar o grupo
3. Ouvir os outros
4. Usar intuição
5. Reconhecer emoções nos outros

ANÁLISE COMPARATIVA

Uma visualização comparativa dos resultados das duas amostras está exposta no Quadro 14.1 a seguir.

MAIORES DIFICULDADES

Mesmo em contextos diferentes, as maiores dificuldades apontadas, tanto nos grupos organizacionais quanto nos grupos de formação, convergem para a dimensão "Controle de emoções", ocupando quatro itens em cinco e três itens em cinco, respectivamente. A dimensão "Expressão de emoções" aparece em seguida nos dois tipos de grupo, sendo que "Expressar a raiva sem brigar" figura como mais difícil nos

QUADRO 14.1
INVENTÁRIO EMOCIONAL
ORDENAÇÃO DOS ITENS NAS DUAS AMOSTRAS:
DO MAIS DIFÍCIL PARA O MENOS DIFÍCIL

ITEM	GRUPOS ORGANIZACIONAIS	GRUPOS DE FORMAÇÃO
1.1 Reconhecer e qualificar as próprias emoções	15	9
1.2 Reconhecer a diferença entre sentimentos e ações	9	9
1.3 Aceitar suas forças e fraquezas	8	5
2.1 Lidar com a tensão	6	1
2.2 Tolerar frustração	1	2
2.3 Controlar emoções perturbadoras	2	3
2.4 Receber críticas sem revidar	5	8
2.5 Controlar impulsos	4	6
3.1 Lidar com sentimentos	13	10
3.2 Ser assertivo na comunicação	14	6
3.3 Expressar a raiva sem brigar	3	6
3.4 Habilidade na expressão de sentimentos	10	11
3.5 Usar intuição	20	14
4.1 Reconhecer emoções nos outros	19	16
4.2 Ouvir os outros	21	15
4.3 Sensibilidade para os sentimentos dos outros	17	17
4.4 Compreender e aceitar a posição do outro	18	13
5.1 Lidar com as emoções dos outros	7	8
5.2 Analisar e compreender relacionamentos	16	12
5.3 Negociar desavenças	11	7
5.4 Enfrentar conflitos e solucioná-los	12	4
5.5 Afeiçoar-se e cooperar com os outros	23	19
5.6 Procurar harmonizar o grupo	22	18
	N = 545	N = 197

ELABORAÇÃO: Fela Moscovici.

grupos organizacionais (posição 3) enquanto "Enfrentar conflitos e solucioná-los" o é nos grupos de formação (posição 4).

Um dos aspectos mais importantes da CE consiste em desenvolver "autocontrole". Diz a experiência popular que, quando sobrevém uma forte emoção (raiva, por exemplo), convém "contar até dez antes de reagir". Sábio conselho!, que expressa o conceito de autocontrole da competência emocional e que pode ser adquirido com esforço e treinamento durante longo tempo. Autocontrole não quer dizer bloquear/abafar as emoções, não as sentir, e sim aprender a expressá-las não tão imediatamente e de forma habilidosa. É preciso sentir, é preciso expressar bem as emoções. Competência emocional significa sentir as emoções fortes e conseguir expressá-las de forma satisfatória em tempo hábil.

Um grande desafio no ambiente de trabalho refere-se a "Expressar a raiva sem brigar". Como ser autêntico sem colocar em risco o relacionamento existente no convívio diário na empresa? Como saber antecipar as conseqüências, imediatas ou a médio e longo prazos, de uma briga com um colega de trabalho?

Vale notar que este item não figura entre os cinco mais difíceis nos grupos de formação da SBDG. Uma inferência plausível seria a de que os membros do grupo de formação só convivem durante datas determinadas nos encontros do calendário do programa e que ao final deste o grupo se desfaz e as pessoas possivelmente não se encontrarão. O relacionamento entre elas é temporário e restrito aos horários preestabelecidos, diminuindo bastante ou terminando após a conclusão do Programa de Formação. Neste contexto, uma briga não parece ter conseqüências graves, podendo a expressão de sentimentos negativos ser feita sem maiores preocupações. No ambiente de trabalho, porém, a situação é outra, bem diferente. A convivência é diária e continuará assim por algum tempo. O que acontece na expressão intempestiva/explosiva de emoções negativas irá certamente afetar o relacionamento cotidiano.

Também o item "Receber críticas sem revidar" indica o quanto a competência emocional é descurada nas empresas, na família, na sociedade em geral. As atividades de Treinamento e Desenvolvimento contemplam primordialmente os conteúdos técnicos/racionais/cognitivos, deixando as dimensões emocionais à margem, como se não precisassem também de desenvolvimento e aprimoramento para realizar as atividades em grupo, para a produtividade individual e grupal.

Como disponibilizar aperfeiçoamento *on-the-job* sem um processo efetivo de dar e receber *feedback*? Quando a pessoa recebe informações sobre seu desempenho durante a execução ou ao término das tarefas, estas informações são valiosas para seu aprimoramento profissional, pois permitem que reformule sua maneira de agir. A avaliação de desempenho geralmente carrega a conotação de crítica. Se a pessoa se dispõe a receber críticas e depois pensar seriamente a respeito, poderá rever sua atuação e corrigir o desempenho. Se a pessoa, porém, revida a crítica, negando-a, defendendo-se, justificando-se ou agredindo o crítico, estará menosprezando oportunidades e informações preciosas para seu crescimento profissional e pessoal.

É bem verdade que esta reação ao *feedback* é uma tendência natural na interação humana e que constitui uma das maiores dificuldades de relacionamento. A tecnologia de desenvolvimento interpessoal permite alcançar razoável competência emocional no sentido de dar e receber *feedback*, componente decisivo da comunicação efetiva.

Sem o desenvolvimento da competência emocional fica difícil a comunicação efetiva baseada nas habilidades de dar e receber *feedback*. A capacitação técnica e a capacitação emocional/interpessoal precisam ser igualmente desenvolvidas nas pessoas para desempenho de qualidade.

MENORES DIFICULDADES

Interessante notar que os itens indicados como menos difíceis estão concentrados nas dimensões Relacionamento e Empatia.

Os dois itens apontados como de menor dificuldade na ordenação geral, tanto nos grupos organizacionais quanto nos grupos de formação: "Afeiçoar-se e cooperar com os outros" e "Procurar harmonizar o grupo", fazem parte da dimensão Relacionamento.

Poderia estar havendo influência cultural da imagem social do "bom" profissional que, além de capacitado, deve ser colaborador, gostar dos seus colegas de trabalho, harmonizador etc.?

Além disso, como grande parte da amostra inclui-se na área de Recursos Humanos, é possível supor que outra imagem social favorável refere-se à dimensão Empatia, abrangendo tópicos tais como "Reconhecer emoções nos outros" e "Ouvir os outros", os quais também figuram entre os menos difíceis.

Como participar de verdade de uma equipe de trabalho sem empatia, sem relacionamento harmonioso com os outros membros, colaborando efetivamente nos esforços conjuntos para alcançar as metas estabelecidas?

Até que ponto a imagem social positiva do "bom profissional", líder ou participante de grupo, enfatiza as habilidades de boa convivência e de sintonia emocional com os outros? E a cordialidade superficial entre os membros poderia estar sendo confundida com "bom relacionamento", ao realçar a figura do "bom moço", a boa índole brasileira?

A realidade do dia-a-dia nas empresas, contudo, levanta dúvidas sobre este cenário no trabalho em grupo...

O desenho de um quadro tão positivo de respostas emocionais pode sugerir um processo psicológico de idealização de cada pessoa em relação ao modelo social aprovado e valorizado na cultura organizacional. As respostas podem representar vários níveis de aspiração ou desejos que reforçam a auto-estima em relação à figura idealizada.

Não se pense que as respostas idealizadas sejam fictícias ou de má-fé no sentido de alterar ou distorcer os resultados. As respostas dadas num contexto de confiança mútua são verdadeiras do ponto de vista psicológico, sem manipulação intencional. Por mais surpreendentes que sejam, merecem crédito por parte do pesquisador, a quem compete interpretá-las de forma adequada, com conhecimento técnico, compreensão do contexto e sabedoria.

ILAÇÕES

Diante do imenso avanço tecnológico, é constrangedor constatar o atraso da competência interpessoal, mesmo em profissionais altamente qualificados para funções técnicas complexas e em gestores de alto nível.

Os resultados deste estudo mostram a persistência nefasta do descompasso entre competência técnica e competência emocional/interpessoal. A imagem conseqüente sugere que esta área continua deficitária e carente de atenção e investimento. Mesmo tendo havido crescente interesse por dinâmica de grupo e trabalho em equipe e, em decorrência, programas cada vez mais sofisticados de desenvolvimento de recursos humanos nesta área, os profissionais que atuam com grupos nas empresas alcançam geralmente maior competência cognitiva/técnica do que emocional/interpessoal na prática do dia-a-dia.

Quando tanto se enfatiza o trabalho em equipe, a cooperação, o relacionamento harmonioso entre as pessoas para assegurar a produtividade e principalmente a competitividade, descobre-se a surpreendente e inexplicável incongruência entre discurso e ação.

Existe tecnologia psicossocial apropriada para desenvolver as habilidades essenciais ao desempenho produtivo de longo prazo. O problema é que essas habilidades não são ainda reconhecidas como estratégicas de fato. Na prática, o enfoque mecanicista prevalece: as habilidades técnicas estão em primeiro plano nos processos seletivos e de aprendizagem e aperfeiçoamento profissional, e também na avaliação de desempenho e planejamento de carreira.

Por que isto acontece? Por que a capacitação comportamental e interpessoal dos trabalhadores não é cuidada? Por que não se investe igualmente no desenvolvimento técnico e no desenvolvimento interpessoal, uma vez que ambos são fatores essenciais e se complementam no desempenho profissional produtivo? E o que dizer das carências em resistência a estresse, a lidar com a tensão, a tolerar frustração, em nossa época, quando se sabe que o estresse é uma constante na vida social e profissional nos grandes centros urbanos?

Apesar da vasta literatura científica sobre o comportamento humano no trabalho, este ainda é considerado como secundário em relação aos componentes tecnológicos da produção. A preocupação maior continua voltada para os equipamentos, os insumos, a tecnologia de produção, ficando o Homem em segundo plano, como simples elemento coadjuvante na cadeia de produção.

Os resultados desta pesquisa sugerem que as mudanças organizacionais de filosofia e estratégia estão acontecendo em ritmo bem mais lento do que o imaginado e desejado. Podem ser interpretados como um sinal de alerta para uma revisão/reformulação dos programas de treinamento e desenvolvimento de grupos e equipes.

Enquanto este enfoque racional-mecanicista perdurar, as dificuldades de relacionamento, comunicação, cooperação e sinergia no trabalho em grupo continuarão a desafiar planejadores e gestores e líderes de grupos e equipes a alcançarem a almejada produtividade em meio à acirrada competição.

Quanto mais avançada e dominadora a tecnologia, quanto mais presente o contato com a máquina, maior a carência do humano, maior o desejo de descobrir-se como pessoa, de experimentar emoções e sentimentos, de ser espontâneo, de trocar afeto e de relacionar-se com seres humanos!

Quando a tecnologia não consegue resolver os problemas, onde encontrar soluções?

Quando a lógica não tem as respostas, a quem recorrer?

Quando todas as teorias sociais entrarem em colapso e as guerras e revoluções deixarem a humanidade em estado de desalento social, o Poeta pode ressurgir e nos salvar a todos.

Isaac Bashevis Singer, Prêmio Nobel de Literatura

Quadro 14.2
INVENTÁRIO EMOCIONAL

Item	Mais difícil	Mais fácil
1.1 Reconhecer e qualificar as próprias emoções		
1.2 Reconhecer a diferença entre sentimentos e ações		
1.3 Aceitar suas forças e fraquezas		
2.1 Lidar com a tensão		
2.2 Tolerar frustração		
2.3 Controlar emoções perturbadoras		
2.4 Receber críticas sem revidar		
2.5 Controlar impulsos		
3.1 Lidar com sentimentos		
3.2 Ser assertivo na comunicação		
3.3 Expressar a raiva sem brigar		
3.4 Habilidade na expressão de sentimentos		
3.5 Usar intuição		
4.1 Reconhecer emoções nos outros		
4.2 Ouvir os outros		
4.3 Sensibilidade para os sentimentos dos outros		
4.4 Compreender e aceitar a posição do outro		
5.1 Lidar com as emoções dos outros		
5.2 Analisar e compreender relacionamentos		
5.3 Negociar desavenças		
5.4 Enfrentar conflitos e solucioná-los		
5.5 Afeiçoar-se e cooperar com os outros		
5.6 Procurar harmonizar o grupo		

REFERÊNCIAS E LEITURA COMPLEMENTAR

DAMÁSIO, A.R. *O erro de Descartes*. 2 ed. São Paulo, Companhia das Letras, 1996.

——. *O mistério da consciência*. São Paulo, Companhia das Letras, 2000.

FRUCHTER, B., GUILFORD, J.P. *Fundamental Statistics in Psychology and Education*. 6. ed. Nova York, McGraw Hill, 1978.

GARDNER, H. *Inteligências múltiplas*. Porto Alegre, Artmed, 1995.

GOLEMAN, D. *Inteligência Emocional: a teoria revolucionária que redefine o que é ser inteligente*. 6. ed. Rio de Janeiro, Objetiva, 1995.

——. *Trabalhando com a Inteligência Emocional*. Rio de Janeiro, Objetiva, 1999.

——. *Daniel Goleman na prática*. Rio de Janeiro, Campus, 2004.

—— & WALLACE, B.A. *Attention Revolution*. Westport, PUB Group West, 2006.

—— & CHERNISS, C. *The Emotionally Intelligent Workplace*. Nova York, John Willey, 2001.

—— & MCKEE, A., BOYATZIS, R. *O poder da Inteligência Emocional*. Rio de Janeiro, Campus, 2002.

—— & DALAI LAMA XIV. *Como lidar com emoções destrutivas*. Rio de Janeiro, Campus, 2003.

GUILFORD, J.P. *Creatividad y Educacion*. Madrid, Edit. Paidos, 1994 (1. ed. em espanhol).

MOSCOVICI, F. *Razão & Emoção: A Inteligência Emocional em questão*. 2. ed. Salvador, Casa da Qualidade, 1997.

THURSTONE, L.L. *The nature of Intelligence*. Westport, CT, Greenwood, 1973.

WEISINGER, H.D. *Inteligência Emocional no trabalho*. Rio de Janeiro, Objetiva, 1997.

15
Considerações éticas

O SUCESSO DE UM programa de desenvolvimento interpessoal não se limita ao plano técnico. A qualificação do coordenador é, sem dúvida, um fator essencial para o aproveitamento da experiência de aprendizagem do grupo. Contudo, outros fatores precisam também ser considerados como de grande importância no processo de aprendizagem em grupo.

O conjunto de características pessoais e interpessoais do coordenador pode facilitar ou dificultar a aprendizagem dos participantes, ao provocar reações de agrado ou desagrado por parte de um ou mais membros do grupo. Respostas emocionais, positivas ou negativas, por sua vez, podem criar uma atmosfera favorável ou desfavorável para o trabalho em grupo. Se o clima é agradável, a tendência à aproximação, à simpatia, à receptividade aumenta e propicia condições emocionais facilitadoras de aprendizagem. Se o clima, porém, é desagradável, a tendência crescente é para afastamento, aversão, rejeição, resistência.

Sabe-se que, a partir das primeiras impressões e emoções, cada participante em particular e alguns participantes em conjunto (subgrupos) vão construindo sua relação afetiva com o coordenador. Essa reação interpessoal é responsável, em grande parte, pelo posicionamento de cada membro quanto ao desenrolar das atividades de aprendizagem. O grupo de treinamento pode formar subgrupos de relacionamento diferenciado com o coordenador, os quais podem competir entre si por maior atenção e afeto do coordenador ou por maior poder, no sentido de igualar ou superar a posição do coordenador/líder.

As atitudes, o posicionamento e a linguagem corporal do coordenador concorrem para acentuar ou desfazer as primeiras impressões, tanto positivas quanto negativas. A interação decorrente qualifica a modalidade de *rapport* entre coordenador e cada membro do grupo e o grupo como um todo. A simpatia, a naturalidade e a autoconfiança que emanam do coordenador contribuem para construir a interação favorável à comunicação aberta, ao diálogo e à cooperação.

O *rapport* que se estabelece entre o coordenador e o grupo é um dos fatores mais importantes para a aprendizagem. Quantas vezes ouvimos pessoas afirmarem que seu fracasso em determinado campo de conhecimentos deve-se à incompetência do professor ou ao seu próprio desprazer com a matéria. Por que certo grupo não rende bem com um coordenador e rende muito bem com outro coordenador, chefe ou gerente?

O *rapport* positivo certamente favorece o relacionamento entre as pessoas, a aprendizagem no grupo, o trabalho conjunto para atingir objetivos comuns.

Todavia, o *rapport* pode ser manipulado por uma pessoa experiente em relações humanas e determinar uma seqüência desejada de ações de aprendizagem. Assim, o coordenador pode induzir um *rapport* de agrado, receptividade e simpatia através de manobras, como, por exemplo, sedução psicológica. Esse modo de facilitar a aprendizagem em grupo pode ser considerado válido? Acode-nos o velho dilema: "O fim justifica os meios?"

O *rapport* positivo provocado artificialmente por manipulação hábil e sutil mostra-se frágil, transitório e insustentável a médio e longo prazos. Quantos casamentos se desfazem por "erro de pessoa", julgamentos inválidos da simpatia envolvente de um dos cônjuges, que prometia uma relação de afeto e que se desvanece com a convivência diária... As pessoas descobrem, mais tarde, que foram manipuladas em suas emoções, sentimentos e julgamentos. O amor, não raro, transforma-se em ódio. A desilusão traz ressentimento, amargura e rejeição da figura do sedutor e também de alguns aspectos a ele ligados.

No treinamento em grupo, algo semelhante acontece quando o coordenador surge como uma figura maravilhosa, de muita simpatia, de grandes qualidades, como o líder ideal, que conquista imediatamente a confiança, a admiração e o afeto dos membros do grupo. Estabelece-se, então, um *rapport* positivo, de grande sintonia emocional, que predispõe o grupo a enfrentar corajosamente os desafios da aprendizagem coletiva.

Se, no entanto, esse *rapport* não for espontâneo e autêntico por parte do coordenador, a verdade emergirá mais adiante, ao longo do processo. Vale lembrar a famosa afirmação de Winston Churchill sobre a impossibilidade de enganar muitas pessoas durante todo o tempo. Pequenos "deslizes" ou lapsos do coordenador maravilhoso aparecem e deixam entrever outros aspectos não tão maravilhosos de sua personalidade.

Quando a verdade é finalmente descoberta, o desapontamento é grande e pode pôr em risco todo o processo de aprendizagem do grupo. A frustração do engano sofrido terá conseqüências amplas sobre o tipo de treinamento, a metodologia, a coordenação, o relacionamento humano; e provocará eventualmente reações individualizadas de resistência, aversão, afastamento, desmotivação, desconfiança, agressividade direta ou deslocada.

O CONTEXTO CULTURAL

Os grupos não funcionam no vácuo. Todo grupo humano possui componentes culturais do sistema maior do qual faz parte. Esse contexto varia em cada segmento da comunidade, da sociedade, do país; não pode jamais ser ignorado na condução de qualquer programa educacional.

Atitudes e valores, crenças e ideologias predispõem as pessoas a perceber e interpretar as situações; a criar, analisar e avaliar possíveis linhas de ação e soluções; a fazer suas opções com tranqüilidade e segurança no respaldo moral da escolha; ou, em caso contrário, a sofrer conflitos intra e interpessoais, sentimentos de culpa, rejeição e isolamento.

A ética não é algo superposto à conduta humana. Todas as atividades humanas envolvem uma carga moral. Idéias e sentimentos sobre o bem e o mal, o certo e o errado, o permitido e o proibido definem a nossa realidade. Desde o primeiro código ético-moral da humanidade, a base religiosa de prescrição da conduta social predominou durante séculos e ainda hoje vigora, largamente, em muitos povos e nações. Cada sociedade tem sido caracterizada por um conjunto de nomos, regras, valores.

Nos últimos três séculos, a ciência tornou-se, progressivamente, um fator determinante de modelos sociais que afetam a família, o trabalho, a própria religião, o governo. Sérias indagações éticas decorrem desse fato e questionam o verdadeiro papel da ciência e da tecnologia em nosso mundo atual. Em situações de crise, as questões éticas tornam-se polêmicas e inquietantes para as decisões pessoais, profissionais e sociais.

O componente ético, portanto, está sempre presente no trabalho de desenvolvimento interpessoal. Os aspectos técnicos de um programa de desenvolvimento de recursos humanos têm sido constantemente abordados, discutidos, estudados e considerados. O mesmo não acontece com os aspectos éticos de tal programa. Estes carecem de maior atenção e estudo, pois envolvem questões delicadas quanto ao contrato psicológico, à motivação, às expectativas, ao relacionamento interpessoal, aos valores declarados e praticados, à transparência e à manipulação de ambas as partes, coordenador e grupo de treinamento.

RESPONSABILIDADE DO COORDENADOR

A figura do coordenador de desenvolvimento interpessoal é de importância capital no processo de aprendizagem em laboratório. A competência técnica e a interpessoal são reconhecidas como requisitos essenciais à condução de programas bem-sucedidos. Todavia, nem sempre se reconhece claramente que a motivação, a experiência, a maturidade, a ideologia, a postura existencial do coordenador também exercem considerável influência no processo de aprendizagem em grupo.

Alguns exemplos de questões éticas que podem ocorrer são apresentados a seguir:

1) Repertório de técnicas *versus* necessidades do grupo.

Todo coordenador experiente utiliza, com freqüência, certas atividades de treinamento, as quais passam a constituir seu conjunto preferencial de instrumentos para aprendizagem em grupo. Esse conjunto predileto caracteriza, geralmente, a abordagem distintiva do coordenador em sua tendência para maior ou menor estrutura, maior ou menor verbalização, maior ou menor ênfase em atividades corporais ou cognitivas, uso de recursos audiovisuais complementares, arrumação específica do ambiente físico, carga horária e intervalos.

O dilema ético surge quando se questiona até que ponto esse repertório instrumental plenamente dominado pelo coordenador pode sobrepor-se às necessidades emergentes do grupo. Há técnicas excelentes de *per si*, mas se não atendem ao que os membros do grupo carecem num determinado estágio de seu desenvolvimento tornam-se inócuas, significando desperdício de tempo e esforço de todos.

2) Objetivos do grupo *versus* motivação de pesquisa do coordenador.

O processo de aprendizagem em laboratório de desenvolvimento interpessoal presta-se a observações, experimentos e estudos do coordenador. Cada etapa requer avaliação cuidadosa para prosseguimento dentro do planejado ou para reformulação das atividades, consoante o modelo *pesquisa-ação*.

Até que ponto o coordenador pode testar, experimentar certas atividades com a finalidade de observar e estudar seus resultados, independentemente das necessidades dos membros e da fase de desenvolvimento do grupo, e sem que eles saibam que estão sendo submetidos a atividades de pesquisa?

O dilema ético emerge quando o coordenador tende a usar o grupo de treinamento como objeto de pesquisa metodológica. Embora as intenções de aperfeiçoamento técnico sejam válidas e respeitáveis, a pesquisa nesse contexto precisaria do conhecimento e da aquiescência dos membros do grupo.

O contrato inicial formal e psicológico explicita certos objetivos educacionais a serem atingidos pelo grupo sob a orientação do coordenador. Se este tem outros objetivos pessoais subjacentes e usa o grupo para alcançá-los, esse fato precisa ser esclarecido e é necessário estabelecer novo contrato psicológico, com transparência e plena consciência e concordância dos membros do grupo. Se tal não acontece, a questão ética da utilização de seres humanos para fins de pesquisa técnica sem seu conhecimento e sua autorização torna-se perturbadora.

3) Manipulação do grupo para resultados rápidos e satisfatórios.

A palavra manipulação tem conotação desagradável em ciência social e, por isso mesmo, costuma provocar reações predominantemente emocionais. No entanto, o fato é que o coordenador pode manipular as situações de grupo para alcançar resultados momentâneos de impacto, embora muitas vezes inconseqüentes, como fogos de artifício.

Há muitas formas de manipulação nos processos interativos em grupo. Pode até haver agrado e satisfação por parte dos "manipulados", porém se o ganho psicológico e social é unilateral, do coordenador apenas, a hipótese de manipulação confirma-se. Quão válida é a utilização de artifícios sutis ou de sedução psicológica para provocar admiração, prazer e sensação de sucesso, em vez de percorrer o caminho mais árduo e trabalhoso de enfrentar as dificuldades naturais de aprendizagem e convivência com os outros?

4) Agenda oculta do contratante *versus* demanda acordada.

Às vezes, a empresa-cliente contrata um programa de desenvolvimento interpessoal visando alguma finalidade suplementar, mais importante que os objetivos definidos no contrato formal. Por exemplo, pode solicitar do coordenador certas observações do comportamento dos participantes para fins de avaliação e julgamento diferentes dos fixados para o treinamento. Este fica seriamente desvirtuado se os dados gerados durante as atividades servirem para outras finalidades além de insumos de aprendizagem.

A revelação de informações sobre ocorrências, reações pessoais, declarações de participantes fere o princípio ético da confidencialidade profissional. Tudo o que acontece no grupo durante as atividades de treinamento pertence exclusivamente ao grupo e somente este poderá decidir sobre a divulgação de qualquer informação.

O coordenador que se presta a elaborar um relatório personalizado para os dirigentes superiores incorre em duplo erro, técnico e ético. A transmissão de dados pessoais fora do contexto real dinâmico da situação grupal de treinamento expõe os participantes a interpretações e julgamentos falsos. A seleção de informações fora do contexto não pode servir de base para decisões importantes sobre a vida das pessoas, tais como promoção, transferência, demissão.

Como poderá ser criado um ambiente protegido, propício à experimentação e à autenticidade, se não houver a segurança psicológica oferecida por absoluta confidencialidade, semelhante ao que ocorre na situação médico-paciente, sacerdote-confessante, assistente social-assistido, advogado-cliente?

5) Vale a pena ser autêntico?

Muitas vezes, os membros enfrentam esse dilema entre participar plenamente do treinamento ou dissimular seus sentimentos e idéias e simplesmente acompanhar o grupo.

A participação plena exige espontaneidade, autenticidade, exposição de idéias e sentimentos pessoais, dar e receber *feedback* sinceramente. A motivação para essa modalidade de atuação em grupo enfrenta obstáculos pela percepção de ameaças de retaliação ou por medo de vazamento de informações pessoais mais íntimas.

O dilema avulta quando alguns participantes percebem que aceitaram de forma cabal as instruções do coordenador e agiram de modo espontâneo, expondo-se corajosamente, enquanto outros participantes não fizeram o mesmo e ficaram na cômoda posição de espectador. A decepção e a mágoa de se sentirem logrados, manipulados, trazem questionamento sobre a reciprocidade de conduta, a confiança mútua, o compromisso compartilhado, a cooperação no trabalho em grupo.

Participar e colaborar assumindo as conseqüências ou não se envolver emocionalmente no processo grupal como recurso de autodefesa?

Esta é uma das mais difíceis e delicadas decisões na convivência com os outros. O coordenador tem um papel espinhoso ao lidar com essa problemática nos grupos, ao orientar e apoiar os membros sem interferir em suas decisões. O importante é que cada experiência possa ser aproveitada como oportunidade de aprendizagem e crescimento pessoal, embora muitas vezes envolvendo momentos desagradáveis, frustrantes ou dolorosos.

6) Relações afetivas expressas e não-expressas.

À medida que o grupo desenvolve suas atividades de treinamento, emoções e sentimentos emergem e consolidam-se ou modificam-se. Os membros constroem uma rede de relações afetivas entre si e com o coordenador.

Os participantes podem expor sua afetividade livremente ou não. O que é expresso é trabalhado "ao vivo" no grupo para aprendizagem coletiva sobre como lidar com sentimentos e emoções no trabalho em grupo.

A questão torna-se delicada para o coordenador quando ele recebe manifestações afetivas mais profundas ou quando ele mesmo sente atração ou aversão por determinado membro. Como lidar com seus próprios sentimentos? Expressar ou não expressar seus sentimentos em relação a um membro? Como fica o princípio da autenticidade? Vale para todos, incluindo o coordenador, ou é apenas parte do exercício de treinamento dos membros do grupo?

Como tratar os membros do grupo no desempenho consciencioso do seu papel de coordenador, de educador, dando-lhes atenção, apoio e afeto equivalentes, proporcionando-lhes oportunidades semelhantes de aprendizagem? Qualquer privilégio concedido a um membro individual pode provocar desequilíbrio no grupo e ameaçar o processo de aprendizagem conjunta. Atitudes e valores declarados, mas não praticados por parte do coordenador afetam desfavoravelmente o treinamento de desenvolvimento interpessoal.

O profissional consciencioso preocupa-se com seu desempenho competente e também, e principalmente, com o fundamento ético-moral de seu trabalho. Além de dedicar-se constantemente ao seu próprio aprimoramento técnico, suas opções de conduta baseiam-se em sólidos princípios éticos de ação e suas prováveis conseqüências imediatas e mediatas sobre outras pessoas.

O componente ético das decisões de planejamento e implementação de programas de treinamento e desenvolvimento de recursos humanos assume proporções imensuráveis, tornando-se uma questão de indubitável e inalienável responsabilidade do coordenador.

Não basta ser competente. É preciso ser ético para produzir qualidade no trabalho com pessoas e grupos.

> Cada homem tem uma esfera infinita de responsabilidade, responsabilidade perante o infinito... Cada homem, com todo o seu ser e fazer, determina o destino do mundo numa medida desconhecida para ele e todos os outros; porque a causalidade que podemos perceber é deveras somente um minúsculo segmento da ação inconcebível, multiforme, invisível de todos em relação a todos. Assim, cada ação humana é um receptáculo de responsabilidade infinita.
>
> MARTIN BUBER, *Hasidism and Modern Man*

SEGUNDA PARTE

EXERCÍCIOS

16
Orientação

OS EXERCÍCIOS APRESENTADOS neste manual têm-se revelado proveitosos em laboratórios de sensibilidade e desenvolvimento interpessoal.

O coordenador competente e experiente julgará os exercícios em função da composição do grupo, seus objetivos específicos, seu tempo disponível, esquema de treinamento e sua modalidade do desenvolvimento dos processos de grupo. Assim, poderá selecionar os mais adequados, o momento mais oportuno e a seqüência de sua aplicação, ou poderá adaptá-los às suas necessidades e orientação, usando-os como modelo ou sugestão.

Nunca é demais enfatizar que os exercícios desse tipo não valem pelo seu conteúdo ou seus resultados concretos, e sim como estímulos ou estrutura inicial para movimentar o grupo. O mais importante é o processo pelo qual o grupo se aproxima e desenvolve a atividade, e não a resposta factual ao exercício. A análise desse processo é que constitui a verdadeira situação de aprendizagem *aqui-e-agora*.

O leitor, ou participante, poderá inteirar-se do conteúdo dos exercícios como forma de ilustração e conhecimento do que consistem e de desfazer alguns mistérios ou fantasias que ainda cercam o laboratório de sensibilidade ou grupo T.

Mas acautele-se contra a tentação (se houver) de aplicá-los — não são jogos de salão, nem exercícios didáticos de classe, suas conseqüências são imprevisíveis ao leigo e ultrapassam o conteúdo aparente. Um exercício indevidamente empregado tem conseqüências negativas variáveis: desde o desperdício de tempo, pelo não-aproveitamento do material, da motivação e dos recursos humanos, até a frustração maior, a mágoa e a legítima indignação de ter sido manipulado levianamente, levando a atitudes de resistência ao treinamento e descrédito da metodologia.

Não há mais lugar para receitas ou *ensaio-e-erro* em desenvolvimento interpessoal. A imprudência ao lidar com emoções humanas é um risco incalculável, pois as forças mobilizadas podem tornar-se incontroláveis. Exercícios desse teor são armas de dois gumes: podem ser primorosos recursos de aprendizagem e crescimento pessoal, ou instrumentos de manipulação e fontes de tensão, frustração e ressentimento. Nenhuma pessoa tem o direito de expor outras pessoas indevidamente a tensões, conflitos, constrangimentos, medos, ridículo. A aplicação de exercícios faz parte inerente do papel e da responsabilidade do coordenador e requer formação técnica especializada.

Não há método, técnica, recurso ou instrumento excelentes por si. A excelência é determinada pelo uso que deles se faz, competente ou incompetentemente. Por conseguinte, os exercícios de *per si* não asseguram o êxito do treinamento nem a aprendizagem dos treinandos. Somente a competência técnica do coordenador, seu bom senso, seus padrões éticos, sua intuição e criatividade na utilização dos exercícios farão com que estes tenham significado dentro do contexto da situação de treinamento como atividades necessárias, cabíveis, desejáveis e funcionais.

PRIMEIRAS IMPRESSÕES

1. Que espero alcançar neste grupo?

2. Que dificuldades poderão ocorrer?

3. Como superar estas dificuldades?

GUARDE ESTA FOLHA PARA COMPARAR COM SUA AVALIAÇÃO FINAL.

INVENTÁRIO PESSOAL: QUEM SOU EU?

1. Elabore uma lista de 20 palavras ou expressões como resposta à pergunta:

QUEM SOU EU?

2. Selecione, desta lista, as 10 palavras ou expressões que são as *mais* características de sua personalidade.

3. Numere-as, então, em ordem de importância, escrevendo o nº 1 para a palavra (ou expressão) que você considera a mais expressiva para descrever sua pessoa, o nº 2 para a seguinte em poder descritivo, e assim sucessivamente até o nº 10.

4. Entregue esta lista, sem assinatura, ao chegar à próxima reunião. Sua lista será divulgada para o grupo. Seria conveniente que você guardasse uma cópia para referências futuras.

QUEM SOU EU?

1.
2.
3.
4.
5.
6.
7.
8.
9.
10.

IDENTIFICAÇÃO TRANSPESSOAL

A. Se eu fosse um animal — que animal seria?

- Por que fiz esta escolha?

B. Se eu fosse uma fruta — que fruta seria?

- Por que fiz esta escolha?

C. Se eu fosse um mineral — qual seria?

- Por que fiz esta escolha?

EXERCÍCIO DE INTROSPECÇÃO*

1. O que eu faço bem?

2. O que eu gostaria de fazer melhor?

3. O que eu não gosto, mas tenho de fazer em minha situação atual?

4. Que aspirações ainda não transformei em plano de ação?

5. Que tipos de recompensa são mais significativos para mim?

*Parcialmente baseado em Fordyce & Weil.

INVENTÁRIO PESSOAL: FORÇAS E FRAQUEZAS

Preencha os espaços na ordem numerada: 1, 2, 3, 4.
Comece aqui.

1. LISTA DE FORÇAS (Meus aspectos positivos, qualidades)	3. PERCEPÇÃO DOS OUTROS (Algumas das minhas forças vistas como fraquezas)

Agora vire e complete o nº 2.

2. LISTA DE FRAQUEZAS
(Minhas dificuldades, deficiências, aspectos negativos)

4. PERCEPÇÃO DOS OUTROS
(Algumas fraquezas vistas como forças)

Agora volte à página anterior e complete o nº 3.

DIMENSÕES INTERPESSOAIS

Instruções

Leia atentamente cada item e marque um X, na escala de 1 a 7, na posição que melhor descreva a sua *atuação real mais freqüente.* Nesta escala, 1 representa o MÍNIMO e 7 significa o MÁXIMO.

Quando terminar, transcreva as marcações para a folha de PERFIL.

1. Habilidade de comunicar idéias de forma clara e precisa em situações individuais e de grupo.

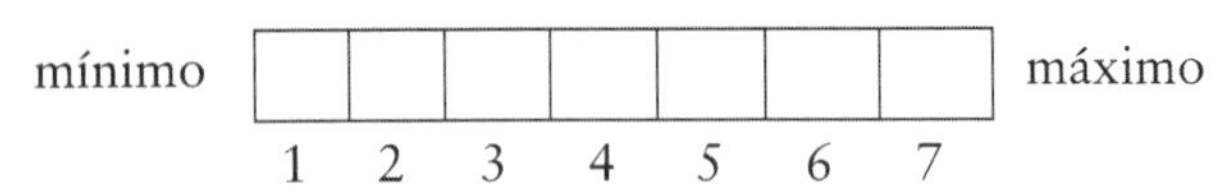

2. Capacidade de criar uma boa primeira impressão e obter atenção, reconhecimento pessoal e respeito.

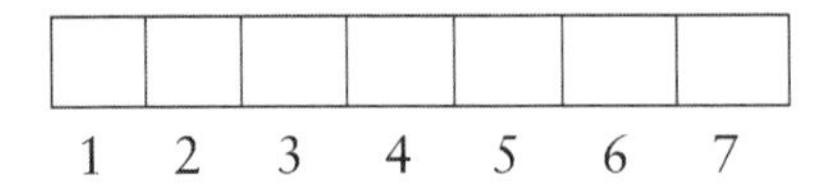

3. Habilidade de ouvir e compreender o que os outros dizem.

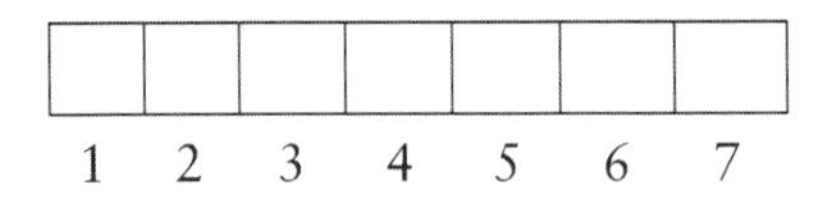

4. Capacidade de influenciar os outros, fazer com que aceitem suas idéias e sigam sua orientação.

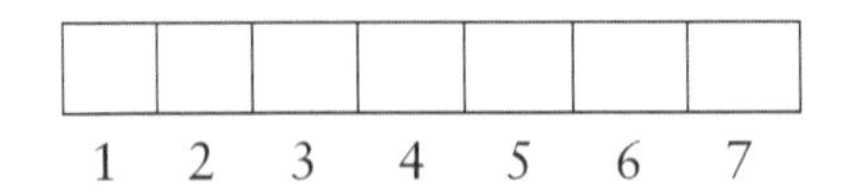

5. Dizer e fazer coisas de modo natural, expressar livremente idéias, opiniões e sentimentos na ocasião em que ocorrem.

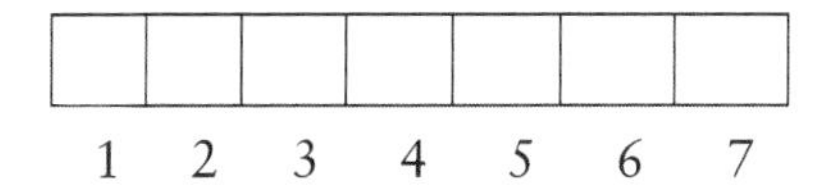

1 2 3 4 5 6 7

6. Enfrentar e superar dificuldades em situações de desafio, aceitando riscos com relativo conhecimento das conseqüências.

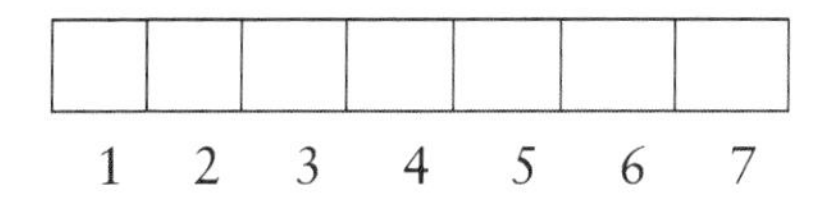

1 2 3 4 5 6 7

7. Habilidade de aceitar críticas sem fortes reações emocionais defensivas (tornando-se hostil ou "fechando-se").

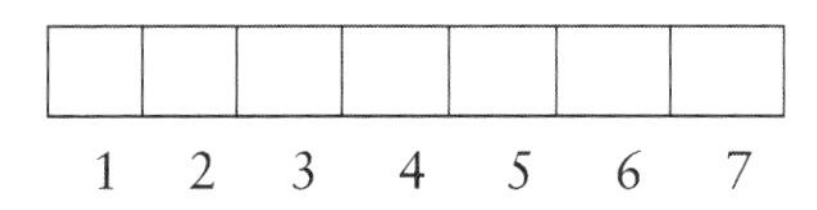

1 2 3 4 5 6 7

8. Capacidade de propor idéias inovativas, de iniciar projetos e influenciar o rumo dos acontecimentos.

1 2 3 4 5 6 7

9. Habilidade de percepção e consciência de necessidades, sentimentos e reações dos outros.

1 2 3 4 5 6 7

10. Assumir responsabilidade, agir de acordo com suas habilidades e convicções sem dependência demasiada dos outros.

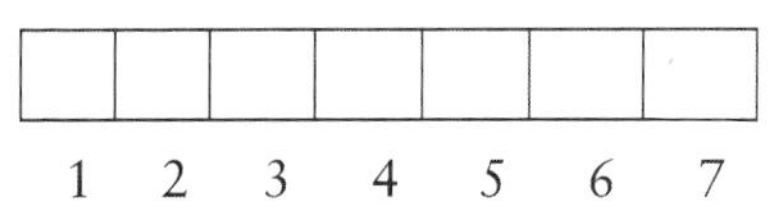

1 2 3 4 5 6 7

11. Habilidade de dar *feedback* aos outros de modo útil e construtivo.

1 2 3 4 5 6 7

12. Habilidade de reconhecer, diagnosticar e lidar com conflitos e hostilidade dos outros.

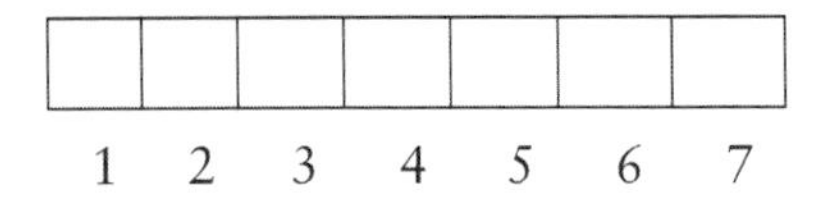

13. Capacidade de trabalhar em situações não-rotineiras mantendo padrões de desempenho eficaz, mesmo enfrentando falta de apoio e cooperação, resistência, oposição e hostilidade.

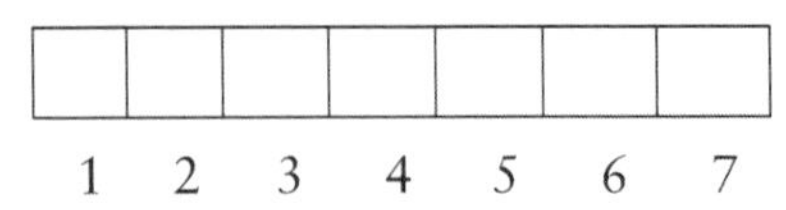

14. Experimentar fazer coisas diferentes, conhecer novas pessoas, testar novas idéias e atividades com outras pessoas.

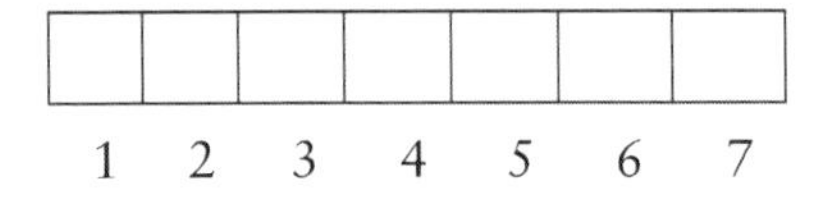

15. Tendência a procurar relacionamento mais próximo com as pessoas, dar e receber afeto no seu grupo.

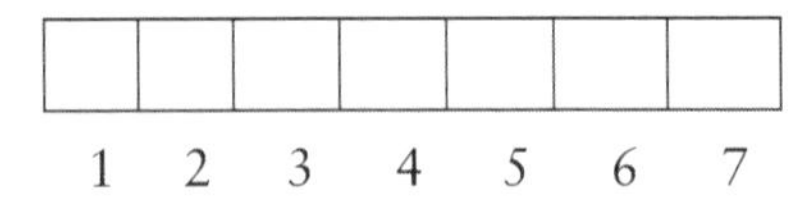

16. Estimular e encorajar os outros a desenvolver seus próprios recursos para resolver seus problemas.

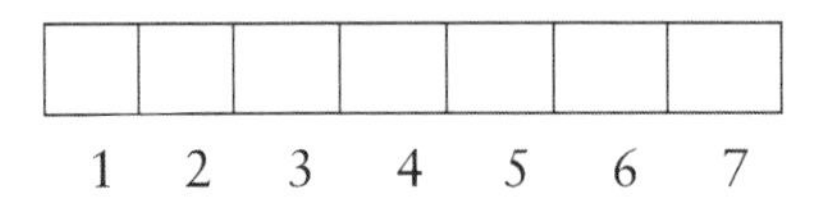

17. Capacidade de organizar e de apresentar suas idéias de forma efetiva, induzindo os outros a aceitá-las.

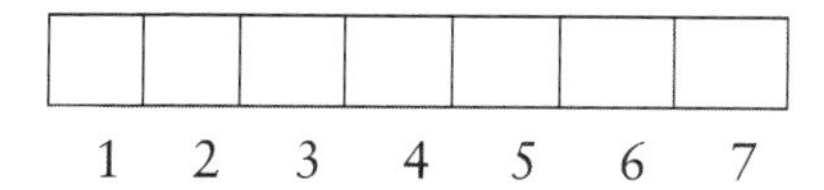

18. Procurar conhecer as idéias dos outros, disposição para receber sugestões e influências dos outros.

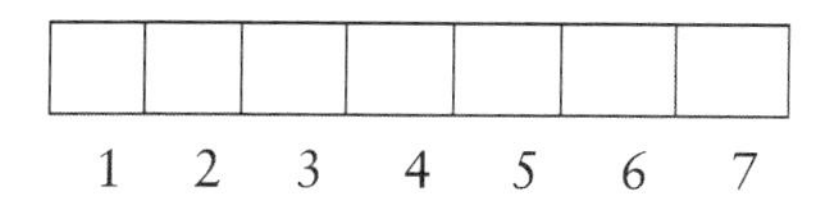

19. Desejar vencer e ser o melhor no desempenho, superar obstáculos e conseguir reconhecimento dos outros.

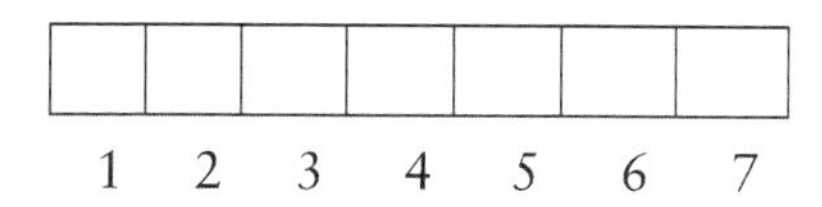

20. Habilidade de modificar seu ponto de vista e comportamento no grupo em função de *feedback* dos outros e dos objetivos a alcançar.

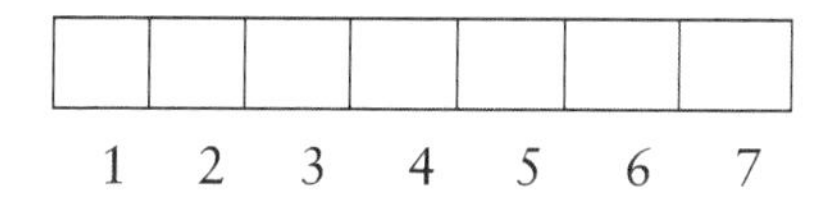

PERFIL

a) Comunicação	1	2	3	4	5	6	7
1. Comunicação efetiva							
3. Saber ouvir							
7. Reação a *feedback*							
11. Expressão de *feedback*							
17. Persuasão							

b) Liderança	1	2	3	4	5	6	7
4. Liderança efetiva							
6. Autoconfiança							
8. Iniciativa							
10. Independência							
13. Resistência a estresse							
16. Apoio catalisador							
19. Competição							

c) Participação	1	2	3	4	5	6	7
2. Impacto							
5. Espontaneidade							
9. Sensibilidade							
12. Lidar com conflito							
14. Experimentação							
15. Relacionamento próximo							
18. Abertura							
20. Flexibilidade							

O CHEFE IDEAL

Instruções

À medida que discutirem e o grupo decidir, *por consenso,* escreva o nº 1 ao lado da afirmação considerada como a característica *mais importante* do chefe ideal, o nº 2 para a afirmação considerada a característica seguinte em importância, e assim sucessivamente, até que todas as características fiquem hierarquizadas e numeradas em ordem decrescente de importância.

Características de comportamento do chefe ideal.

—— Delega autoridade a seus subordinados nos assuntos que afetam diretamente o trabalho deles.

—— É justo na apreciação de esforços e resultados obtidos, fornecendo *feedback* útil.

—— Dá orientações gerais e deixa os subordinados à vontade para executarem o trabalho.

—— Sua porta está sempre aberta para ouvir opiniões e problemas de seus subordinados.

—— Expressa confiança no trabalho dos outros e reconhecimento pelo que é bem realizado.

—— Reconhece e respeita seus subordinados como pessoas.

—— Encoraja a crítica de seus subordinados a respeito de sua atuação como chefe.

—— Tenta reduzir as diferenças de *status* entre sua pessoa e os subordinados imediatos.

—— Costuma elogiar trabalhos bem executados.

—— Proporciona oportunidades de aperfeiçoamento e desenvolvimento a seus subordinados.

—— Costuma gracejar, oportunamente, para amenizar um ambiente tenso.

—— Comunica as razões de todas as decisões importantes a seus subordinados.

ORIENTAÇÕES DE LIDERANÇA*

Instruções

Para cada uma das dez afirmações abaixo, há três atitudes ou posições que devem ser numeradas conforme sua opinião pessoal, escrevendo 3 para a que você considera a melhor, 2 para a segunda escolha e 1 para a menos adequada.

I. O líder de uma reunião deve focalizar sua atenção:
( ) 1. sobre a agenda (formal ou informal);
( ) 2. nos sentimentos de cada pessoa, de modo a ajudá-la a expressar suas reações emocionais sobre o assunto;
( ) 3. nas diferentes posições que os membros assumem e os modos pelos quais reagem entre si.

II. Como objetivo primordial, o líder deve:
( ) 4. estabelecer um clima de grupo no qual aprendizagem e realização possam ocorrer;
( ) 5. operar sua organização eficientemente;
( ) 6. ajudar membros de sua organização a "se encontrar" como membros daquele grupo.

III. Quando ocorre uma discordância intensa entre o líder e um membro do grupo, o primeiro deve:
( ) 7. ouvir o membro e tentar verificar se ele não compreendeu a tarefa;
( ) 8. tentar ouvir outros membros, fazendo com que se expressem e se envolvam no caso;
( ) 9. apoiar a pessoa por apresentar seus pontos de vista autênticos.

IV. Ao avaliar o desempenho de um membro do grupo, o líder deve:
( ) 10. envolver o grupo todo em estabelecer os objetivos e avaliar o desempenho dos membros individualmente;
( ) 11. tentar fazer uma avaliação objetiva da produção e da eficiência de cada pessoa;
( ) 12. permitir a cada pessoa estabelecer seus próprios objetivos e padrões de desempenho.

*FONTE: NTL Institute.

V. Quando dois membros do grupo divergem e começam a discutir, o líder deve:

( ) 13. ajudá-los a lidar com seus sentimentos como um meio para resolver a disputa;

( ) 14. encorajar outros membros a ajudarem a resolver o caso;

( ) 15. deixar durante algum tempo a expressão dos dois lados, mas manter a discussão relacionada à tarefa e ao assunto em pauta.

VI. A melhor maneira de motivar alguém que não está atuando à altura de sua capacidade é:

( ) 16. indicar a importância do trabalho e seu papel nele;

( ) 17. tentar conhecê-lo melhor para compreender as razões do seu desempenho;

( ) 18. mostrar-lhe que sua falta de motivação está afetando negativamente outros membros do grupo.

VII. Ao julgar o desempenho de uma pessoa, o elemento mais importante a ser considerado consiste em:

( ) 19. sua competência técnica e experiência;

( ) 20. sua habilidade para conviver com seus colegas e para ajudá-los a aprender a produzir;

( ) 21. seu sucesso em alcançar os objetivos que estabeleceu para si.

VIII. Ao enfrentar problemas altamente controversos e polêmicos, o líder deve:

( ) 22. lidar com tais assuntos se ameaçam perturbar a atmosfera do grupo;

( ) 23. assegurar-se de que todos os membros compreendem as premissas ideológicas e suas implicações no processo de radicalização das posições;

( ) 24. ajudar cada membro a compreender sua própria atitude (e preconceitos) em relação à controvérsia e sua posição.

IX. Como meta prioritária, o líder deve:

( ) 25. assegurar-se de que todos os membros do grupo têm uma fundamentação sólida de conhecimentos e habilidades que os ajudarão a tornar-se trabalhadores eficazes;

( ) 26. ajudar os membros a trabalhar eficazmente em grupo, a usar os recursos do grupo e a compreender suas relações interpessoais;

( ) 27. encorajar cada membro a aceitar responsabilidade por sua própria educação e eficácia, e, assim, assumir o primeiro passo na atualização do seu potencial como pessoa.

X. O problema das múltiplas responsabilidades da liderança dificulta:

( ) 28. atentar para todos os detalhes necessários à execução das tarefas e consecução das metas organizacionais;

( ) 29. conhecer bem os membros do grupo como pessoas singulares com interesses, sentimentos e comportamentos diferenciados;

( ) 30. permanecer conscientizado e compreender o clima socioemocional do grupo e suas implicações sobre a produtividade.

RESULTADOS

AFIRMAÇÃO	TAREFA	SENTIMENTOS	CLIMA GRUPAL
I	(01)________	(02)________	(03)________
II	(05)________	(06)________	(04)________
III	(07)________	(09)________	(08)________
IV	(11)________	(12)________	(10)________
V	(15)________	(13)________	(14)________
VI	(16)________	(17)________	(18)________
VII	(19)________	(21)________	(20)________
VIII	(23)________	(24)________	(22)________
IX	(25)________	(27)________	(26)________
X	(28)________	(29)________	(30)________
TOTAIS	________	________	________

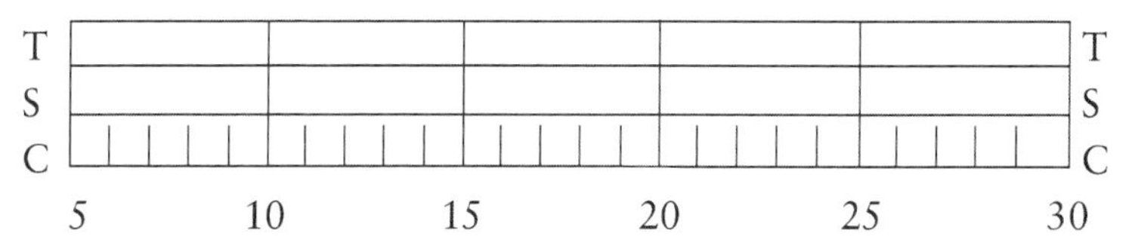

A JANELA JOHARI

Exercício

Na conceptualização da *Janela Johari*, dois processos contribuem para a ampliação ou a redução das quatro áreas da personalidade, os quais têm conseqüências importantes sobre o relacionamento interpessoal: o processo de *busca de feedback* e o de *auto-exposição.*

De acordo com o modelo, *busca de feedback* é o processo por meio do qual a pessoa solicita informações sobre seu comportamento a outras pessoas. *Auto-exposição,* ao contrário, é o processo pelo qual a pessoa dá informações de si mesma a outras pessoas.

A figura a seguir ilustra as duas direções em que esses processos atuam.

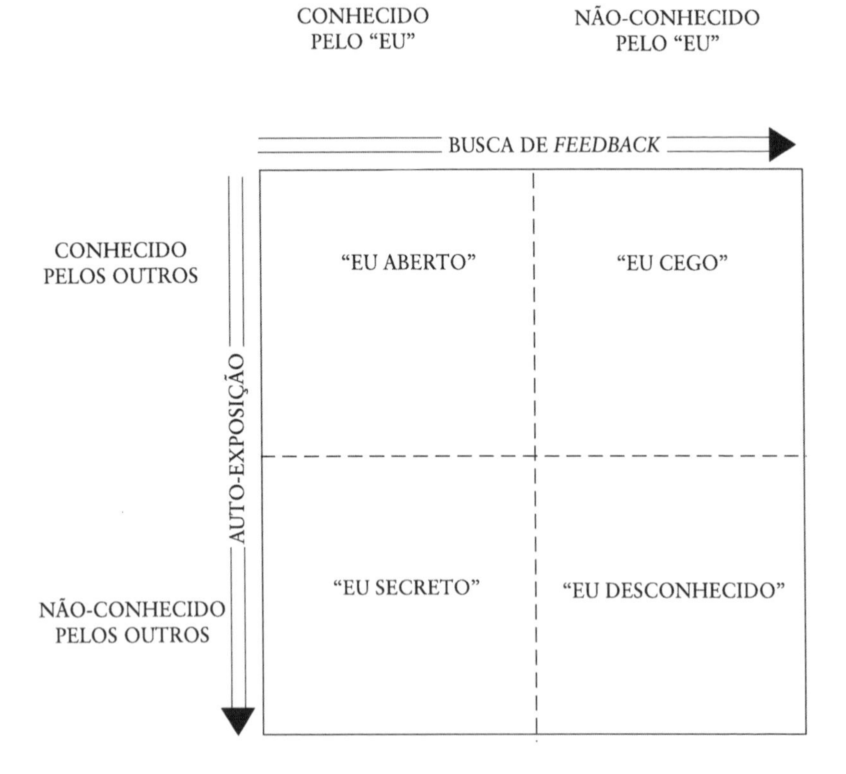

I. AUTOPERCEPÇÃO

Duas indagações o ajudarão a uma auto-análise em relação aos dois processos. Pense alguns minutos, separadamente, nas duas indagações e assinale sua posição nas respectivas escalas.

Indagações:

1. Até que ponto *eu* desejo e estimulo os outros a me darem informações sobre meu comportamento?

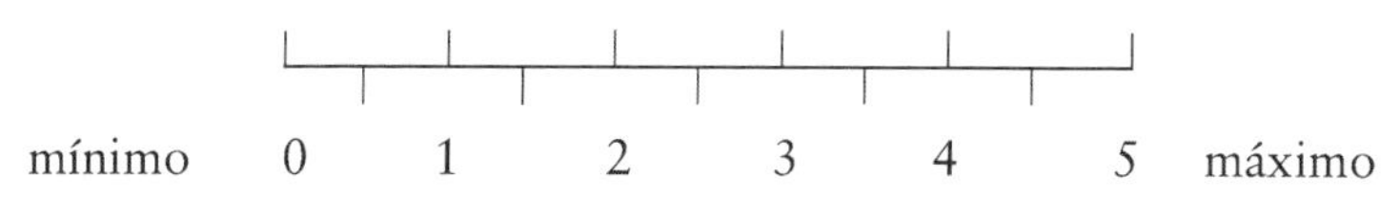

2. Até que ponto *eu* me exponho, revelando aos outros opiniões, sentimentos e motivos do meu comportamento?

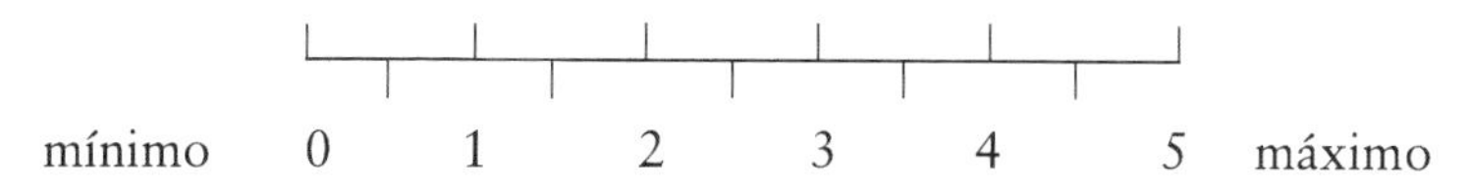

Feito isto, marque no modelo n° 1 seu posicionamento em relação aos dois processos (1ª indagação: busca de *feedback*; 2ª indagação: auto-exposição). Feche a área resultante das duas posições.

Modelo n° 1

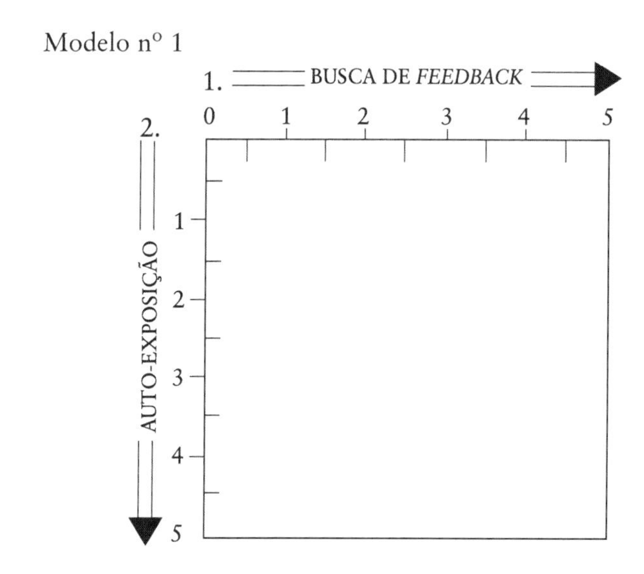

II. HETEROPERCEPÇÃO

Escolha uma pessoa no grupo para troca de *feedback*. Pense como esta pessoa utiliza os dois processos (busca de *feedback* e auto-exposição), posicionando-a nas duas escalas. Esta pessoa fará o mesmo em relação a você.

Indagações:

1. Até que ponto seu par (a pessoa escolhida) deseja e estimula os outros a lhe darem informações sobre o seu comportamento?

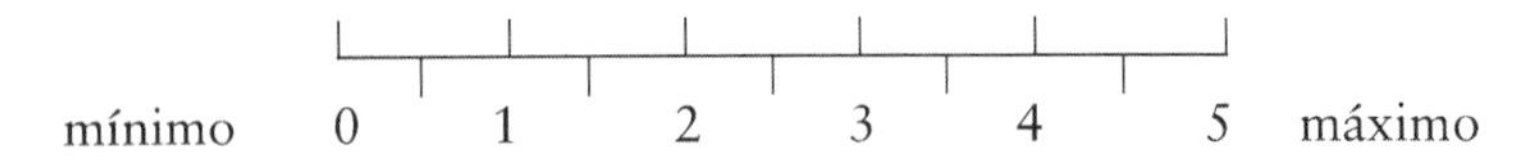

2. Até que ponto seu par se expõe, revelando aos outros opiniões, sentimentos e motivos de seu comportamento?

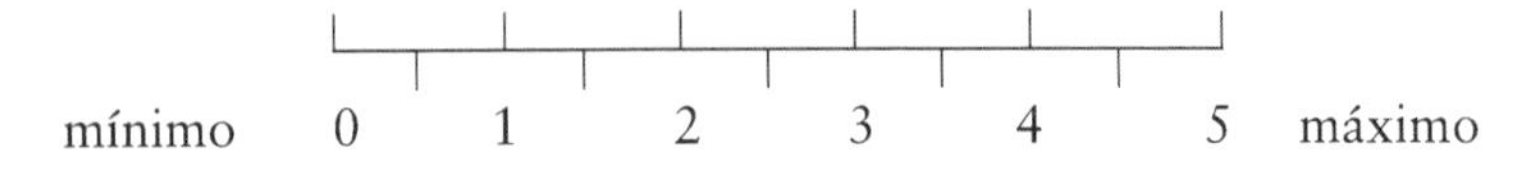

Agora marque no modelo nº 2 o posicionamento em relação aos dois processos. Feche a área resultante das duas posições.

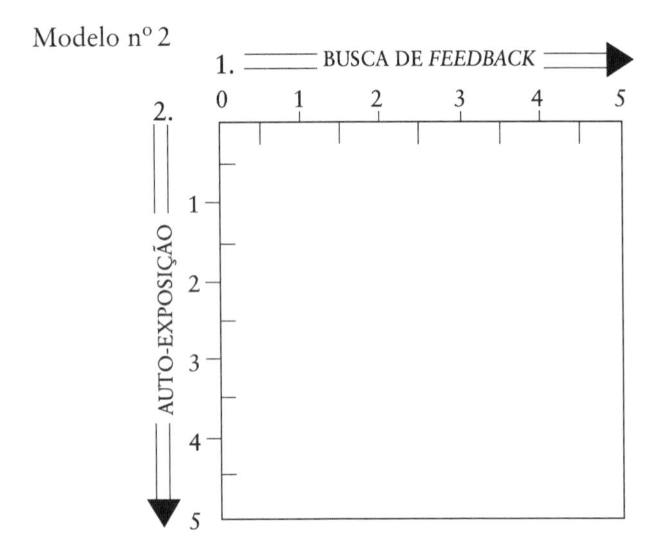

III. Como você pensa que a pessoa escolhida vê você?

1. BUSCA DE *FEEDBACK*

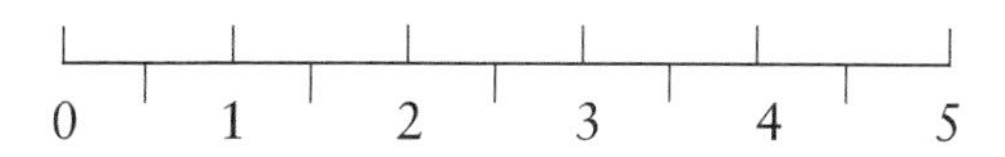

2. AUTO-EXPOSIÇÃO

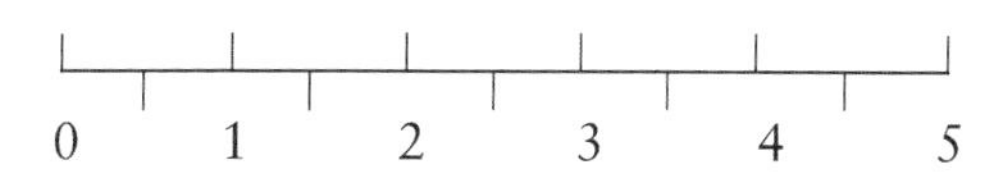

Modelo nº 3

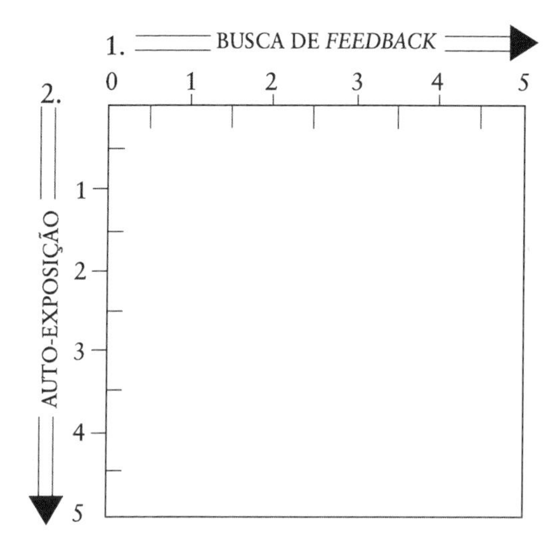

HIERARQUIA DE VALORES

Hierarquize em ordem decrescente os valores abaixo, dando o número 1 para o mais importante. Depois discuta a hierarquização com seus companheiros de grupo até conseguirem um resultado aceitável e satisfatório para todos.

EU	VALORES	GRUPO
________	AMOR	________
________	AUTONOMIA	________
________	AUTO-REALIZAÇÃO	________
________	COMPETÊNCIA	________
________	DEVER	________
________	DINHEIRO	________
________	PODER	________
________	PRAZER	________
________	PRESTÍGIO	________
________	SEGURANÇA	________

EXERCÍCIO DE CONFRONTO*

	A	*B*	*Média de B*	Dif. (A–B)
1. a) Você ficou satisfeito com a atuação do grupo?				
b) Quantos membros responderão *sim* a esta pergunta?				
2. a) Teria sido melhor se os membros mais calados tivessem expressado mais as suas opiniões?				
b) Quantos membros responderão *sim?*				
3. a) Você achou que a discussão foi dominada por algum(ns) membro(s)?				
b) Quantos membros responderão *sim?*				
4. a) Você se sentiu irritado durante algum ponto da discussão?				
b) Quantos membros responderão *sim?*				
5. a) Você teve oportunidade de falar quando desejou?				
b) Quantos responderão *sim?*				
6. a) Você acha que o grupo deveria votar logo em vez de discutir tanto o(s) assunto(s)?				
b) Quantos responderão *sim?*				

*Adaptado de um instrumento de pesquisa de Jack R. Gibb (NTL).

ATRIBUTOS PESSOAIS

Que características pessoais você considera importantes para os componentes de uma verdadeira *equipe de trabalho*?

MINHA LISTA	HIERARQUIA
	Quais os três atributos *mais* importantes?
	1º
	2º
	3º

Agora discuta suas conclusões com os colegas de grupo até chegarem a um resultado aceito por todos. (Procure observar e praticar o que está na sua lista.)

LISTA FINAL	HIERARQUIA
Elaborada pelo grupo	
	1º
	2º
	3º

POSIÇÕES NO GRUPO

Se o seu grupo de treinamento ficasse arrumado assim, que lugar você ocuparia? Escreva seu nome na posição escolhida e os nomes de todos os componentes do grupo nas demais posições.

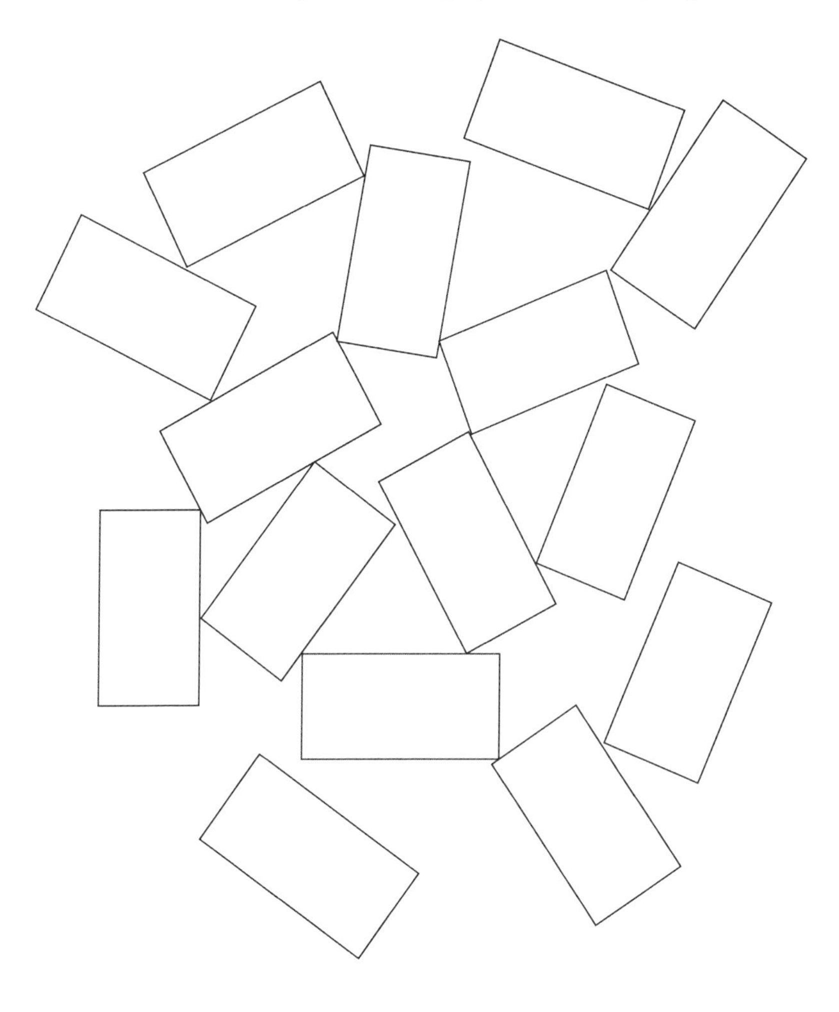

O AMBIENTE DO GRUPO

1. Levante-se e caminhe lentamente pela sala (sem sapatos).

2. Procure observar os elementos físicos do local: formas, cores, volumes, arrumação. Não olhe apenas! Use outras formas de exploração sensorial — auditiva, olfativa, táctil. Procure sentir os objetos, as paredes etc., sua textura, temperatura, forma, também com as mãos, os pés, o corpo.

3. Que sensações você tem em relação a cada elemento/momento? E as pessoas do grupo como elementos do ambiente?

4. Procure o seu espaço dentro desse ambiente. Ocupe-o. Procure a postura mais confortável e agradável para você.

5. Agora, nesta posição, como você percebe o espaço total do grupo, o seu espaço e as outras pessoas?

6. Que significam sua localização relativa no ambiente e sua postura corporal?

ATRIBUIÇÕES DE PAPÉIS

1. Quem, neste grupo, você escolheria para chefe?

2. Quem você escolheria para assistente ou pessoa em quem pudesse confiar, para assessoria nas partes mais difíceis de sua tarefa?

3. Quem lhe parece ser a pessoa mais apta a ter êxito em convencer uma pessoa relutante de uma nova idéia?

4. Quem você escolheria como amigo(a) ou companheiro(a) para atividades recreativas?

5. Quem você escolheria para uma conversa sobre idéias estimulantes?

6. Quem você escolheria para dar-lhe auxilio confidencial, se tivesse um sério problema?

7. Que pessoa você considera com a *menor* probabilidade de compreender o seu problema, se estivesse em séria dificuldade?

8. Em relação aos papéis acima:
   a) Qual papel você imagina que desempenha no grupo?

   b) Qual papel você gostaria de desempenhar?

9. Se você estivesse escolhendo um elenco para uma peça teatral, quem lhe pareceria mais adequado para desempenhar o papel de:

   a) Herói/Heroína

   b) Vilão/Megera

   c) Pai/Mãe

   d) Filho/Filha

   e) Detetive

   f) Criado(a) fiel

   g) Espião(ã)

   h) "Gozador"(a)

Obs.: Você pode escolher mais de uma pessoa para um papel ou não escolher nenhuma, conforme desejar.

SITUAÇÕES DE GRUPO*

1. Quando entro em um grupo novo, eu sinto

2. Quando um grupo começa, eu

3. Quando as pessoas me encontram pela primeira vez, em geral, elas

4. Quando estou num grupo novo, sinto-me mais à vontade quando

5. Quando os outros permanecem em silêncio, eu

6. Quando alguém fala o tempo todo, eu

7. Sinto-me mais produtivo quando o líder

8. Fico irritado quando o líder

9. Tenho vontade de retirar-me quando

10. Em um grupo, sinto mais medo de

11. Quando alguém fica magoado, eu

12. Fico magoado facilmente quando

13. Sinto-me mais solitário em um grupo quando

14. Aqueles que realmente me conhecem julgam que eu sou

---

*Adaptado de S. Atkins e A. Kathcer (*Self-Knowledge Questionnaire*).

15. Eu confio nas pessoas que

16. Fico mais triste quando

17. Sinto-me mais próximo dos outros quando

18. As pessoas gostam de mim quando

19. Amor é

20. Sinto-me (mais) amado quando

21. Se eu pudesse fazer tudo de novo

22. Minha maior força é

23. Eu poderia ser

24. Eu sou

EXERCÍCIO DE *FEEDBACK**

ITEM	QUEM É	
	Mais assim	Menos assim
1. Tem-se esforçado para influenciar os outros para o seu ponto de vista.		
2. Geralmente, tem procurado acompanhar o que os outros querem fazer.		
3. Reconhece e é capaz de expressar seus sentimentos (por exemplo: quando irritado, zangado).		
4. Tem sido amistoso e apóia outros membros do grupo.		
5. Parece interessado e envolvido nas atividades do grupo.		
6. Tem procurado avaliar e testar novas idéias e maneiras de fazer as coisas.		
7. Tem ajudado a esclarecer e tornar mais compreensíveis aos outros os eventos e processos no grupo.		
8. Sua atuação como membro contribui significativamente para o progresso do grupo.		
9. Parece ter compreendido e aprendido das reações dos outros às suas idéias e ações dentro do grupo.		
10. Com o tempo, sua eficiência total como membro de grupo aumentou.		

*Adaptado de R. Harrison.

DESEMPENHO NO GRUPO

Quem, neste grupo, você tem notado agindo mais vezes como:

- iniciador
- conciliador
- dominador
- observador
- facilitador
- orientador
- mediador
- agressivo
- avaliador
- ouvinte passivo
- criador de obstáculos
- dependente
- animador
- "o diferente"
- coordenador

UM ELENCO ESPECIAL

Para compor o elenco de um filme *de sucesso*, que membros deste grupo você escolheria para desempenhar o papel de:

1. rei
2. primeiro-ministro
3. embaixador
4. conselheiro real
5. "bobo da corte"
6. príncipe herdeiro
7. general
8. juiz
9. professor
10. "subversivo"
11. milionário
12. artista
13. chefe de polícia
14. cardeal
15. estelionatário
16. intelectual

Nota: Os papéis podem ser masculinos ou femininos.

CENSO DE PROBLEMAS

1. Atualmente, o maior problema deste grupo consiste em

1a. Como solução prática, poderíamos tentar

2. Um outro problema nosso que ainda não conseguimos enfrentar adequadamente no grupo:

3. Meu maior problema no grupo é

3a. Que posso fazer a respeito?

3b. Que tipo de ajuda preciso dos outros?

4. Um outro problema meu que ainda não consegui enfrentar adequadamente no grupo:

CONFRONTO DE PERCEPÇÕES

Leia a lista de adjetivos abaixo e marque sua primeira reação quanto à sua posição na escala que gradua as duas posições extremas.

1. Meu perfil

1. Caloroso							Frio
2. Autoritário							Submisso
3. Impulsivo							Controlado
4. Teimoso							Cordato
5. Simpático							Antipático
6. Espirituoso							Sisudo
7. Amistoso							Hostil
8. Cooperador							Antagônico
9. Volúvel							Persistente
10. Estável							Instável
11. Confiante							Desconfiado
12. Tímido							Desembaraçado
13. Nervoso							Calmo
14. Seguro							Inseguro
15. Dinâmico							Apático
16. Impaciente							Paciente
17. Atencioso							Indiferente
18. Franco							Reservado

19. Prático						Sonhador
20. Responsável						Irresponsável
21. Prolixo						Parcimonioso
22. Convincente						Sugestionável
23. Resoluto						Indeciso
24. Contestador						Conformista
25. Expedito						Moroso
26. Exibicionista						Recatado
27. Ambicioso						Acomodado
28. Inovador						Conservador
29. Relutante						Receptivo
30. Rígido						Flexível

2. MAIS PARECIDO COMIGO

Marque em cor diferente o perfil da pessoa, no grupo, que considera a mais parecida com você:

(Nome:)

3. MENOS PARECIDO COMIGO

Agora marque em outra cor o perfil da pessoa, no grupo, que considera a menos parecida com você.

(Nome:)

EXPRESSÃO E DESCRIÇÃO DE SENTIMENTOS*

Abaixo, você encontrará alguns sentimentos que já experimentou. Para cada um, você deverá relatar duas maneiras diferentes como os expressa e um modo pelo qual descreve esses sentimentos.

A primeira resposta deve ser alguma forma que expressa, mas não descreve seu sentimento. A segunda resposta deve relatar como você expressa o sentimento por meio de ações sem usar palavras. A terceira resposta deve ser uma maneira como você descreve seus sentimentos.

1. Quando você fica aborrecido com o que está acontecendo num grupo, como este sentimento é expresso?
   a) Em palavras
   b) Sem palavras
   c) Como você descreveria o que sente?

2. Quando você se sente muito aborrecido com outra pessoa da equipe, mas reluta em dizê-lo abertamente, como seu sentimento se expressa?
   a) Em palavras
   b) Sem palavras
   c) Como você descreveria o que sente?

---

*Baseado em exercícios de J. L. Wallen *(Communications Skills Workshop)*.

3. Outra pessoa diz ou faz algo que causa mágoa em você. Como este sentimento é expresso?
   a) Em palavras   b) Sem palavras
   c) Como você descreveria o que sente?

4. Outra pessoa pede-lhe para fazer algo que você receia não poder fazer bem-feito. Você também não deseja que ela saiba que você se sente incapaz. Como seus sentimentos são expressos?
   a) Em palavras   b) Sem palavras
   c) Como você descreveria o que sente?

5. Quando você sente afeição e ternura por outra pessoa e ao mesmo tempo não está certo de que ela sente o mesmo por você, como você expressa este sentimento?
   a) Em palavras   b) Sem palavras
   c) Como você descreveria o que sente?

MENSAGEM DE *FEEDBACK*

Escreva sua mensagem no espaço indicado abaixo. Destaque e entregue, dobrado, ao coordenador. Este lerá todas as mensagens em voz alta para que os participantes possam conhecer os aspectos facilitadores e os obstáculos no relacionamento.

Compare as percepções dos outros com as suas próprias, observando concordâncias e discrepâncias.

FEEDBACK PARA ____________________________

(destinatário)

POSITIVO Um aspecto de seu comportamento que contribui para facilitar nosso relacionamento é

NEGATIVO Um aspecto de seu comportamento que contribui para dificultar nosso relacionamento é

COMUNICAÇÃO NÃO-VERBAL

Gestos, posturas corporais, objetos e formas diversas muitas vezes expressam mais que palavras. Experimente praticar a comunicação não-verbal usando meios tais como desenho, recorte, colagem, dobradura, modelagem, arrumação física do ambiente, disposição das pessoas, dramatização sem palavras, construção de modelos com variados materiais disponíveis.

Tanto individualmente quanto em equipe, represente alguns problemas, situações e mensagens, que passarão a ser apreciados e discutidos com as outras equipes, que também elaboraram símbolos do mesmo tema.

Algumas sugestões:

1. Expectativas deste laboratório

2. Nosso grupo (como foi no princípio — como é atualmente — como será ao final)

3. "O símbolo do nosso grupo"

4. Problemas existentes entre nós (ou nossas maiores preocupações)

5. Aprendizagens realizadas

PRESENTES E PROBLEMAS

Instruções

1. Colocam-se no centro do grupo duas almofadas pequenas, de cores diferentes. Uma cor simboliza um presente e a outra, um problema.

2. Cada membro pensa no que gostaria de dar de presente a algum outro membro. Cada um, também, pensa num problema que merece a atenção de outro membro e cuja resolução facilitaria o desempenho interpessoal.

3. Uma pessoa começa o exercício, pegando uma das almofadas e entregando-a à pessoa escolhida, e dizendo em voz alta o que significa. Poderá entregar as duas almofadas à mesma pessoa, se desejar, dizendo o que cada uma representa.

4. Sem comentários, a pessoa que recebeu a(s) almofada(s) deve escolher e entregar a outra pessoa uma ou ambas as almofadas, dizendo o que é, em voz alta. A almofada não utilizada deve voltar para o centro do grupo.

5. O exercício prossegue com a mesma atividade, até completar uma rodada em que todos receberam e deram presentes ou problemas, se possível.

6. O grupo, então, analisa a experiência, examinando e compartilhando:
   - percepções
   - sentimentos
   - manifestações verbais e não-verbais
   - conclusões provisórias
   - aprendizagens

MUDANÇAS EM MIM E NO GRUPO

1. Se eu pudesse mudar uma coisa em mim, seria

2. Se eu pudesse mudar mais uma coisa em mim, seria

3. Se eu pudesse mudar uma coisa no grupo, seria

4. Se eu pudesse mudar outra coisa no grupo, seria

RELAÇÕES NO GRUPO

Esta é uma representação do seu grupo. Escreva os nomes das pessoas dentro dos círculos, começando pelo seu. Trace linhas para indicar como as pessoas se relacionam usualmente no grupo.

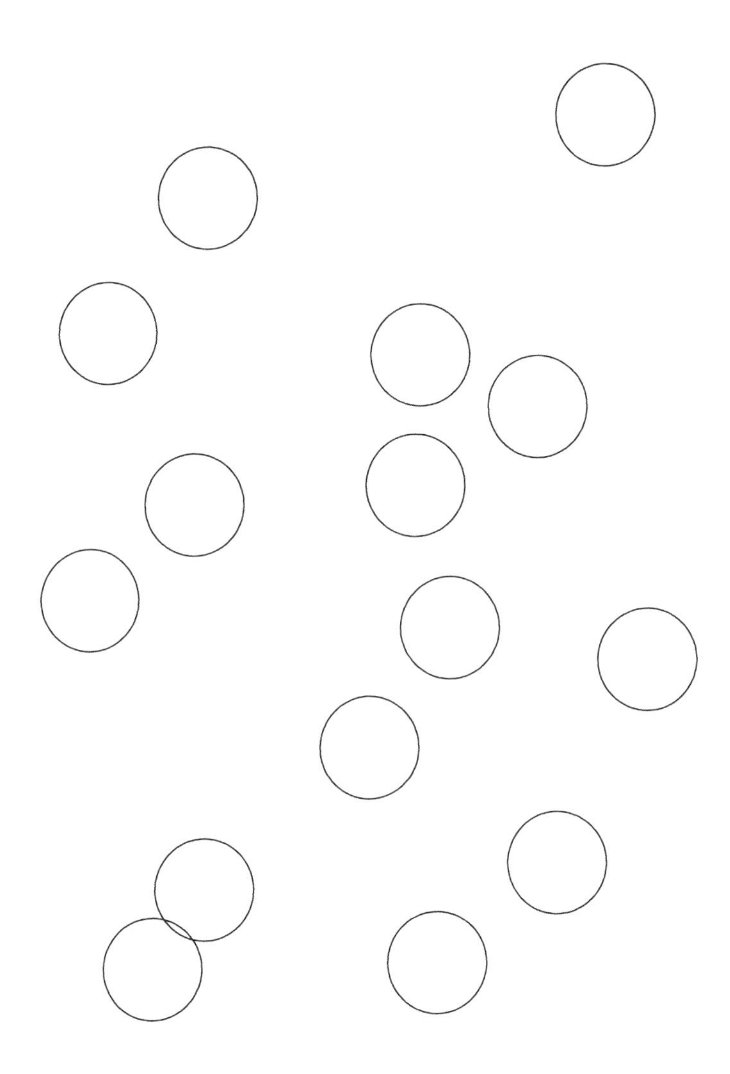

ESCOLHAS E RELAÇÕES INTERPESSOAIS

1. Escolha:
   Circulem lentamente pela sala, olhando os outros, até escolherem companheiros para formarem tríades.

2. Tríade:
   Cada tríade analisa, entre si, como foi feita a escolha. Sugestões de quesitos a serem abordados: quem escolheu quem, expectativas de escolher e ser escolhido, sentimentos do escolhedor e do escolhido, satisfações, frustrações, sentimentos *aqui-e-agora* na tríade formada. Outros aspectos pessoais e interpessoais podem ser também tratados.

3. Volta ao grupo:
   Desmanchem as tríades e voltem aos lugares anteriores à formação delas. Durante alguns minutos, cada um deve pensar na experiência vivida, sem falar.

4. Nova tríade:
   Repitam o processo inicial de escolha. Desta vez, porém, cada tríade deve ser composta de *membros diferentes* da primeira, isto é, os três membros são inteiramente novos na tríade.
   Feita a escolha, examinem o processo dessa segunda escolha, analisando aspectos pessoais e interpessoais pertinentes.

5. Volta ao grupo:
   Voltem aos lugares anteriores à formação das tríades. Durante alguns minutos, cada um deve pensar nesta segunda experiência de tríades.

6. Tríade final:
   Novamente, circulem devagar pela sala para formar tríades, *livremente*. Repitam, então, o processo de exame conjunto da formação desta tríade final.

7. Plenário:
   Analisem e discutam as experiências vividas, comparando-as, indicando sentimentos, *insights* e aprendizagens a respeito de si, dos outros e dos processos de grupo.

PERGUNTAS SEM RESPOSTA*

1ª PARTE

INSTRUÇÕES

Um membro começa fazendo uma pergunta a outro. Este, por sua vez, pode, então, fazer uma pergunta a um outro membro (não ao que lhe fez a pergunta). *Ninguém responde às perguntas.* Os membros só podem interagir dirigindo perguntas aos outros.

Após uma rodada, os participantes passam a perceber que as perguntas são, em sua maioria, afirmações indiretas e que expressam aspectos emocionais ainda não trabalhados no grupo. As "perguntas sem resposta" representam uma modalidade diferente de comunicação que vale a pena experimentar para superar bloqueios interpessoais ainda existentes.

2ª PARTE

Os participantes passam a fazer novas perguntas (ou repetir as anteriores) e, em seguida, tentam expressar as afirmações implícitas de forma direta e concreta. O procedimento é semelhante à 1ª parte.

Também desta vez não se permitem respostas. Cada membro exercita sua habilidade de traduzir a afirmação contida na pergunta como forma de *feedback* a outro membro do grupo.

---

*Baseado em G. Egan (*Artificiality-Reality*).

DIÁLOGO

Instruções

Escolha um membro do grupo para seu par neste diálogo que será realizado a sós, em duplas, nesta sala ou fora dela, reunindo-se depois o grupo todo para a sessão de discussão e *feedback*. Para cada item, complete oralmente a sentença alternando com o seu par e, em seguida, comente a maneira de cada um interpretar e completar a sentença. Não pule itens, responda na ordem apresentada.

Este diálogo é inteiramente confidencial. Na sessão plenária, em seguida, vocês revelarão somente o que desejarem, seja em nível de conteúdo ou de processo.

1. Acho que você me percebe como
2. Minha primeira impressão a seu respeito foi
3. Eu sou o tipo de pessoa que
4. Gosto de trabalhar com pessoas que
5. Quando as coisas não vão bem, eu
6. Quando vai chegando o limite de um prazo importante para mim, eu
7. O pior colega que já tive
8. O melhor colega que já tive
9. Quando recebo críticas negativas, eu
10. Em situação de conflito, eu
11. Como membro de um grupo, eu
12. Prefiro receber *feedback*
13. Se eu pudesse
14. Gosto mais de
15. Acho que você

Durante o diálogo, verifique suas percepções de quando em quando, dizendo: "O que eu ouvi você dizer foi ...." (repita com suas palavras o que o seu par disse). Isto manterá a comunicação mais fluente, com menos distorção.

Ao final, discuta com seu par como foi realizado o diálogo. Até que ponto você se expôs, revelando seus verdadeiros pensamentos e sentimentos? Até que ponto você buscou *feedback* e deu *feedback* autêntico? Como você se sentiu durante o diálogo e como se sente agora?

PADRÕES DE COMPORTAMENTO INTERPESSOAL

Instruções

1. Abaixo encontra-se uma lista de verbos que descrevem formas de interação em grupo. Pense em seu comportamento habitual nos grupos de que faz parte. Marque seis verbos que melhor descrevam como você age mais freqüentemente.

A. Quando estou num grupo, eu costumo, geralmente

coordenar	aconselhar	desistir
prestar favores	ser evasivo	desaprovar
analisar	resistir	distrair(-me)
retrair(-me)	concordar	criticar
ajudar	dirigir	consentir
julgar	contribuir	liderar
fazer concessões	iniciar	

2. Assinale os verbos escolhidos na Matriz B.

B. Matriz

aconselhar coordenar dirigir iniciar liderar	ajudar concordar consentir contribuir prestar favores
analisar criticar desaprovar julgar resistir	desistir distrair(-me) fazer concessões retrair(-me) ser evasivo

3. Vire a página e verifique suas tendências de comportamento interpessoal em grupo.

C. Matriz controle-sociabilidade

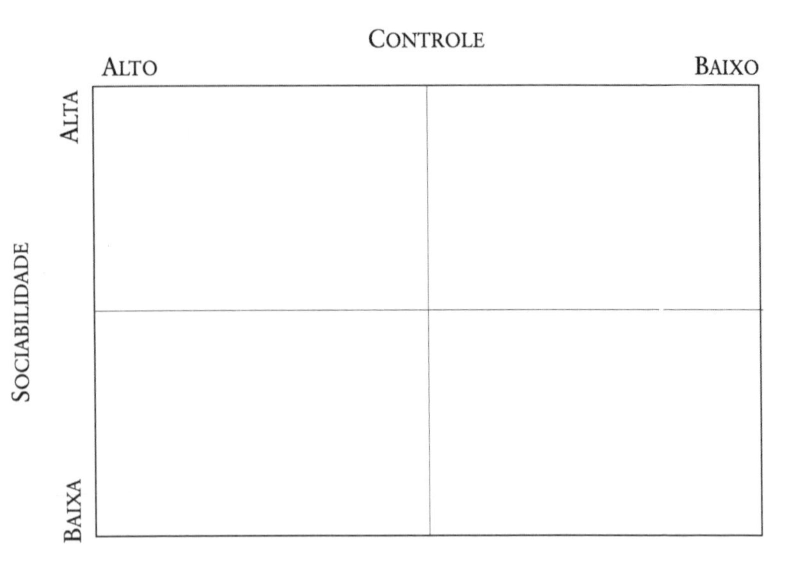

4. Em que quadrante você marcou maior número de verbos? Pense nessa tendência predominante de seu comportamento interpessoal. Que significa neste grupo?

5. Escolha um colega para compartilhar suas reflexões e sentimentos.

6. Cada dupla expõe ao grupo suas conclusões.

Fonte: Johnson & Johnson, *Joining Together.*

FATORES ADVERSOS E FATORES FAVORÁVEIS NO TRABALHO DE GRUPO*

Procure lembrar-se da discussão e dos eventos ocorridos na reunião. Leia os itens abaixo e pense como dificultaram ou ajudaram o grupo a trabalhar.

Examine, primeiramente, os *fatores adversos*. Escreva o nº 1 para o fator que considere o mais importante, ou seja, o que mais dificultou os trabalhos do grupo; o nº 2 para o seguinte em importância, e assim sucessivamente, até completar a hierarquização dos *fatores adversos.*

Use o mesmo critério para os *fatores favoráveis.*

FATORES ADVERSOS	FATORES FAVORÁVEIS
☐ Ambiente físico	☐ Ambiente físico
☐ Falta de tempo	☐ Limite de tempo
☐ Não conhecer bem os outros	☐ Cordialidade e espontaneidade de alguns membros
☐ Falta de organização	☐ A organização da tarefa
☐ Falta de um coordenador	☐ Liderança de alguns membros
☐ Timidez de alguns	☐ Atitudes de alguns membros do grupo
☐ Tamanho do grupo	☐ Tamanho do grupo

*Adaptado de um instrumento de pesquisa de Jack R. Gibb (NTL).

ANÁLISE DE CAMPO DE FORÇAS

Instruções

1. Escolha uma pessoa do grupo para formarem uma dupla.

2. Após uma rápida conversação sobre a formação da dupla, pense como vocês dois funcionam, habitualmente, no grupo.

3. Adotando o modelo *Análise de campo de forças,* identifique as forças impulsoras e restritivas suas e de seu par, registrando-as no quadro abaixo.

	Forças impulsoras	Forças restritivas
Eu		
Meu par		

4. Examinem juntos os resultados individuais e discutam as concordâncias e divergências de percepção e interpretação. Procurem examinar, também, o significado e impacto dessas forças no desempenho individual, interpessoal e grupal.

EXERCÍCIO INTERGRUPAL*

I. INSTRUÇÕES GERAIS

1. Inicialmente, os participantes deverão dividir-se em dois grupos, com o mesmo número de participantes.
2. Os dois trabalharão numa tarefa simultaneamente, permanecendo em salas separadas durante as fases de planejamento, execução e avaliação.
3. A tarefa permitirá aos dois grupos atuarem num duplo papel organizacional:
   a) como equipe de planejamento e avaliação;
   b) como equipe de execução.
4. Os dois grupos receberão o material necessário para a tarefa.
5. Cada grupo executará a tarefa planejada pelo outro.

II. A TAREFA

A tarefa consistirá no planejamento de um protótipo a ser feito com o material disponível; na elaboração de um padrão para avaliar o protótipo, depois de construído; na execução do protótipo planejado pelo outro grupo.

III. TEMPO

O tempo alocado para cada fase será indicado pela Coordenação ao início dos trabalhos, devendo ser rigorosamente observado pelos dois grupos.

---

*Elaborado em parceria com Gercina Alves de Oliveira, especialmente para vivência do tema "*Diferenciação-Integração*", Seminário de Desenvolvimento Organizacional, Petrobras (Sepes), RJ, 1974.

IV. Instruções específicas sobre a tarefa

1ª Fase — Planejamento do protótipo e do padrão para sua avaliação

Cada grupo fará, por escrito, um plano do protótipo e, em separado, também por escrito, o padrão para sua avaliação. Os padrões de avaliação serão entregues à Coordenação.

O plano deve estabelecer:

1. O protótipo a ser feito.
2. Uma descrição de suas características e especificações.
3. O padrão para fazer a avaliação do produto acabado, de acordo com as especificações previamente estabelecidas.

2ª Fase — Execução

Antes de começar a execução, cada grupo examinará o plano que recebeu do outro grupo e se organizará para pô-lo em prática.

3ª Fase — Avaliação do produto

A avaliação do produto executado por um grupo será feita pelo outro grupo que elaborou seu planejamento.

V. Análise da vivência e conceituação

1. Fase intragrupal

Após a conclusão do exercício, cada grupo, em separado, analisará o seu processo interno, examinando os aspectos evidenciados de sua dinâmica interpessoal real, no plano de tarefa e no plano socioemocional.

2. Fase intergrupal

Em plenário, os dois grupos apresentarão suas considerações sobre o processo intragrupal e discutirão o significado da vivência de trabalho grupal interdependente.

SOLICITAÇÃO DE *FEEDBACK**

Instruções

Escolha três perguntas da lista abaixo. Pergunte, uma de cada vez, a pessoas cujas respostas são de grande interesse para você. Não são permitidos comentários nem debates. A pergunta deve ser feita em voz alta para que todos possam ouvi-la. Quem responder dirá *sim* ou *não* e dará um exemplo ilustrativo real do comportamento, sem considerações.

PERGUNTAS PARA SOLICITAÇÃO DE *FEEDBACK* ESPECÍFICO

1. Eu ouço de forma atenta e com compreensão o que os outros dizem?
2. Eu assumo a liderança quando necessário?
3. Eu sou sensível aos sentimentos dos outros?
4. Eu sou muito passivo no grupo?
5. Eu demonstro confiar nos outros?
6. Eu participo bastante nas atividades do grupo?
7. Eu me esforço para agradar a todos?
8. Eu utilizo subterfúgios para não me comprometer?
9. Eu assumo responsabilidades prontamente?
10. Eu reajo defensivamente às críticas?
11. Eu desisto facilmente quando encontro oposição?
12. Eu aceito pontos de vista contrários aos meus?
13. Eu costumo dominar a conversação?
14. Eu evito os conflitos, em vez de enfrentá-los?
15. Eu manipulo os outros no grupo?
16. Eu costumo revelar claramente meus pensamentos e sentimentos?
17. Eu reconheço e valorizo as contribuições dos outros?
18. Eu sou muito agressivo?
19. Eu assumo minhas posições e sentimentos no grupo?
20. Eu costumo expressar muitas queixas e ressentimentos?
21. Eu dou apoio aos outros?
22. Eu me omito nas situações difíceis?
23. Eu procuro impor o meu ponto de vista?
24. Eu recebo, com naturalidade, expressões de afeto?
25. Eu consigo expressar afeto aos outros, de forma espontânea?

---

*Baseado em Johnson & Johnson, *Joining Together.*

UMA FANTASIA DIRIGIDA

1. Procure e adote uma postura corporal confortável. Feche os olhos. Relaxe.

2. Sua missão imaginária consiste em levar uma mensagem muito importante a um determinado local, longe daqui. De olhos fechados, você vai imaginar o percurso e suas ações, como em um filme.

3. Comece a caminhar. Imagine como é o caminho. Visualize o cenário. Observe suas percepções, seus pensamentos e sentimentos sobre o caminho e a caminhada. No princípio, a paisagem é agradável e o caminho, fácil. Depois, vai ficando diferente, difícil. Continue "vendo" e "sentindo". Está cada vez mais difícil... porém já está próximo o local de seu destino.

4. De repente, você chega em frente a um muro imenso que se estende para cima e para ambos os lados, a perder de vista... O final de sua missão é do outro lado do muro.
   O muro, entretanto, é uma barreira descomunal: alto demais para pular, sólido demais para derrubar ou furar, extenso demais para contornar. Ele é impenetrável, intransponível, irremovível. Enfim, não há como ultrapassar o muro!

5. QUE VOCÊ FAZ DIANTE DESTE MURO?

---

6. Pode abrir os olhos.

- Que sentiu você durante esta fantasia?
- Que sentiu você diante do muro?
- Que percebeu mais claramente a seu respeito?

MEU NOME

Pense no seu *eu*. "Olhe" para dentro de si e responda:

1. Gosto do meu nome?

2. Meu nome me representa, diz *quem* eu sou?

3. Se eu quisesse mudar de nome, *qual* escolheria?

4. Que apelido gostaria de ter?

5. Como é o meu *eu* de que eu gosto?

6. Como é o meu *eu* de que eu não gosto? (que eu não gosto em mim)

7. Como gostaria de ser? (meu outro eu)

VOCÊ SE CONHECE?

1. Que elogios você ouve a seu respeito?

2. Que críticas você ouve a seu respeito?

3. O que lhe causou maior impacto?

4. Com que você concorda?

5. De que você discorda?

RELAÇÃO EU-OUTRO

1. Procure no grupo alguém para formar um par. Escolha alguém que seja bem diferente de você.

2. A escolha deve ser aceita pelo outro. Se você for escolhido, a decisão de concordância é sua. Se um dos membros recusar, a dupla não se forma.

3. Os pares iniciam um diálogo particular para exame das escolhas (critério, decisão, sentimento).

4. Após a análise do processo de formação da dupla, cada par busca descobrir uma palavra-chave que caracterize a dupla.

5. As palavras-chave de cada dupla são escritas em mural ou quadro disponível.

6. As palavras-chave servem de matéria-prima para a discussão plenária e elaboração coletiva da palavra-chave caracterizadora do grupo como um todo.

7. Procede-se à análise dos resultados obtidos e do processo de cada dupla e do grupo total.

8. Formulam-se conclusões provisórias a partir de *insights* e hipóteses individuais.

FEEDBACK SIMBÓLICO

Instruções

1. Escreva seu nome no canto superior de um cartão fornecido pelo coordenador.

2. Os cartões são colocados numa caixa e embaralhados.

3. A caixa é passada pelo grupo e cada pessoa tira um cartão.

4. Escreva suas impressões sobre a pessoa cujo nome está no cartão, respondendo à seguinte pergunta: "Se esta pessoa fosse uma COR, qual seria?"

5. Recoloque o cartão na caixa e retire outro. A pergunta agora é: "Se esta pessoa fosse um ALIMENTO, qual seria?"

6. Recoloque o cartão na caixa e repita o procedimento para o terceiro cartão. A pergunta é: "Se esta pessoa fosse uma PAISAGEM, qual seria?"

   Sugestões de itens para impressões:

   - Som
   - Objeto
   - Livro
   - Música
   - Mensagem
   - Perfume
   - Sonho

7. Cada pessoa recolhe seu cartão e reflete sobre as impressões dos outros.

8. Análise de processo: pensamentos e sentimentos são expostos livremente, hipóteses são formuladas, alcançando-se *insights* e conclusões provisórias.

9. Avaliação da reunião.

TRABALHAR COM OS OUTROS

Instruções

1. Pense como você participa das atividades em grupo.

2. Liste suas percepções e sentimentos a esse respeito em duas colunas como se segue.

Minhas dificuldades no trabalho em grupo	Minhas facilidades no trabalho em grupo

3. As respostas individuais são transcritas em mural, organizadas e sintetizadas para exame de semelhanças e diferenças, coerências e incoerências, concentração e dispersão de freqüência.

4. A análise das respostas em plenário possibilita um pré-diagnóstico das principais dificuldades de cooperação no grupo e de potencialidades ainda não exploradas, tanto individual quanto coletivamente.

5. A partir desses resultados, o grupo pode estabelecer prioridades para aspectos a serem trabalhados/corrigidos e habilidades a serem desenvolvidas.

INTERAÇÃO DIVERSIFICADA

I. Interação não-verbal

Instruções

1. Durante os próximos dez minutos, a interação no grupo será não-verbal. Utilize formas não-verbais para comunicar-se com os outros: sorrisos, mímica, gestos, postura e movimentos corporais, sons, canto (sem palavras). Não escreva palavras.
2. Findo o tempo, pense a respeito do que experimentou e observou. Que idéias e sensações surgiram? Facilidades e dificuldades durante o exercício. Satisfações e insatisfações. Hipóteses a serem testadas em outra ocasião.
3. Exponha suas observações ao grupo e troque impressões com os outros.

II. Interação não-visual

Instruções

1. Durante os próximos dez minutos, a interação no grupo será verbal; porém, com os olhos fechados. Fale naturalmente e ouça os outros membros.
2. Agora abra os olhos e pense sobre essa experiência. Como você percebeu a vivência? Que aspectos ficaram mais marcados?
3. Exponha suas observações ao grupo e verifique concordâncias e discordâncias entre as observações.
4. Análise comparativa de processos:

   — Compare os dois processos vivenciados nessa sessão, aproveitando suas próprias observações e as dos outros membros.

   — Procure formular algumas conclusões provisórias sobre processo individual, processo grupal, facilidades e dificuldades de interação em modalidades menos convencionais.

NEGOCIAÇÃO DE EXPECTATIVAS E DESEJOS

Instruções

1. Escolha uma pessoa do grupo com quem você habitualmente não conversa muito.

2. Formada a dupla, comentem sobre o processo de escolha.

3. Um dos membros será chamado A e o outro, B.

4. Iniciem o diálogo de negociação a sós, seguindo o roteiro de A e de B, respectivamente.

   A) O que eu quero de você?
      - O que você pode me dar?

   B) O que você quer de mim?
      - O que posso oferecer a você?

5. Discutam amplamente os itens, explorando percepções e sentimentos correlatos. Esse diálogo é confidencial. Na sessão plenária, os membros só revelarão o que desejarem.

6. Cada dupla expõe em plenário como foi realizado o diálogo de negociação e acrescenta observações pessoais, hipóteses e *insights* alcançados.

ASPECTOS *YANG* E *YIN*

[É desejável iniciar a sessão com um pequeno texto sobre os conceitos de *yang* e *yin* para ser lido e comentado livremente.]

Instruções

1. Pense no seu EU como um todo dinâmico.

2. Procure identificar seus aspectos *yang* e *yin* em situações diversas, tais como: trabalho, vida em família, lazer, reuniões sociais.

3. Aprofunde sua introspecção para descobrir seus aspectos *yang* e *yin* no relacionamento interpessoal, em sua afetividade.

4. Procure reconhecer se há alternância (cíclica) ou predominância acentuada, mais freqüente, de um dos aspectos.

5. Expresse de forma não-verbal (corporal) seus aspectos *yang* e *yin* predominantes ou cíclicos.

[Um participante de cada vez ocupará o centro do grupo, sendo observado pelos demais.]

6. Verbalize o que pensou e sentiu durante o processo de introspecção e a dramatização; comente também as dramatizações dos outros membros.

7. Análise do processo: idéias e sentimentos são expostos, hipóteses são formuladas, *insights* são alcançados.

APEGO E RENÚNCIA

1. Os participantes recebem três cartões pequenos em branco.

2. Cada participante escreve um atributo pessoal seu em cada cartão. Os atributos devem ser qualidades queridas de sua personalidade.

3. Cada membro escolhe um dos seus cartões para doar ao grupo e coloca-o numa caixa.

4. Os cartões são misturados pelo coordenador, que depois os espalha no centro do grupo.

5. Os membros refletem silenciosamente sobre sua facilidade ou dificuldade de dar algo de si a outrem. Como foi feita a escolha? Que sentimentos foram experimentados durante o processo decisório e quais os sentimentos agora com a perda (voluntária) daquele seu atributo?

6. Em seguida, os participantes devem escolher outra qualidade sua para doar ao grupo, repetindo-se o procedimento anterior (passos 3 e 4).

7. Cada pessoa reflete sobre a sua segunda escolha de renúncia e sensações e sentimentos correlatos.

8. Os participantes agora podem tirar um dos cartões espalhados no centro e ficar com ele.

9. Comparar aquilo que deu com o que recebeu: sensações e sentimentos quanto à troca de atributos.

10. Pensar na vivência, no significado das trocas, nas dificuldades e facilidades, dúvidas, satisfações e insatisfações.

11. Análise do processo: percepções, idéias, sentimentos, hipóteses, *insights* compartilhados.

MINHA VIDA

Instruções

1. Procure ficar em posição confortável e relaxada (se possível com fundo musical suave).

2. Feche os olhos e experimente "ver" o filme da sua vida, desde a infância até hoje.

3. Abra lentamente os olhos. Situe-se no aqui-e-agora.

4. Imagine sua vida futura.

5. Escreva uma poesia intitulada "Minha vida", a partir do filme do seu passado e da visão do futuro realizada hoje.

PLENÁRIO

6. As poesias são misturadas e distribuídas.

7. Cada membro lerá a poesia de outro membro com empatia.

8. Faz-se a análise do processo: percepções, sentimentos e idéias são examinados em conjunto para alcance de *insights* e conclusões provisórias.

9. Procede-se à avaliação da reunião.

O RESULTADO*

Leia o caso relatado abaixo e coloque os personagens em ordem decrescente de responsabilidade pelo que ocorreu. O nº 1 corresponde ao mais responsável e o nº 6, ao menos responsável.

JOÃO era filho único. Seus pais se separaram quando João tinha seis anos.

A MÃE dedicou-se inteiramente a ele. Fazia-lhe todas as vontades, cercava-o de todos os cuidados, defendia-o irrestritamente.

O PAI, discordando da conduta da ex-esposa, afastou-se progressivamente do filho. Limitava-se a recebê-lo nas visitas programadas, que sempre terminavam com um cheque generoso.

Aos 17 anos, João parecia bastante desorientado. Sua aparência era deplorável: desleixado, sujo, doentio. Várias vezes teve de mudar de escola. Só se interessava pela companhia de um AMIGO, para desespero da mãe, que considerava o rapaz "um delinqüente", uma "péssima influência".

A situação agravou-se. João "sumia" de casa por vários dias sem dar satisfação. Mostrava-se agressivo e fazia exigências cada vez maiores de dinheiro.

Aconselhada por um PSIQUIATRA amigo, que não atendeu a João, a mãe internou-o numa clínica especializada em drogados.

A clínica, sob a orientação de um RELIGIOSO, impunha uma rígida disciplina com trabalhos extenuantes e forte apelo a valores religiosos.

João queixava-se amargamente de sua situação e da convivência com os drogados e implorava à mãe que o livrasse do tratamento.

---

* Contribuição de Ataliba Vianna Crespo.

A mãe, muito constrangida, várias vezes recorreu ao psiquiatra. Ele insistia, dizendo que era "assim mesmo" e que não havia alternativa. Com o tempo viriam os resultados...

O resultado veio. Uma noite o religioso, ao telefone, anunciou que João tinha se suicidado.

Minha opinião	Opinião do grupo
1.	1.
2.	2.
3.	3.
4.	4.
5.	5.
6.	6.

COMPARTILHANDO A VIVÊNCIA DE PAPÉIS NO GRUPO*

OBJETIVOS

- Retomar em subgrupos papéis que podem ser exercidos por membros de grupos.
- Favorecer a auto-reflexão dos participantes sobre papéis por eles exercidos no grupo.
- Atualizar a percepção individual compartilhada, a partir da auto-reflexão, oportunizando o exercício de abertura e *feedback* entre os membros do grupo.

Tempo mínimo: 4 horas (dependendo da abertura e do tamanho do grupo, pode-se necessitar de carga horária maior).

DESENVOLVIMENTO DO EXERCÍCIO

Momento 1 — o grupo é subdividido em subgrupos. Cada subgrupo, a partir da experiência de seus participantes, escreve em tarjetas (um papel em cada tarjeta) os possíveis papéis que podem ser exercidos nos grupos de um modo geral e aqueles que estão percebendo no próprio grupo.

Momento 2 — cada subgrupo apresenta os papéis listados, conceituando cada papel. À medida que apresentam, as tarjetas vão sendo colocadas e espalhadas no chão, no centro do grupo.

Momento 3 — o grupo circula pela sala, lendo as tarjetas e fazendo uma reflexão sobre os papéis exercidos no grupo. Após a reflexão, cada pessoa pega de uma a três tarjetas que expressem os papéis por ela exercidos no grupo.

*Contribuição de Saara Hauber.

Momento 4 — cada pessoa, uma vez que esteja à vontade, compartilha com o grupo os papéis escolhidos, argumentando como se vê naqueles papéis. Os membros do grupo têm liberdade de dar retorno a cada pessoa, de como vêem cada um nos papéis expostos ao grupo, ratificando ou retificando percepções. Desta forma, o grupo pode retirar papéis ou atribuir outros papéis, conforme percebe a pessoa no grupo.

Variações do exercício

- Substituir papéis por rótulos e seguir as mesmas orientações.
- Se a abertura do grupo ainda não é muito grande, o momento 3 pode ser desenvolvido a partir da troca em duplas, e uma pessoa dá retorno para a outra de como a vê, que papéis acrescenta ou retira a partir dos papéis escolhidos por uma e outra. Depois há o compartilhar com o grupo, deixando os membros livres para darem os retornos que entenderem oportunos.

JOGO DAS IDÉIAS SINÉRGICAS*

JOGANDO COM CONCEITOS PRÉVIOS
NA CONSTRUÇÃO COLETIVA DE APRENDIZAGENS SIGNIFICATIVAS

O poder criador não se encontra nos saberes acabados. O poder criador encontra-se na grande oficina da mente onde acontece a arte de pensar.

Rubem Alves

Nossas idéias são rica matéria-prima armazenada na mente. Jogue suas idéias no papel construindo conceitos-chave, unindo teoria e prática.

*Contribuição de Jeannine Krischke.

1ª Rodada: Reflexão individual

Meu conhecimento e minha prática profissional me fazem afirmar que (+/– 15 minutos).

1) Conceito A

2) Conceito B

3) Conceito C

2ª Rodada: Enriquecimento colaborativo

Compartilhe com os demais participantes, em subgrupo, seus conceitos iniciais. Analise e negocie, elaborando em conjunto uma síntese integradora de cada conceito, enriquecido da troca entre as diferentes percepções (+/– 20 minutos).

1) Conceito A

2) Conceito B

3) Conceito C

3ª Rodada: Conceito sinérgico

Avalie e organize as idéias junto com os representantes dos outros subgrupos, que escolheram o mesmo conceito que você, para elaborarem um conceito sinérgico, representativo da construção conjunta do pensamento do grande grupo.

ACOLHIMENTO NÃO-VERBAL*

OBJETIVOS

- Facilitar o processo de inclusão dos membros do grupo.
- Favorecer a comunicação, explorando possibilidades criativas não-verbais.
- Estimular o desenvolvimento da percepção na relação interpessoal.

Este exercício é indicado para grupos que estejam necessitando trabalhar o sentimento de inclusão dos participantes. Por outro lado, requer que as pessoas já tenham minimamente se mostrado no grupo, para favorecer a escolha das formas de expressão não-verbal pelo grupo, de modo que a pessoa possa sentir-se acolhida.

Tempo: mínimo 4 horas, a depender do tamanho do grupo.

DESENVOLVIMENTO DO EXERCÍCIO

- Um membro do grupo sai da sala. O grupo explora a percepção de como vê a pessoa que saiu da sala, segundo o que revelou na interação até aquele momento, no sentido de criar formas não-verbais de expressão que auxiliem no acolhimento ou reforcem a inserção daquela pessoa no grupo.
- A pessoa retorna à sala e o grupo expressa a forma não-verbal escolhida para a pessoa.
- O exercício segue favorecendo a participação de todos que desejarem passar pela experiência de acolhimento não-verbal.

---

*Contribuição de Saara Hauber.

VARIAÇÕES DO EXERCÍCIO

- Dar a cada pessoa a oportunidade de dizer ao grupo como gostaria que o grupo a recebesse e acolhesse de forma não-verbal. Neste caso, a pessoa permanece na sala, expressa seu desejo e o grupo procura apresentar, de forma não-verbal, o que foi solicitado pela pessoa. Esta forma é indicada quando o grupo ainda não tem um conhecimento suficiente dos participantes, deixando a cargo de cada pessoa escolher a forma como deseja ser acolhida.
- Em fases mais adiantadas da interação, este exercício pode ser focado em possibilidades de *feedback* não-verbal. A pessoa sai da sala e o grupo define expressões não-verbais que mostrem como a pessoa está sendo vista pelos demais membros. Após a definição, a pessoa retorna à sala e o grupo demonstra as expressões não-verbais escolhidas, dando *feedback* à pessoa.

OS TRÊS VASOS*
(Exercício de introspecção)

OBJETIVO

Propiciar um momento de auto-avaliação e compartilhamento de percepções, *insights* e sentimentos ao término de uma das etapas, ou de um programa de desenvolvimento.

MATERIAL

Um biombo, espelho de +/– 0,40 × 0,50cm (opcional), mesinha com cadeira, pequena caixa contendo três vasos (opção: poderá substituir-se por um desenho bem-feito — neste caso, fotocopiado para cada participante); *cd player* e faixa escolhida.

DISPOSIÇÃO DO *SETTING*

Participantes e coordenador sentados em círculo; biombo tangenciando o círculo, atrás do qual um espelho dependurado (*opcional*) e mesinha com cadeira. Sobre a mesa, pequena caixa entreaberta contendo três pequenos vasos de argila, sobre suporte de madeira. Música instrumental suave tocando.

ORIENTAÇÃO

"Este é um exercício não-verbal. À medida que cada um sentir vontade, deve dirigir-se ao outro lado do biombo, individualmente. Cada um verá duas imagens especiais e únicas. Fique contemplando o tempo que achar necessário, voltando depois ao seu lugar, sem comentários. Quando todos já tiverem ido, teremos um compartilhamento de percepções e sentimentos."

RESULTADOS ESPERADOS

Insights sobre *diferentes* processos de desenvolvimento pessoais vivenciados, percepções sobre a própria imagem, sobre o processo de construção no autodesenvolvimento, sobre descristalização de atitudes, de que no "aprender a aprender" este é um processo contínuo e necessário etc. Até mesmo *insights* espirituais podem ser, eventualmente, alcançados ("*Somos um vaso nas mãos do oleiro, sendo permanentemente moldados para servir*").

---

*Contribuição de Paulo Roberto Helrighel.

MEU DIPLOMA CONQUISTADO*

Objetivos e modalidade de utilização

- Oportunizar a todos os membros do grupo dar e receber *feedback* sobre como sua pessoa marcou o grupo.
- Deixar com cada participante uma lembrança significativa do grupo, quando de seu encerramento.
- Propiciar atividade lúdica, vitalizadora, agradável e de impacto na separação do grupo.

Material

Dois envelopes ofício, duas cópias da orientação aos dois subgrupos, cópias de "Diploma Conquistado", preparadas em *slide* PowerPoint e impressas em papel especial com foto do grupo, em número igual ao dos participantes (e facilitadores — opcional); duas canetas Manian Mini Gel 0,5 nas cores prata e ouro.

Orientação

Nesta última atividade enquanto grupo, agora dividido em dois subgrupos iguais (e em ambientes diferentes), cada subgrupo receberá um envelope e terá duas demandas:

1ª) "Centrar-se" em cada pessoa da outra metade do grupo, "devolvendo-lhe" quatro ou cinco marcas/características/peculiaridades que imprimiu durante a caminhada neste programa, podendo incluir os coordenadores (cerca de 40 minutos).

2ª) Deliberar sobre como fará as respectivas entregas DE FORMA MUITO CRIATIVA na sessão de encerramento (mais 10 minutos).

---

*Contribuição de Maria Helena Schuck e Paulo Roberto Helrighel.

- Façam rápido *brainstorming* sobre cada participante da "outra metade".
- Escolham uma pessoa para anotar as percepções/sugestões do subgrupo, como rascunho. Após, as anotações serão lidas para o subgrupo verificar se algo pode ser ainda modificado.
- Definam uma pessoa, com bela caligrafia, para preencher os "Diplomas" e outra para ajudá-la ditando as palavras (pede-se cuidado para não errar ao escrever, pois o número de "Diplomas" é exatamente igual ao dos participantes), e iniciem o registro.
- Após terminarem, coloquem todos os Diplomas e canetas no envelope e entreguem aos facilitadores.

Obs.: Cada facilitador poderá ficar numa das salas com um subgrupo, orientando-o (e, após, afastando-se, caso o grupão tenha decidido incluir os coordenadores).

FIGURA 1
MODELO DE "MEU DIPLOMA CONQUISTADO"

Inserir
foto
do grupo

Nome ______________________________
____

Título ______________________________
____

Qualificação

____
____
____

____

------(cidade, data)------ Coordenador(es)

(Nome do Programa de Desenvolvimento)

TERCEIRA PARTE

OBSERVAÇÃO E AVALIAÇÃO

17

Como observar um grupo em ação

UM DOS PRINCIPAIS OBJETIVOS do laboratório de treinamento é desenvolver a capacidade de observação e participação. Apesar de passarmos a vida em grupos de vários tipos, raramente paramos para observar o que está acontecendo e analisar por que os membros estão agindo assim. Observar e analisar o que está acontecendo no grupo constitui uma aprendizagem necessária num laboratório de treinamento.

Como introdução ao exame de algumas dimensões importantes do processo de grupo, convém focalizar:

1) A seqüência de comentários dos membros ao contribuírem para definir, esclarecer e resolver o problema estabelecido. Este é o nível cognitivo (tarefa), ao qual as pessoas geralmente prestam atenção, pouco ou nada percebendo das emoções das pessoas envolvidas.
2) As contribuições individuais nas tentativas de resolver a tarefa proposta ao grupo. Este é também um nível cognitivo e relacionado a funções de tarefa, com foco em cada contribuição individual, em vez do grupo como um todo.
3) A seqüência de comentários que refletem a modalidade ou estado emocional do grupo. Procura-se a expressão

direta ou indireta de sentimentos ou atitudes em relação à liderança e sentimentos e atitudes dos membros entre si, como também a qualidade emocional geral das relações dentro do grupo (por exemplo: subgrupos do grupo total). Esta observação freqüentemente mostra indícios da chamada *agenda oculta*: os problemas de sentimentos e relações que estão atravessados no caminho do trabalho produtivo, mas não são reconhecidos nem discutidos.

4) As manifestações individuais que refletem reações emocionais de cada membro e sua contribuição para a modalidade grupal. Quando e em que circunstâncias o indivíduo intervém? Como se desenvolve depois a intervenção, ou diverge e modifica o nível e as características da comunicação emocional dos membros anteriores?

Observar é um termo geral para abranger as percepções de vários tipos de expressão, tais como: linguagem, postura, expressões faciais, movimentos de mãos e pés, maneirismos etc.

Com o auxílio dos roteiros de observação, ou de forma livre, podem também ser focalizados os aspectos seguintes: a) conteúdo *versus* processo — *o que* o grupo está falando ou *como* o grupo se comunica; b) processo da comunicação — quem fala e quanto, a quem se dirige, interrompe ou sucede, estilos etc.; c) processo decisório — votação maioria *x* minoria, censo de opiniões, agenda autodelegada, consenso etc.; d) papéis funcionais dos membros do grupo — comportamentos de tarefa e de manutenção, construtivos e não-construtivos; e) metabolismo grupal — nível energético, ritmo de atividade, clima socioemocional etc.

O importante é treinar, sistematicamente, a capacidade de observação como processo ativo, deixando de ser mero espectador, para obter dados valiosos à compreensão dos processos grupais e aperfeiçoamento da própria participação como membro de grupo.

REFERÊNCIAS E LEITURA COMPLEMENTAR

"Observing and Diagnosing Group Behavior." *Laboratories in Human Relations Training.* Reading Book, NTL Institute, 1971.

SCHUTZEMBERGER, A.A. *L'Observation dans les groupes de formation et de thérapie.* Paris, EPI, 1972.

ROTEIRO PARA OBSERVAÇÃO GERAL

DATA: ___/___/___ HORÁRIO:________

Observe atentamente o grupo durante a reunião e anote suas impressões à medida que for percebendo e sentindo os aspectos seguintes:

1. *Atmosfera* ou clima social da reunião
   — Agradável, cordial
   — Interessante e produtiva
   — Tensa, sinais de hostilidade
   — Desinteressante, monótona
   — Desagradável, indícios de frustração

2. Atividades dos participantes
   — Rotineiras, esforços dispersos
   — Tendência a concordar, polidez, formalidade
   — Produtividade, interesse real nas discussões
   — Alguns membros dominaram a reunião
   — Autodisciplina de cada membro nas discussões

3. Expressão de idéias e sentimentos
   — Falta de liberdade para expressar idéias e sentimentos
   — Polidez e superficialidade
   — Razoável exposição de diferentes pontos de vista
   — Ampla troca de idéias
   — Sinceridade e confiança nas manifestações pessoais

4. Decisões
   — O grupo não conseguia chegar a uma decisão sobre esforços fragmentados
   — Várias propostas apresentadas não encontraram receptividade, nem foram discutidas
   — Um ou alguns membros dominaram as decisões, ditando o curso de ação
   — Decisões por votação (maioria)
   — Decisões por consenso (debates de idéias e sentimentos)

5. Atividades do grupo como um todo
   — Organização
   — Liderança
   — Dominação de alguns membros
   — Aproveitamento do tempo
   — Conteúdo dos debates
   — Comunicação
   — Participação de todos
   — Atitudes dos membros
   — Entrosamento
   — Cordialidade
   — Hostilidade
   — Agressividade

APRECIAÇÃO DO OBSERVADOR

— Considero que esta reunião foi:

☐ Excelente
☐ Boa
☐ Razoável
☐ Deficiente
☐ Péssima

— Fiquei irritado em algum(ns) momento(s) durante a reunião porque

(com quem?)

— Desejei ter interferido na discussão quando

— Parece-me que o problema deste grupo é

— Penso que o grupo deveria

Comentário:

Observador: NOME ______________________________
ASSINATURA

DATA: ____ /____/____ HORÁRIO:_______

ROTEIRO DE OBSERVAÇÃO *A*

0 5’ 10’ 15’ 20’ 25’

Atmosfera da reunião

a) Agradável, cordial
b) Tensa, sinais de constrangimento
c) Interessante, movimentada
d) Desinteressante, apática
e) Desagradável, indícios de frustração
f) Sinais de hostilidade, agressividade
g) Polidez e superficialidade
h) Sinceridade e confiança nas manifestações

Atividades e produtividade

a) Atividades rotineiras, esforços dispersos
b) Progresso em direção aos objetivos
e) Bom aproveitamento do tempo
d) Interesse real nas discussões
e) Domínio de alguns membros
f) Autodisciplina nas discussões
g) Decisões por votação (maioria)
h) Decisões, por consenso (debate)
i) Organização do grupo, divisão de tarefas
j) Falta de entendimento geral: *grupinhos*
l) Liderança definida, atuante

ROTEIRO DE OBSERVAÇÃO *B*

Funções de participação dos membros do grupo

1. O iniciador
2. O coordenador
3. O solicitante de informações ou opiniões
4. O informante ou opinante
5. O dinamizador
6. O observador
7. O agressivo
8. O moderador
9. O negativista
10. O dominador
11. O “gozador”
12. O ouvinte passivo
13. O criador de obstáculos
14.
15.

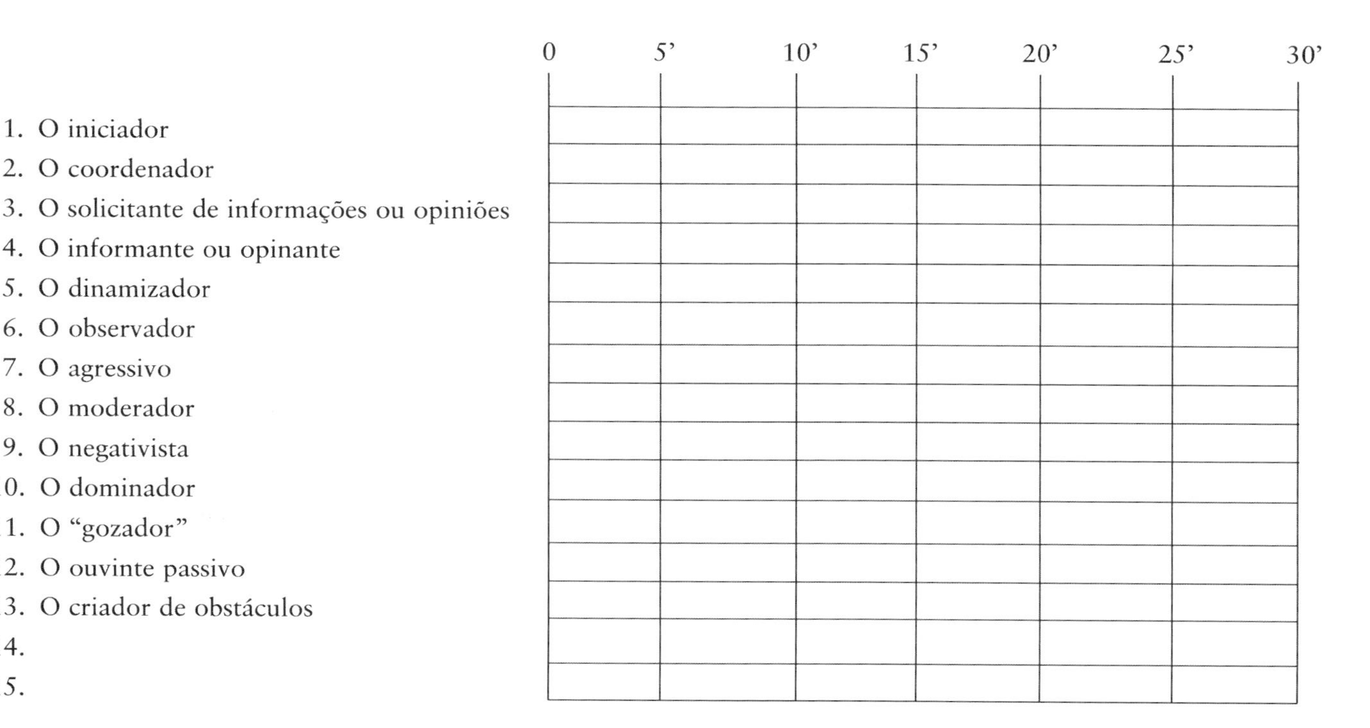

ROTEIRO DE OBSERVAÇÃO *C*

MODALIDADES DE INTERAÇÃO NO GRUPO	COMPORTAMENTOS OBSERVADOS (EVENTOS)
A) *Emocionais* 1. Comportamentos agressivos (ataque verbal, ironia, ridicularização, negativismo)	
2. Comportamentos de evasão (evitar o problema, fugir ao assunto, pilheriar, introduzir tópicos irrelevantes, intelectualizar, afastar-se física ou psicologicamente)	
3. Comportamentos de união (aproximar-se, apoiar, concordar, mostrar afeição, entrosamento) (Observar também o oposto: mostrar-se frio, impessoal)	
4. Comportamentos de dependência (buscar apoio ou orientação no líder ou nos outros, procurar estruturação e definição minuciosa de procedimentos e instrumentos)	
4a. Contradependência (contestação, negação da necessidade de estrutura na atividade)	
B) *De tarefa* 1. Comportamentos de trabalho (ação orientada para a resolução de problemas, de modo objetivo e realístico)	

COMO ESTAVA O GRUPO?

DATA: ___/___/___ HORÁRIO: __________

Avalie a reunião nos termos das frases abaixo apresentadas, de *A* a *J,* usando *todas* as frases gradativamente, em ordem de prioridade. Para isso, deve-se escrever o número 10 ao lado da frase que melhor descreva a reunião e assim por diante, em ordem decrescente, até que a frase que tenha menor referência à reunião apareça em frente ao nº 1.

GRADAÇÃO	
	a) Houve muita cordialidade
	b) Houve muita agressividade
	c) Os membros estavam apáticos e desinteressados
	d) Alguns membros tentaram dominar a reunião
	e) Precisávamos de auxílio
	f) Grande parte da conversação foi irrelevante e fugia aos problemas reais
	g) Estávamos realmente voltados para a(s) tarefa(s)
	h) Os membros se trataram cortesmente
	i) Havia muita irritação reprimida
	j) Trabalhamos nos nossos problemas interpessoais do momento

MEU DESEMPENHO NA REUNIÃO

DIA: ___/___/___ HORÁRIO: ________

Avalie seu desempenho hierarquizando *todas* as frases abaixo. Escreva o nº 10 ao lado da que melhor descreva sua atuação nesta reunião e continue numerando, em ordem decrescente, até a que de menor referência descreva seu comportamento (nº 1).

GRADAÇÃO	
	a) Senti-me cordial com os outros membros
	b) Não participei muito
	c) Concentrei-me no trabalho
	d) Tentei analisar as atividades do momento
	e) Assumi a liderança
	f) Fui cortês com todos os membros
	g) A maioria das minhas sugestões não foi oportuna
	h) Procurei sempre seguir os outros
	i) Estive impaciente e irritado
	j) Fui agressivo

1. Nesta reunião concordei mais com

2. Concordei menos com

3. Quem melhor falou pelo grupo foi

4. Senti maior proximidade com

5. Senti-me mais distante de

DATA: ___/___/___ HORÁRIO: ________

1) Em relação aos objetivos (produtividade) considero que esta reunião foi: ☐ Excelente ☐ Boa ☐ Razoável ☐ Deficiente ☐ Péssima	2) Quanto às minhas expectativas, esta reunião: ☐ Superou em muito o esperado ☐ Concretizou o que esperava ☐ Alguma coisa realizou ☐ Quase nada adiantou ☐ Foi inteiramente diferente do esperado
3) Creio que nesta reunião: ☐ Aprendi muito ☐ Aprendi alguma coisa ☐ Não sei se aproveitei ☐ Quase nada aprendi ☐ Perdi meu tempo	4) Quanto à espontaneidade e liberdade para expressar o que realmente sentia e pensava houve: ☐ Total liberdade e espontaneidade ☐ Bastante ☐ Razoável ☐ Pouca ☐ Nenhuma
5) Pessoalmente, senti-me nesta reunião: ☐ Muito satisfeito ☐ Bastante satisfeito ☐ Mais ou menos satisfeito ☐ Pouco satisfeito ☐ Insatisfeito	6) Minha motivação (interesse) para participar das atividades foi: ☐ Muito boa, o tempo todo ☐ Bastante, na maior parte ☐ Razoável ☐ Pouca ou ocasional ☐ Nula (desinteresse total)
7) Fiquei satisfeito com a reunião porque Fiquei irritado e/ou frustrado porque	

AUTO-ANÁLISE DO COMPORTAMENTO INTRAGRUPAL

INSTRUÇÃO

Leia com cuidado cada item e marque o grau que melhor corresponde à sua atuação real, habilidade ou tendência no trabalho em grupo realizado. O grau 1 representa o mínimo e o grau 7, o máximo.

	1	2	3	4	5	6	7
1. Capacidade de *ouvir* e *tentar compreender* o que os outros dizem							
2. Habilidade de *influenciar* os outros no grupo							
3. Tendência a *contribuir*, desenvolvendo idéias fornecidas por outrem							
4. Disposto a receber *sugestões* e *influências* dos outros							
5. Tendência a *liderar* o grupo							
6. Tendência a *buscar aliados* entre os membros do grupo e *criar subgrupos*							
7. Reação às observações sobre *meu comportamento* no grupo							
8. *Consciência e percepção* dos sentimentos dos outros							
9. Consciência do impacto que produz meu comportamento sobre os membros do grupo							
10. Reação aos *conflitos* e *antagonismos* no grupo							
11. Reação às *opiniões divergentes* das minhas							
12. Reação às *decisões do grupo* contrárias às minhas propostas							

AVALIAÇÃO DA EFICIÊNCIA DO GRUPO

Para cada item, atribua pesos de 0 a 5, considerando:
0 — muito fraco; 1 — fraco; 2 — regular; 3 — bom;
4 — muito bom; 5 — excelente.

1. FIXAÇÃO DE OBJETIVOS
Claramente definidos

0	1	2	3	4	5

2. CONSENSO NOS OBJETIVOS
Todos dirigem esforços para os mesmos fins

0	1	2	3	4	5

3. LIDERANÇA PARTILHADA
Emergente, na medida das necessidades

0	1	2	3	4	5

4. NÍVEL DE PARTICIPAÇÃO
Todos se colocam, ninguém se omite

0	1	2	3	4	5

5. NÍVEL DE COMUNICAÇÃO
Falam, ouvem e compreendem os outros

0	1	2	3	4	5

6. IDENTIFICAÇÃO E SOLUÇÃO DE PROBLEMAS
Há diagnóstico das causas e proposição de alternativas

0	1	2	3	4	5

7. CONSENSO NAS DECISÕES
Otimização no uso das divergências

0	1	2	3	4	5

8. CRIATIVIDADE
Alternativas pouco convencionais no processo decisório

0	1	2	3	4	5

9. CONFIANÇA ENTRE OS PARTICIPANTES
Expressão livre de idéias, opiniões, sentimentos e emoções

0	1	2	3	4	5

10. ORGANIZAÇÃO
Os papéis dos participantes são definidos e assumidos

0	1	2	3	4	5

11. CONTROLE
O grupo avalia sua eficiência, periodicamente

0	1	2	3	4	5

12. O QUE ACHOU DE MAIS POSITIVO NO GRUPO:

____

____

____

13. O QUE ACHOU DE MENOS POSITIVO NO GRUPO:

____

____

____

14. O QUE FAZER PARA MELHORAR A EFICIÊNCIA DESTE GRUPO:

____

____

____

15. ESCREVA ALGUMAS OBSERVAÇÕES PESSOAIS SE DESEJAR.

AVALIAÇÃO FINAL

1. Quem fui *eu* neste grupo? (Como me mostrei nas reuniões?)

2. Ajustei-me ao grupo? (Adotei as condutas esperadas de mim e/ ou aceitáveis pelo grupo?)

3. Que desejei obter do grupo?

4. Que obtive realmente do grupo?

5. Os propósitos dos outros membros foram semelhantes aos meus?

6. Que ofereci *eu* ao grupo?

7. Quem controlou mais freqüentemente o grupo?

8. Quanta influência tive *eu* no grupo?

9. Até que ponto nós nos aproximamos?

10. Até que ponto confiamos uns nos outros?

11. Quais os aspectos positivos da experiência vivida por este grupo?

12. Quais os aspectos negativos da experiência vivida por este grupo?

13. Quais as aprendizagens mais significativas que realizei?

14. Dilemas decorrentes desta experiência em grupo.

15. Comentários.

BIBLIOGRAFIA SELETA SUPLEMENTAR

AMADO. G. *Dynamique des communications dans les groupes*. 2. ed. Paris, A. Colin, 1991.

ARGYRYS. C. "T-groups for organizational effectiveness." *Harvard Business Review*, 42 (2): 60-74, 1964

—— & SCHON, D. *Theory in practice*. San Francisco, Jossey-Bass, 1974.

——. *Organizational learning*. Reading, Mass., Addison-Wesley, 1978.

ASSOCIATION POUR LA RECHERCHE ET L'INTERVENTION PSYCHO-SOCIOLOGIQUE. *Pedagogie et psychologie des groupes*. Paris, EPI, 1966.

BLASS, T. *Personality variable in social behavior.* Hillsdale, H.J., Erlbaum, 1977.

BLUMBERG, A. & GOLEMBIEWSKI, R.G. *Learning and change in groups*. Baltimore, Maryland, Penguin Books, 1976.

CAMPBELL, A. & WARNER, M. *New technology, skills and management: human resources in the market economy*. London, Routledge, 1992.

COFFEY, R.E.; ATHOS, A.G. & RAYNOLDS, P.A. *Behavior in organizations — a multidimensional view*. Englewood Cliffs, Prentice-Hall, 1975.

COOPER, C. (ed.). *Theories of group learning*. London, Wiley, 1975.

DAMÁSIO, A.R. *Em busca de Spinoza: Prazer e dor na ciência dos sentimentos*. São Paulo, Companhia das Letras, 2004.

DYER, W.G. (ed.). *Modern theory and method in group training*. New York, Van Nostrand Reinhold, 1972.

FARMER, R.E. *et al. Stress management for human services*. London, Sage, 1984.

FESTINGER, L. (ed.). *Retrospections on Social Psychology*. New York, Oxford Univ. Press, 1980.

FOMBEUR, J.J. *Formation en profondeur, dynamique de groupe et psychodrame*. Paris, Dunod, 1971.

GARFIELD, C.A. *Sempre em 1: como as empresas modernas vencem no mundo valorizando o seu pessoal.* Rio de Janeiro, Berkeley, 1993.

GELLERMAN W., FRANKEL, M.S. & LADENSON. R.F. *Values and ethics in organization and human systems development: responding to dilemmas in professional life.* San Francisco, Cal., Jossey-Bass, 1990.

GLASS, J.F & STAUDE, J.R. (eds.). *Humanistic society.* Pacific Palisades, Cal., Goodyear, 1972.

GOLEMAN, D. *Emoções que curam.* Rio de Janeiro, Rocco, 1999.

HOULE, C.O. *Patterns of learning — New perspectives of life-span education.* San Francisco, Jossey Bass, 1984.

JOHNSON, D.W. & JOHSON, F.P. *Joining together. Group theory and group skills.* Englewood Cliffs, N.J., Prentice Hall, 1975.

JUNQUEIRA, L.A.C. *Negociação: tecnologia e comportamento.* Rio de Janeiro, COP Edit., 1984.

LAPASSADE, G. *Grupos, organizações, instituições.* Rio de Janeiro, Francisco Alves, 1977.

LEWIN, K. *Problemas de dinâmica de grupo.* São Paulo, Cultrix, 1970.

LIFTON, W.M. *Groups: facilitating individual growth and societal change.* New York, Wiley, 1972.

LOURAU, R.A. *A análise institucional:* Petrópolis, Vozes, 1975.

MAY, R. *O homem à procura de si mesmo.* 5. ed. Petrópolis, Vozes, 1976.

MCCLELLAND, D.C. *Power: the inner experience.* New York, Irvington, 1975.

MOLLER, C. *O lado humano da qualidade: maximizando a qualidade de produtos e serviços através do desenvolvimento das pessoas.* São Paulo, Pioneira, 1993.

MOSCOVICI, F. *Equipes dão certo.* Rio de Janeiro, José Olympio, 1994; 11. ed., 2007.

——. Laboratório de sensibilidade: Uma inovação no treinamento de líderes. *Revista de Administração Pública,* 4(1): 101-133, 1970.

——. *Renascença organizacional.* 4. ed. Rio de Janeiro, José Olympio, 1994; 11. ed., 2008.

MOUTON, J.S. & BLAKE, R.R. *Synergogy — A new strategy for education, training, and development.* San Francisco, Jossey Bass, 1984.

NASH, L. *Ética nas empresas: boas intenções à parte.* São Paulo, Makron, 1993.

PAGÈS, M. *A vida afetiva dos grupos — esboço de uma teoria da relação humana.* 2. ed. Petrópolis, Vozes, 1976.

——. *Orientação não-diretiva em psicoterapia e em psicologia social.* Rio de Janeiro, Forense-Universitária/USP, 1976.

PARNES, H.S. *Peoplepower — Elements of human resource policy.* London, Sage, 1984.

Piper, T; GENTILE, MC. & PARKS, S.D. *Can ethics be taugh? Perspectives, challenges, and approaches at Harvard Business School.* Boston, Mass, Harvard Business School, 1993.

RICE, A.K. *Formação de líderes. Relações intergrupais e interpessoais.* São Paulo, IBRASA, 1970.

RODRIGUES, A. *Aplicações da Psicologia Social — à escola, à clínica, às organizações, à ação comunitária.* Petrópolis, Vozes, 1981.

ROGERS, C.R. *Tornar-se pessoa.* Lisboa, Moraes, 1970.

——. *Liberdade para aprender.* Belo Horizonte, Interlivros, 1970.

——. *Grupos de encontro.* Lisboa, Moraes, 1972.

—— & ROSENBERG, L. *A pessoa como centro.* São Paulo, E.P.U./Edusp, 1977.

STOGDILL, R.M. *Handbook of leadership: a survey of theory and research.* New York, The Free Press, 1974.

TANNENBAUM, R.; WESCHLER, I.R. & MASSARIK, F. *Liderança e organização.* São Paulo, Atlas, 1970.

WEIL, P. *Psicodrama.* Rio de Janeiro, Cepa, 1967.

—— *et al. Dinâmica de grupo e desenvolvimento em relações humanas.* Belo Horizonte, Itatiaia, 1967.

WILSON, S. *Informal groups.* Englewood Cliffs, Prentice-Hall, 1978.

WOLBERG, L.R.; ARONSON, M.L. & WOLBERG, A.R. (eds.). *Groups therapy 1978: An overview.* New York, Strattion Intercontinental Medical Book, 1978.

ZOHAR, D. *O ser quântico.* São Paulo, Best Seller, 2003.

—— & MARSHALL, I. SQ *Connecting with our Spiritual Intelligence.* New York, Bloomsbury, 2000.

FONTES DE EXERCÍCIOS

ALBERTSON, R.D. & HANNAN, C.J. (eds.). *Twenty exercises for the classroom.* Washington, D.C., NTL Learning Resources Corporation, 1972.

FORDYCE, J.K. & WEIL, R. *Managing with people.* Reading, Mass., Addison Wesley, 1971.

MILL, C.R. (ed.). *Twenty exercises for trainers.* Washington, DC., NTL Learning Resources Corporation, 1972.

NEVIS, E.C.; DANZIG, E.R. & NEVIS. S.M. *Blocks to creativity.* Washington, D.C., NTL Learning Resources Corporation.

NYLEN, D.; MITCHELL, J.R. & STOUT, A. *Handbook of staff development and human relations training: Materials developed for use in Africa.* Washington, D.C., NTL. NEA, 1967.

PFEIFFER, J.W. & HESLIN, R. *Instrumentation in human relations training.* Iowa City, Iowa, University Associates. 1973.

—— & JONES, J.E. *Annual handbooks for group facilitators.* Iowa City, Iowa, University Associates.

—— (eds.). *Coleção de exercícios estruturados para treinamento e educação.* Rio de Janeiro, Intercultural, 1980, vol. 1.

ANOTAÇÕES

ANOTAÇÕES

ANOTAÇÕES

ANOTAÇÕES

ANOTAÇÕES

Este livro foi composto na tipografia
ClassGaramond BT, em corpo 10,5/15, e impresso em
papel off-set no Sistema Digital Instant Duplex
da Divisão Gráfica da Distribuidora Record.